デカルトの骨

——死後の伝記

ラッセル・ショート
Russell Shorto
松田和也 訳

Descartes' Bones: A Skeletal History of the Conflict Between Faith and Reason.

青土社

デカルトの骨　もくじ

デカルトの骨

母に

「土中に埋まる屍体以外に、何をこの世に残せるというのか？」

——リチャード二世、第三幕第二場

序

パリにそびえる人類学の殿堂、人類博物館《ミュゼ・ド・ロム》。その保存部長フィリップ・メヌシエはひょろりとした長身の男で、髪は薄く、銀縁眼鏡を掛けている。まるで猛禽類だ。その外貌に合わせているのか、彼のオフィスは博物館の本部の屋根の上に建て増しされた天井の低い真四角な箱のような部屋。まさしく鳥の巣そのものだ。出入りするのに、いちいち持ち運び用の金属製の梯子が必要となる。だがここからの眺望は、職場の窓からのものとしては世界最高と言っても過言ではない。文字通り一望の下に見渡せるパリの街並。同時にこの光景は、メヌシエと職員たちの仕事の範囲を象徴する隠喩とも言える。その一方の端には、全貌が判然とせぬほど近接するエッフェル塔。一九世紀に建てられた、理性と秩序のオベリスクだ。そして反対側の端には、パリの名物墓地のひとつ、パシー墓地。複雑に絡み合った小径と墓石、そして高い壁は、中世の都市のミニチュアを思わせる。だがその住人は生者ではなく、死者なのだ。

死と秩序。ここで行なわれている仕事はその二語に要約できる。この博物館は普通の観光案内には載っていない。だがフランス人にとっては殊の外思い入れのある場所だ。その起源は一九世紀初頭にまで遡る。この館は、人類の起源を探求する熱意の初めての爆発である。当時の探険家兼科学者たちは――強健で、髭面で、狂信的なまでに献身的に――標本と遺物を求めて地球の裏側の地を虱潰しに漁った。そういう創生期を反映してか、この博物館の雰囲気はレトロそのもの。まるで進化論というカルトに奉献された神殿だ。そのカルトはわれわれの存在とその由来についての物語を人骨に語らせ、生と死の謎を理性によって解こうと試みる。だが一方、沈黙する石の十字架の立ち並ぶ眼下の墓地の語る物語は、また別のものだ。

　メヌシエのオフィスが理性と倫理の板挟みになっていることは、一見して解る。そこに溢れ返っているのはコンピュータの機器と、そして人間の骨だ。何気なく棚に置かれたトレイには人間の頭蓋骨が六つ、綺麗に並んでいた。六つ一組にするのが当たり前であるかのように。だがメヌシエ自身は人類学者ではない。彼は言語学者なのだ。初めて会った時、彼の方からわざわざそう切り出したのである。ほう、では何語が御専門ですか？「エスキモー語とロシア語《エスキモ・エ・リュス》」、踏ん反り返って彼は答えた。文字通りに受け取るなら、つまり彼は英語は一切使わないと宣言したことになる。フランス人の言語学者にとってこれほどの正義があるだろうか。世界の共通語を運用する知識など全くないが、グリーンランド東部でのみ使われるエスキモー語の方言に関しては世界最高の専門家であるというのだ。何しろ、フランス語によるトゥヌミイット語の文法書は唯一、彼の手になるものしか存在しないのである。それだけではない。地球の北限の地のイヌイット語のヴァリエーションを研究する内にシベリアに辿り着いた彼は、そこでロシア語を流暢に操るようになり、今では副業としてロシア語の現代小説を仏語訳しているという。

要するにこのメヌシエは典型的なフランスの知識人なのだ。このグローバルな衆愚時代の人々にとっては軽蔑の対象でしかないかもしれない。高慢で視野が狭く、頭でっかちな本の虫。だが「知識人」は、今や悲しい程に稀少化しつつある一種独特の世界観の持ち主でもある——自らの個性に殉ずる人と言っても良い。この種の人間を相手にするのは頭が痛い。だがその一本気な変人ぶりは楽しくもある。こちらとしては彼らの冗談と大真面目の区別がつかず、いい気になっているといきなり足下を掬われたりする。ほんの束の間かもしれないが、この世界が実際にはどれほど手に負えないものかを思い起こさせてくれるのだ。だから私はほんの数分だが、喜んでその波に乗り、七つあるエスキモー語の方言に関する短い講義を受けた。それが大きく二つの系統に分かれていることについて、それを分ける言語学的指標について、方言とその文化を保存するための努力について。

それが一段落して、ようやく金属の梯子でガタガタと下の階へ。実験用の白衣を着た二人の女性がいて、その前のテーブルには人間の骨が載っている。多孔性で節くれ立った関節のある長い脚の骨に、少し不気味なオレンジっぽい茶色の頭蓋骨。次の部屋には、たぶん四ダースくらいの完全な人間の骨格が壁にぶら下がっており、その前に一つのゴリラの骨格が立っている。がっしりした短躯の鬼軍曹が、痩せ細った新兵の一団を鍛えているかのようだ。入口に戻ると、ピエール＝ポール・ブローカの胸像があった。一九世紀の人類学者で、脳研究の草分けだ。さらに階下へ向かうと、この博物館の主要展示フロアがある。古風な常設展示。人類の進化に関する展示は、攻撃的と言えるほどの自信に満ちている。ドラマティックな照明で二足歩行の輝かしい歴史を再現するジオラマ。両眼の間に平らなアーチ状の骨板が広がるアウストラロピテクス。巨大な脳容積と突き出た額を持つクロマニョン。そしてより繊細な、より新しいその親類たち。

遂に最下層の階に到達する。改装中の地下階。塗りたての壁と露出したバルブが、いやが上にも地下墓地の雰囲気を高めてくれる。彼は鍵束を取りだして、貯蔵室のドアを開けた。中に入ると、吊り戸棚を解錠し、綺麗に磨かれた、奇妙なほど優美な木箱を取り出した。蓋には金属の留金。それをぱちんぱちんと外す。中には麗しく透き通った白い紙。そして彼は、箱の中に手を突っ込んでそれを取り出した。いよいよ御対面である。

それは小さく、すべすべしていて、そして驚く程軽かった。色は一様ではない。ずっと磨かれて来た部分は真珠のような光沢だが、そうでない部分はかなり黒ずんでいる。だが全体的には古ぼけた羊皮紙のような感触だった。そして実際、それは比喩的にも、実際にも、さまざまな物語を伝えている。二百年以上前、誰かがその頭頂部にラテン語で典雅な詩を書いた。その文字は今では淡い茶色に退色している。額の書き文字は、それとなく――スウェーデン語で――窃盗を示唆しているようだ。長年に亘ってこれを所有してきた男たちの内、三人分ののたうつ署名が側頭部に微かに見える。ルネ・デカルトの頭蓋骨。近代哲学の父にして、人類史上、最も重要な人物の一人。メヌシエはそれを、私の目の前のテーブルの上にぽんと置いた。「はい、これがその哲学者《ヴォワラ・ル・フィロゾフ》ね」、その声に抑揚は無い。

三年前、ニューヨーク公立図書館の大閲覧室で一七世紀の哲学書に読み耽っていた私は、一六五〇年に世を去ったデカルトが、その十六年後に墓を暴かれるという屈辱を受けていたことを知った。さらに、さまざまな人々がその骨を巡って暗闘していたのだ。

理由は解らないが、奇妙に心に引っかかる事柄というものがある。実際的な価値なんて何も無さそうなのに、無闇に気になる。たいていは、しばらくの間あれこれ弄んではみるものの、そのまま忘れてしまうだろう。そもそも役に立たないのだから。それこそソファのクッションの間から出て来た子供の玩具のように。デカルトの骨に関するこんな情報、まさしく役に立たないものの最たるものだ。なのに私は、まさしく恋に落ちてしまったのである。古い古い本の中に埋もれていた奇妙な何かに恋をしたのだ。こんな体験は数えるほどしかない。地中に眠る古い植物の種を見つけたような、ありそうもないのに強い感覚。それはきっといつの日か誰かがそれを見つけ、水を与え、花を咲かせてくれることを信じて、昔の誰かがそこに埋めた種なのだ。もうとっくの昔に世を去った誰かが。

かくして私は探求を始めた。初めは手の空いた時に本を読む。やがて本気になり、家族とヨーロッパに移った。パリ国立図書館のポストモダンな僧房に籠って長い時間を過ごした。多くの哲学者や歴史家に面会した。ロワール渓谷にあるデカルトの生家（現存している）に行ってみた。彼の死地となったストックホルムの館（これもまた現存する）も訪ねた。彼の死後の骨の足跡を辿って西ヨーロッパ中を渉猟した。そして遂に、気がつくと私はパリの博物館の地下室にいて、一つの頭蓋骨の虚ろな眼窩《がんか》を覗き込んでいたのだ。哀れなヨリックを凝視するハムレットのように。

調べれば調べるほどデカルトの骨の物語は広がって行く。世紀の壁を越え、もはや単なる奇談の類ではなくなった。今日ではデカルトと言えば先ずは数学者——解析幾何学の発明者——であり、二元論という近代哲学上の問題を生み出した人物として知られている。彼の二元論では、精神と思考は物質世界とは異なるカテゴリ、つまり異次元に属する。ゆえにそのいずれも他方に翻訳することはできないし、他方の言葉で理解することもできないというわけだ。だがこの点では彼の面目は遙か以前から丸潰れである。現在の神経科学と哲学によれば、デカルトが精神と物体を峻別したことは完全な誤りであったとされているのだ。精神と肉体――精神と脳――は、全く同じものなのだ。今の哲学者も言語学者も、宗教思想者もコンピュータ・サイエンティストも、基本的にはこの観念から出発している。

だが彼の生前、そして死後の数十年間、デカルトの影は今よりも遙かに大きかった。多くの同時代人は彼を、近代という包括的プログラムの知的基盤を築いた人物と見なしていた。倫理から法、理性に基づく政治と社会構造、そして理性というものに対する各個人の理解まで、全ての基盤となるプログラムである。デカルトの影響をそう捉えるのは正解だ。彼の有名な「方法」――前提を疑う、信仰を根拠としない、伝統ではなく立証可能な観察に基づいて世界観を構築する――こそが科学的方法の基礎となったのだから。彼は知の枠組みを組み替えた。集合的権威（王の命令や教会の教義）ではなく「自己」――すなわち個人的精神とその「良識」――を拠所とせよと。これこそ、民主主義や心理学をはじめとするありとあらゆる近代的なるものの発達の出発点となったのだ。

そしてどうやらデカルトに続く世代を生きた人々は、彼の遺骨を、新たに変革された世界の象徴――聖遺物――として扱ったらしい。だがその変革とは何か、その意味とは何かということは、各人によって異なっていた。それゆえに遺骨の扱い自体もまた各人によって異なってくることとなったのだ。私が着目した物語――つまらない、薄気味悪い、入り組んだ、そして大して重要でもないと思えたもの――は、実際には人類史上にも稀なほど重大な事件と絡んできた。科学の誕生、民主主義の擡頭、心身二元論という哲学上の問題、科学と宗教の領域を巡って現在進行形で起きている混乱。この物語はヨーロッパ全土を舞台とし、あらゆる階層の人々を巻き込む――ルイ一四世、カジノ経営のスウェーデン人、詩人と聖職者、哲学者に自然科学者。彼らはこの遺骨を利用し、盗み、売り飛ばし、崇め、論争し、そして手から手へと伝えてきたのである。

　だが、私がなぜこの話にそれほど興味を惹かれたのか、その本当の理由に気づいたのは、デカルトの骨が盗掘され、盥回《たらい》しにされたという事実を知ってから二年以上も後のことだった。大学生の頃、私は西洋哲学を学んだ。多くの文系の学生と同様、私もまたその四年間を哲学者や詩人、小説家、芸術家たちの作品を堪能して過した。以来、私は彼らが創った精神空間に生きている。近代精神は彼らによって築かれた。

　われわれの多くは「近代《モダン》」というものを初めから存在する共通基盤であると思い込んでいる。ここで私の言う「近代」とは、科学だの理性だの民主主義だのという大枠ばかりではなく、こうした概念に対する受け取り方、あるいはそこから生じた全てをひっくるめたものだ。それこそロマン派の詩からセックス・ピストルズまで、出会い系サイトからヘッジファンド・トレーディングまで。良かれ悪しかれ、これら全ては現在のわれわれのありようと結びつき、また縛ってもいる——「良かれ」の面が多い、と信じたいのだが。

だがどうもそうは思っていない人もたくさんいるらしい。今日では、近代社会という概念そのもの——それは、少なくとも理論上は、不器用ながらも理性だの平等だのに基づいて問題の解決を図り、進歩して行くことになっている——が多方面から攻撃を受けている。例えばイスラムのテロリズム。彼らは反西欧であり、かつ反近代でもある。言うまでもなく西欧にとっては重大な懸念だ。だが宗教的不寛容は彼らだけの専売特許ではない。キリスト教にもユダヤ教にも、ヒンドゥ教にもそれはある。

これらが近代に対する右翼からの攻撃であるとするなら、また別方向からの脅威もある。西欧社会の内側で、もはや近代など時代遅れだと叫ぶ人々だ。このポストモダンの世を見よ。グローバリゼーションだ、インターネットだ、非対称戦争だ。「近代」なる時代の古臭い真理——たとえば「進歩」という概念。つまり物事は客観的に判断でき、より良い方向に向かうよう決断できるという観念——などはもはや、前世紀の遺物に過ぎない。また、近代性とはすなわち植民地主義、非西欧民族からの収奪、非人間的な目的のための科学とテクノロジーの使用、そして環境破壊の同義語だという人々もいる。無信仰者の多くは宗教それ自体を敵と見なし、宗教こそが戦争と不和、偏見を助長していると主張する。宗教を基盤とするファンダメンタリズムの高まりに対し、リチャード・ドーキンスやクリストファー・ヒッチンスらは反宗教を標榜する無信仰者のマニフェストを発表し、一部はベストセラーとなっている。

信仰と理性の闘争と言えば、前者は旧弊、後者は革新と思われがちだ。だが今日では、右も左も、共にデカルトに依拠しているのである。だから彼の遺産――形而上学的な遺産もだが、遺骨の方もだ――は極めて重要であり、敵対する両陣営が共にこれを利用することになる。無論デカルトと言えば近代科学者の元型なのだから、彼が左派のゴッドファーザーとなるのは当然である。デカルト主義の基盤は懐疑にある。事実の底の底に到達するまで全てを疑い続けること。これこそまさに科学的方法論の根源であり、民主政体、個人の権利、そして権威に対する懐疑という近代的観念の根源でもある。だが、デカルトの哲学にはもう一つの重要な要素がある。「デカルト的二元論」、すなわちわれわれの精神（そして魂）は物質世界とは別個に存在するという観念だ。こちらは右派の好むところとなった。保守的思想家――君主、神学者、哲学者ら――はデカルトの心身二元論を受け入れ、持論の根拠として来たのである。彼らは言う、この世には詮索好きな科学の手の届かぬ思考、信仰、理想の永遠なる領域が存在するのであり、人間の倫理と地上的権力の基盤はこの永遠の領域に存しているのだと。

ほとんどの人々はこれら二つの潮流の間に囚われている――一方には物騒な世界で信仰と伝統に回帰しようとする力がある。もう一方には、宗教こそが世界の諸問題の核心であって、人類の未来をより良い方向へ向けるには個人の自由と権利の問題に取り組んで行くしかないという議論がある。多くの人は、無神経で盲信的な宗教ファンダメンタリズムは御免被るが、左右いずれかからであれ近代に対する批判の中には傾聴すべきものもあると考えている。否、今日の社会は二つというよりもむしろ三つに分れているのだという話もある。ロンドンはサザック教区大聖堂主任司祭であるコリン・スリーによれば、現在イングランドに到来しつつある新たな社会では、「三角形の頂点の一つに非宗教的ファンダメンタリズムがあり、もう一つに宗教的ファンダメンタリストがおり、そしてもう一つの頂点に聖公会やローマ・カトリック、パプティスト派、メソジスト派等の——ここに無神論の思想家を入れてもよいでしょう——知的なリベラルがいるという状況です」。

西欧社会は何らかの危機を向かえつつある。ならばこの辺りで、基本的な問いをいくつか立ててみるのもよいだろう。われわれの言う「近代社会」——寛容、理性、民主的価値観に基づく非宗教的文化——が占める割合は、世界の中でさほど大きくはない。しかもそれは縮小に向かっている。近代性とは、本当にわれわれが考えるほど恒久的な進歩の力なのか？　それとも長い人類史の中の儚い線香花火に過ぎなかったのか？　もしもそれに何らかの価値があるなら、それを再発見し、その長所と短所を見極め、適切かつ必須なものとするにはどうすればよいのか？

実を言えば、デカルトの骨の道筋とは、近代と呼ばれる数世紀の光景を辿る旅だった。私自身の知的成長を跡づけ、過去四百年の間にわれわれが辿ってきた道を追体験する旅だったのだ。とはいうものの、本書は近代とは何かと大上段に構えるものではない。むしろひとつの旅の記録である。自らの個性に殉ずることが、その出発点だ。

それに、この旅の中心テーマが骨であるというのも偶然ではない。デカルトの骨を追っている内に解ったのだが、無味乾燥な修身の授業のように言われる「哲学」は、必ずしも抽象思考に終始するものではない。それは人間の歴史の中に織込まれ息づいている。それは人間の精神のみならず、また人間の肉体からも生み出されて来るのだ。確かに抽象思考は優秀かつ不可欠なツールではある。だが最も崇高な思想はわれわれの肉体に根差しているのである。愛を語る心《ハート》と血液を供給する心臓《ハート》は奇妙な形で深く絡み合い、死と繋がる。本書は伝記ではないが、一人の男と関わる物語だ——歴史は彼をあたかも頭脳の化け物のように戯画化してきたが、実際には驚く程に血肉を備えた人間だった。ある意味ではデカルトの哲学は、それが如何に抽象的に見えたとしても、血の通った人間の温もりから生み出されたものなのである。一つには彼自身の身体から、そして彼にとって何よりも大切であった人物への愛から。それはごく小さな、繊細な愛であり、その密やかさゆえに、詮索好きな歴史のレンズからもほとんど——だが完全にではない——見逃されている。たぶんそれは、人間のあらゆる探求にあてはまる真実なのだろう——深く究めれば、そこにあるのは必ず愛の物語なのだ。

とは言うものの、この物語の始まりは愛でも歴史でも哲学でもない。一つの死である。

1　死んだ男

ストックホルムの旧市街の南端に、忙しなく派手派手しい、バロックと呼ばれる時代に造られた四階建ての館がある。赤煉瓦のファサードには、砂岩の智天使像と棟飾り。入口の両側には真上を向いた大砲が二門。扉に近づく者を厳めしく見下ろす髭面の胸像。一階を占めるブランドものの鞄屋と「グレンフィディック・ウェアハウス」なる高級レストラン・バー、それに夏の午後を練り歩く大量の観光客を視界から消してしまえるなら、その館はたぶん、エリック・フォン・デル・リンデという商人がそれを建てた年――一六三〇年――からさほど変ってはいないのだろう。

一六五〇年の真冬の真夜中、この建物の上の階では、この上も無く厳粛な死の儀礼が展開していた。部屋から部屋を慌ただしく行き交う人々は眉を顰《ひそ》めて情報を交換し合う。窓の外には、黒々と凍てついた港。とはいうものの、その儀礼は深刻ではあったが、静謐ではなかった。死が間近に迫った人間にしては、病床の男――五十四歳の手前、小柄で蒼白く、全員の注視を浴びている――は、驚く程に元気だった。その生涯最後のアドレナリンの分泌は激怒によるものだ。付きっきりで看病に当たっている、友人でパトロンでもあるこの館の主、スウェーデン駐在フランス大使ピエール・シャニュは、その怒りを何とか宥《なだ》めようと苦心しながら、二重の罪悪感に苦しんでいた。まず第一に、ルネ・デカルトをこの極寒の地へ呼び寄せようと言い出したのは他ならぬ彼なのだ。第二に、最初に風邪を引いて、看病してくれたデカルトにそれを感染《うつ》したのもまた、やはり彼なのだった。

デカルトの革命的な思想は世界を変えつつある。シャニュはそう確信していた。彼は正しかった。あるひとつの変化が、一六〇〇年代の半ばに起ったのだ。全く新しい、徹底的な懐疑。人々はその最も基本的な信念にまで懐疑の眼差しを向けるようになった。それはある意味では、後のアメリカ独立革命やフランス革命よりも、産業革命よりも、あるいは情報革命よりも深遠な変化だった。それら全ての革命はこの変化の所産なのだから。人間の思考の構造それ自体が――世界と宇宙、そしてその中の人間に関する認識そのものが一変したのである。そしてこの変革をもたらした張本人たる男が今、冬のスウェーデンで死の床にある。ピエール・シャニュに未来が見えていたわけではない。だが彼にも確かに理解できていた、今、仰天するほど重要な何かがすぐそこまで来ているということ、そしてその中心にいるのがこの男、デカルトであることを。そしてこの哲学者をここに連れて来たことによって、自分はそれと知らぬまま、恐るべき破局を招き寄せてしまったのだということを。

風邪は既に肺炎に進行していた。患者の呼吸は絶え絶えとなり、目は焦点を失っている。シャニュは宮廷侍医を招聘しようとしていたが、デカルトが激怒してこれを断っていたのである。だが遂に勅命が下された。ストックホルムの中心、すなわち港に浮かぶ小島の反対側にある御伽話のような宮殿の主が、直々に自らの侍医を彼の許に送り込んだのだ。スウェーデン女王クリスティナは当時二十三歳。後に彼女は自らヨーロッパ史上最も注目すべき人物の一人として名を残すことになるが（そもそも彼女は実際には男だったのではないかという議論が幾世紀にも亘って続いている）、何のことはない、シャニュと謀ってこの知の巨人を極北の国に招いた張本人こそ、まさにこの女王なのだった。

医者、すなわちウレンスという名のオランダ人は、嫌々病床に近づいた。一目合った瞬間から、この患者が自分を藪扱いししていることはひしひしと伝わってきた。ウレンスが瀉血を奨めると、患者は大仰に喚き散らし――「諸君、フランス人の血を流さしむるな！」――退出を命じた。ウレンスは退出した。すっかり匙を投げ、歩きながらローマの詩人ホラティウスの空虚な慰めの言葉を呟いた。「当人の意志に反して命を救うは、その者を殺すに等しい」。

デカルトの怒りには二つの要素があった。第一に、この哲学者はかなり昔からオランダの地でウレンスと面識があった。初期のデカルト哲学がライデン大学で発表された頃、人々は大いに騒いだ。それは幾世紀にも亘るヨーロッパの教育と思想のシステムに対する重大な挑戦と思われたのだ。ウレンスはこの新奇な哲学に反対する立場に立っていた。デカルトは、決して敵を赦さない。

もう一つの理由。奇妙なことだが、デカルトの経歴の大半はある意味で死神相手のチェスの試合だった。そして実際、長年に亘って彼は優位にあると確信していた。子供の頃、彼は病弱だった。その蒼白い顔、乾いた咳は母から受け継いだものだ。その母は彼が一歳の時に死んだ。父――権力と野心に満ちた法曹――は息子の病弱を蔑み、上の子を贔屓した。掛かり付けの医者は常々、本人を前にして臆することなく、この子は若死にしますよと言っていた。

だが十歳の時、デカルトはアンジューのラ・フレーシュにあるイエズス会の学院に送られた。ヨーロッパ最高の教育施設の一つである。そこで、意外にも、彼の人生は花開いた。肉体は健康かつ強壮となり、世界は広がり、そして底知れぬ知識への渇望が生じた。だが幼い頃の体験はその後も彼の心に居座り続けた。一人前の仕事を始めた頃の彼が最も関心を抱いていたのが医学である。自らの革命的な哲学を創り上げるに当たって、彼はその根拠を聖書や古典ではなく人間の理性に置いた。このことが彼を良くも悪くも有名にしたのだが、その中心にあったもの、その深層の理由は、人体の謎を解き明かし、病を治療し、人間の――彼自身も含む――寿命を延したいという願望だったのだ。一時代を画した哲学書『方法序説』の末尾で彼が読者に約束するのは、革新的な形而上学でもなければ数学の新たな手法でもない。「私は生きるために残っている時間を、自然についての一定の知識を得ようと努める以外には使うまいと決心した。その知識は、そこから医学のための諸規則を引き出すことができるようなもので、それらの規則はわれわれが現在までに持っている規則よりももっと確かなものである」。スウェーデンで死の床に就く五年前、彼はとあるイングランドの伯爵に書き送っている。「健康を維持することこそ、常に私の研究の主たる目的でした」。

彼の時代の多くの人々が同じ目的を持っていた。科学と近代の始まりと言えば、先ず思い浮かべるのは天文学だ。ガリレオは自ら手作りの望遠鏡で、中央イタリアの空に目を凝らした。教会はこれまで宇宙は完璧であると教えてきたが、その完璧なはずの宇宙に彼が見出したものは、太陽黒点、木星の衛星、月のクレーターなどの異常だった。データを集めれば集めるほど、地球が太陽の周りを公転しているという理論は裏付けられて行く。その果てにあった、異端審問という体制側からの神罰。われわれとは何者なのか、そして「近代」とは何なのかという永遠の問いを考える時、先ず天文学が出発点となるのは、それが一七世紀において人類が体験した巨大な変化を考える上での確実な足がかりを提供してくれるからだ。この時代こそ――見たところ――人類は神話的・聖書的な自我を捨て、宇宙における自らの立ち位置を変えたのである。一九五七年

——スプートニクの年であり、宇宙時代の夜明けでもあった。人々にとって「近代性」は今日よりもより単純かつ明瞭なものであり、そしてその語の意味するものを進んで受け入れようとしていた——に上梓されたベストセラーの表題にこの観念が表明されている。曰く、「閉じた世界から無限の宇宙へ」。

だが、天文学が全てではない。同じ時代のヨーロッパに興った人体に対する強い興味の中にも、近代性の芽生えを容易に見出すことができる。宇宙における自らの立ち位置を知ることがわれわれとは何者なのかを考える上での基本的な指標であるならば、われわれの身体はそれ以上である。各世紀における人類の病苦の大きさは、ある程度定量化することができる。デカルトの時代のフランスに生まれた子供の平均余命は二十八年だった。一五四〇年から一八〇〇年までのイングランドでは、それが三十七年だったと見積もられている。古代ローマの上流市民、またアフリカや南米の略奪社会、それにインドや中国の僻地では二〇世紀初頭になっても似たようなもの——つまり二十代か三十代——だった。アメリカ独立革命の頃のロンドンに生まれた子供は、半数以上が十五歳までに死んだ。そして近代初期のヨーロッパにおける死因のほとんどは戦争や略奪などではなく、病だった。幾世紀にも亘って、常に、常に、親たちは自分の子らの命が何らかの病に奪われていくのを為す術もなく見守ってきたのだった。それらの病の名称それ自体——瘧、卒中、瀉痢、水腫、震盪、肺病——が、彼らを包んでいた蒙昧の霧を物語っている。彼らにとって、それは死刑判決に等しいものだったのだ。

その霧は、三世紀半の間に幾分かは晴れた——われわれはより長く健康な生活を送っている。そして今もなお、身体は近代性の指標である。ゾロフト、リピトール、バイアグラ、ボトックス、イブプロフェン、血管形成術、インスリン、避妊用ピル、ホルモン置換療法、蛋白同化ステロイド——われわれは科学とテクノロジーを喜んで自らの肉体に迎え入れ、今後の更なる進歩を望む。所詮は肉と血と骨から成る存在であるこの身体を、科学がより巧妙に操作できるように。そこには、人体とは機械であるという観念がある。ゆえに病は機械の故障であり、治療とは故障した部品の修理であり、医者とは道具として薬物を駆使する機械工である。こうした単純な見方は、過去二十年から三十年の間に変りつつある。今やわれわれは、精神と肉体は深く繋がっており、思考と環境が身体に影響を及ぼすと信じたがっている。だが機械的モデルは既に大きな成功を収めており、われわれの医療の多くは依然としてそのモデルに基づいている。そしてこのモデルこそ、デカルトの時代に登場したものなのだ。

人体に対するこの新たな見方が初めて公にされた当時、人々は当惑した。実際、多くの人はそれを無神論と同一視した。単純な話、それは当時の知の方法論に真っ向から刃向かうものだったのだ。当時の学問はアリストテレス主義、もしくはスコラ哲学と呼ばれる。キリスト教の神学にアリストテレスら古代ギリシアの思想を混ぜ合わせたものだ。これらの思想の流れを一緒くたにして何世紀にも亘ってことこと煮込んだ挙げ句、そこにしばしば占星学や民間伝承というスパイスを加えて、出来上がったのが当時の世界観である。天地創造の物語から男と女の役割まで、凡そ日の下にある全てのものがこれで説明できた。窓から放った石が上に浮かばずに地面に向かって落ちるのはなぜか（物質は地球の中心に行きたがる――そこが宇宙の中心だからである）。人が死んだらどうなるのか。万物の存在目的に、これで説明が付いたのだ。

近代以前の医学は――デカルト自身、それを打倒せんと奮闘していたのだが――古代ギリシアの医学者ガレノスを根拠としており、そのガレノスの教義はアリストテレスの「四大説」を根拠としていた。曰く、物質世界は地水火風の四元素から成る。人体においてこれに対応するのが「四体液」、すなわち血液、粘液、黒胆汁、黄胆汁の四つである。病はこの四つの体液の不均衡から生ずる。このシステム――民間療法や魔女術、キリスト教、そして占星術によって補強された――の強みは、その完全性である。私の身体とそれに関わる小世界――歯痛や熱、恋煩いや不機嫌――はより大きな世界の一部であり、その世界はさらに大きな宇宙の一部なのだ。と言っても、人間の身体が宇宙の全てと同じ素材でできているとか、物理的な力が全てを支配しているというわけではない。畏れ多き神こそがリアリティの本質なのだ。イエスは水の上を歩いたし、奇蹟は実際に起った。悪魔は至る所を闊歩していた。超自然――魔術――も自然の一部だった。超自然も世界も星々も、そして人間の身体も、全てが巨大な一枚の織物に織込まれていた。

と同時に、このシステムはまた実用的でもあった。古代ローマの医師として（その患者リストはマルクス・アウレリウスから剣闘士にまで及んでいる）、ガレノス自身もまた患者を詳細に観察することを推奨していた——彼は脈拍数が健康状態の指標となることに気づいた最初の人である。よって彼のアプローチもまた観察を重視していた。だからこそ、かくも長期に亘って支持されてきたのだ。ただ惜しむらくは、その基盤となる世界観——アリストテレスによれば、件の四元素が異なる割合で結合することによって、この世のあらゆるもの、すなわち山々から睡蓮の葉、海牛から耳垢までの全てが創造されたのだという——が基盤としては脆弱すぎたということだ。四体液説に基づく診断と治療——「地」の病である憂鬱症には「風」の化合物を与える等——は毒にも薬にもならぬ代物だった。患者の方も心得たもので、好んで医者を標的にしたモリエールは言う、「ほとんどの人間は、病ではなく医者に殺される」。

　そしてこれはあくまでも正統医療であり、有効と考えられていた代替医療はいくらでもあった。熱病、胃痛、痛風、鼻血。どんな病気にも、占星術の託宣からリボンで首に巻く護符、あるいは目視による尿観察（「尿検査《ユロスコピ》」は全般的な健康状態の指標と見なされていた。シェイクスピアのフォルスタッフは従者に問う、「医者は俺の小水に何て言ってる?」[*1]）まで、選取り見取りのプロの医療が受けられた。治療師の中には医者もいたが、占星術師やその他の療法師もしばしば同等と見なされ、そして時には最も正統派の医学者、例えばロンドンの英国医師会のメンバーですら、診断の手段の一つとして占星術を採用していた。

たいていの場合、看護に当たるのは聖職者だった。何をするにも宗教が絡んだ。病も健康も神次第で、回復に神の助力は欠かせなかった。何せ薬が効果を発揮するためには、祈りによってその力が解き放たれなくてはならないとされていたのである。医薬のみに頼るのは神を畏れぬ蛮行なのだ。イングランドの清教徒の牧師ジョン・シムは「戒め」として曰く、「医学の方法に溺れるな、信ずるな、頼りすぎるな。ただ適切に利用せよ。そして神に祈れ。神がその医薬を祝福して下さるように」。さもなければ——つまり、医療や粉薬だけに頼るのは——霊よりも肉を上位に置くということだ。ゆえに、医学に対する厳密な機械的アプローチは危険な無神論と見なされたのである。

今日でも、世界中の何十億、とは言わぬまでも何千万かの人が、シムと大同小異の信仰に同意している。すなわち、健康には肉体と精神——いわば医薬と祈り——の両方が欠かせないと。彼らは専門家を訪ねて診断を受けると同時に、瞑想や神への祈りによって治癒を促進させようとする。しかもこの種の人は何も熱帯雨林の奥地にのみ居住しているわけではなく、近代的な生活をしている。彼らはわれわれなのだ。さらに、一七世紀にこういう考え方をしていたのは近代以前のアリストテレス主義者だけではない。彼らに対抗して立ち上がった近代的哲学者＝科学者の最初の世代もまた同様だったのである。当然デカルトもそうだった。当時の誰もがそうだったように彼もまた敬虔なキリスト教徒であり、彼の機械的宇宙論は、そもそも神無くしては成立し得ないものだった。デカルトの骨の物語を追う上での最大の難問は、「近代」とは何かを正しく理解することなのだ。もしもそれが物質と精神の厳密な分割を意味するなら、そもそも近代的認識というものを生み出した一七世紀人も、そして現代人のいずれもがこの分割を橋渡ししようと懸命になっているという事実をどう説明するのか？　近代と言えば非宗教的・非霊的であり、純粋に理性的・科学的なものだと考えがちだ。だがその考えは間違いなのか？　もしそうなのなら、その分割が誤りなのなら、そもそもなぜそんなものが生じたのか？

一つの答えとしては、一七世紀初頭に近代以前の世界観に破綻が生じ始めたということがある。その世界観というのは、聖書の記述と古典古代の哲学者の著述から恣意的に引っ張ってきた思想に基づくものだ。この破綻を繕うため、潜在的な精神の力を全く新しい形で駆使することによって、肉体の脆弱さに対処せねばならないという思潮が生れた。この新たなアプローチの結果、必然的に物質界にますます目が向けられることとなった。かくして、意図的ではないにしても、神学的解釈の価値が低下するようになったのである。一七世紀初頭にフランシス・ベーコンが「実験」を発明したというのは実際には正しくない。一六二〇年に上梓された『ノヴム・オルガヌム』の中でベーコンが提唱しているのは自然界の観察に基づく論証である。

このアプローチの最も顕著な例が、ウィリアム・ハーヴィによる心臓の研究である。ハーヴィ以前に受け入れられていたガレノスの考えによれば、血液を全身に送り届けている器官は肺だった。血液には二つの種類があり、一つは心臓、もう一つは肝臓で造られる。人体は常にこの両方を消費し続けている。ハーヴィは解剖と計算の結果、毎分心臓から送り出される大量の血液は人体による消費量を遙かに上回っていると結論した。一六二八年に彼が発表した大胆な理論——すなわち血液は常に全身を循環しているのであり、心臓こそがそのポンプ器官なのであり、そして肝臓は造血器官ではない——は瞬く間に世に受け入れられたわけではない。ハーヴィは手酷い批判を受けた——「私はほとんど全人類が私の敵となったのではないかと戦慄した……ひとたび蒔かれた教理は深く根を張り、古きものへの尊敬はあらゆる人間に影響を及ぼすのだ」——そして実際、一部の医学者は観察に基づく科学という観念自体を嘲笑した。この世界には誤謬や例外が溢れ返っているのだから、観察によって何かが解ることなどないというのである。また別の者は、血液には二種類があるという観念に固執した。それが瀉血の原理だったからだ。瀉血はガレノス療法の根本の一つであり、医者も患者も等しくそれにしがみついていた。それは四体液説と深く結びついている。胃や腸の内容物、「不浄な」血液などを体外に出し、システムを浄化することこそが治療の鍵であると信じられていたのである。だが観察の結果、瀉血は健康の回復どころか、むしろ患者を消耗させることが明らかとなった。新たな医学理論を唱道する人々は、古い医学の誤りの象徴として「瀉血」を糾弾した——だからこそ、死の床において瀉血を示唆されたデカルトは、これを断固として拒否したのだ。

一六三〇年代にはハーヴィの体系は着実に地歩を固めつつあった。人々はこれこそ全く新しい医学の手法と見なした。人体の内奥の探求が流行となり、宇宙の探求に匹敵する、魅力ある事業とされるようになった。オランダでは、レイニール・デ・グラーフが出産の謎を探っていた。彼は妊娠した兎の腹を割き、受精した卵子が子宮に至る道筋を図に示した。トスカナ大公国の病院に勤めるデンマーク人ニコラウス・ステノは、涙管を露出させてその機能を調べるという方法で人間の感情の謎を解こうとした。人間の死体解剖や動物の生体解剖を見学しようと殺到する学生たちに対処するため、医学の教授たちは自宅に「室内円形階段教室」を設けた。

アムステルダムでは、医師ニコラエス・テュルプが刑死者の死体を用いて公開解剖を行なった。無神論者のレッテルを貼られるどころか、彼はレンブラントの絵にその姿を永遠に留めることとなった。絵の中の彼は鉗子《かんし》を使って死体の左腕の筋肉を持ち上げている。この絵を研究した整形外科医A・C・マスケレによれば、テュルプの左手の上げ方は、この特定の腕の筋肉——浅指屈《せんし》筋——がどのように手の動きを支配しているかが良く解るような形になっているという。つまり彼の講義は、単に筋肉の付き方だけではなく、肉体の各部分の間の因果関係にまで及んでいたということだ。絵の中に登場する見学者たち——白いレースの襟をつけた、小綺麗な髭の男たち——は、このデモンストレーションにすっかり息を呑んでいる。『ニコラエス・テュルプ博士の解剖学講義』は、社会的な許容度におけるあからさまな変化を物語るものだ。そして――女性のズボンやアメリカ南部における人種隔離政策の終りのように――それはある人間にとっては文明の堕落の不吉な予兆であり、別の人間にとっては新たな進歩をもたらす新時代の到来である。ともあれ、長きに亘って謎のヴェールに隠されてきた人体の深奥は、今や見世物となった。

一六世紀後半から一七世紀初頭の偉大なる科学探究者たち――ガリレオ、ベーコン、ハーヴィ、ケプラー、ブラーエ等々――によって科学に対する興味・関心は大いに喚起された。だが、彼らの業績は個々ばらばらの状態に留まっていた。実験、解剖、観測、分析が繰り返されるほどに、その成果は世に混乱をもたらした。なぜならその成果は、それまで四百年間に亘って存在していた知の枠組みに収まるものではなかったからである。もはや古典は頼りにはならない。長きに亘って営々と築き上げられてきた「意味」の殿堂は根こそぎにされようとしていた。当時の人々にとってこれが何を意味したのか、正確に判断することは困難だ。今のわれわれは、当時の偉人たちの業績の直接の結果の世界に生きている。それは複数の「意味」のシステムが併存する世界である。無論、今なおファンダメンタリズムは生き延びてはいるが、そういう彼らですら相対主義を理解している。自分たちとは異なる信仰体系の存在を認識している——たとえ容認できなくとも。だが一七世紀の人々にとって、それまで絶対的な価値と真理の体系であると信じてきたものに対する異議申し立てはあまりにも衝撃的で、訳の判らぬものだった。当時のあらゆる階級の人々、上は教皇から下はこの混乱を煽る冊子を読むだけの教養ある一般人に至るまで、誰もがこの状況を危機と捉えた。中でも最も深刻な危機とは、信仰の危機である。

そんな危機の最中、一六三七年に、とある本がパリ、ローマ、アムステルダム、そしてロンドンの街頭に出現した。その題扉にはチュニックとタイツを身につけた髭面の男が、庭を掘り返している図を描いた版画——卑しい労務者に身を窶して哲学的真実を探求する者ということか？——その絵の上には書物の長い表題が、ラテン語ではなくフランス語で書かれている。つまりその著者は、当時の平民が（と言ってもフランス人に限られるが）これを読むことを意図していたのだ。その平民の中には、何とスキャンダラスなことに、女性も含まれる。

『理性を正しく導き、学問において真理を探求するための方法序説、加えて、その方法の試みである屈折光学、気象学、幾何学』。

この題扉にはまた出版の場所であるオランダの街ライデン、及び出版人であるヤン・マイレの名が記されていた。マイレは当時全く無名だったが、この一巻を以てその名は世に知れ渡る。初版三千部。同書は人類の歴史を通じて最も影響力を持つ書物の一つとなる。

奇妙なことに、著者の名はどこにもない。著者は以前、「語られた言葉だけに耳を傾けて戴くため、自分は表舞台には出たくない」と述べていた。とは言うものの、『方法序説』の著者の正体はあっという間に突き止められた。

DISCOURS
DE LA METHODE
Pour bien conduire sa raison, & chercher
la verité dans les sciences.
PLUS
LA DIOPTRIQUE.
LES METEORES.
ET
LA GEOMETRIE.
Qui sont des essais de cete METHODE.

現在の知識の基盤に欠陥があることは、日に日に明らかになって行く一方だ。既に学生時代から、デカルトはそのことを個人的な危機として捉えていた。『方法序説』に書かれた通り、この価値観に対する疑念は、十代後半から二十代前半の人々に共通する一種の心理的・知的危機から来ている。「それを終了すれば学者の列に加えられる習わしとなっている学業の全課程を終えるや……多くの疑いと誤りに悩まされている自分に気がつき、勉学に努めながらもますます自分の無知を知らされたという以外、何も得ることがなかったように思えた……しかも、私がいたのはヨーロッパで最も有名な学校の一つで、地上のどこかに学識ある人々がいるとすれば、この学校にこそいるはずだと私は思っていた」。自らの心の拠所を探し求める彼は「錬金術師の約束にも、占星術師の予言にも、魔術師のまやかしにも」欺されることはなかった。そして彼はついに、学問をアリストテレスの体系において理解する限り、「これほど脆弱な基盤の上には何も堅固なものが建てられなかったはずだ」と断ずる。

大学を卒業した者の多くがそうであるように、彼もまた書物を捨てて世界を見に行こうと決意する。「これからは、私自身の内に、あるいは世界という大きな書物の内に見つかるかも知れない学問だけを探究しようと決意した」。彼は旅に出た――九年もの間。「世界で演じられるあらゆる芝居の中で、役者よりはむしろ観客になろうと努め、あちこちと巡り歩くばかりだった」。当時のヨーロッパは三十年戦争及び八十年戦争（両者は同時に起っていた）と呼ばれる大規模な紛争の最中にあり、若い男性が戦争を通じてより広い世界を知ることはごく当たり前のことだった。彼は二つの軍隊に仕えた。先ずはオランダ共和国の州総督ナッサウのマウリッツの軍。次にバイエルン選帝侯マクシミリアン一世の軍。だが何とか実戦への参加は免れ、その代り工兵学上の問題解決を手助けした。[*2]

伝説によれば、オランダの都市ブレダに駐屯していたある秋の日、彼は公示板に貼られた数学パズルに目を留めたという（ゲームや娯楽の載った新聞が登場する以前の時代には、このようなパズルが好んで公の場に貼られていた）。オランダ語で書かれていたので、彼は横にいた若い男に翻訳を頼んだ。二人はたちまち仲良くなった。その男、イザーク・ベークマンもまた、彼らが生まれ育った知的世界の基盤が脆弱であることを苦にしていたのだ。そして両者は、どうやら同じ新戦略に辿り着いていたらしい――自然界に関する本物の知識を獲得するためには、数学を物理学に応用することだと。この友情は一種の競争となり、デカルトが従軍して移動する度に両者は互いに問題点や論文などを書いて文通した。文通はどんどん盛り上がり、熱狂的な発見合戦となった。その話題は目眩がするほど広範囲に及んでいた。音楽理論、落体の加速度、液体が容器に及ぼす圧力、そして幾何学。当初は七つ歳上のベークマンが教師役だったが、デカルトは忽ち彼を追い抜いた。ある手紙の中で彼は解析幾何学――幾何学の図形と問題の解析に代数を用いる方法。これが後に微積分法の基盤となる――発見の概要を述べ、次のように結論する。「（ひとたび私がこの方法の詳細を完成させたならば）幾何学において新たに発見すべきことはほとんど何も残らないでしょう。この仕事は極めて莫大であり、一人の人間によって完成されるものではありません。野心的であると同時に信じがたいほどのものです。けれども、私はこの学問の暗い混沌の中に一筋の光を見ているのです」。謙遜という言葉はデカルトの辞書にはない。

程なくして、ドイツ駐屯中、頭に満ち溢れるアイデアを全身全霊を以て統合しようとしていたデカルトは、一一月のある時、炉部屋——陶製の暖房装置で暖めた部屋——の中で一夜を過し、重大な三つの幻覚を見た。目を覚した彼は、この幻覚は一種の啓示だったと考えた。それは彼がこれまで追求してきた全ての思考の道筋を蒸溜したかのようなものだったのだ。その幻覚の中では、自然界は一つのシステムであり、数学こそがそれを解く鍵となっていた。この幻覚の探求——宇宙及び宇宙と人間との関係に対する新たな見方——こそ、彼のライフワークとなる。以来、熱に浮かされたデカルトの夢の物語は、西欧世界を変えた転換点の一つとして歴史の逸話となった。

それから十七年後に登場した『方法序説』は、それまでの彼の業績の集大成であり、彼の処女作でもあった。正確に言えば、それは四つの小冊子をまとめたものである。後ろの三つは光と光学、幾何学、および地質学と気象学に関する詳論である。そこには、反射の法則、近視と遠視、風と雲の形成、虹の性質、そして解析幾何学の詳細に関する世界初の（あるいはそれに匹敵する）記述が見られる。

だがこの『方法序説』という文字通りの「序説」、僅か七十八ページの小著こそが、傲岸不遜にして恨みを忘れず、野心の塊で放浪癖のあるこの短躯のフランス人に、アリストテレス以来の最高の地位を与えたのである。彼は一七世紀最高の数学者というわけではないし（その称号はまさに一世代後、アイザック・ニュートンに与えられる）、最も有力な科学者であるわけでもない（それはニュートンとガリレオであろう）。スピノザとライプニッツの方が哲学者として優れているという意見もあろう。だがデカルトこそ、とある現代の哲学者の言葉を借りれば「単に近代哲学の父であるのみならず、非常に重要な点において近代文化の父に他ならないのだ――彼は近代西欧文化の父であり、そして後には、その思想の輸出によって近代世界の多くの文化の父ともなった男なのだ」。そしてその第一の理由こそが、『方法序説』なのである。この小著は「思想史の分水嶺である。それ以前の全てのものは全て旧時代の遺物となり、それ以後の全てのものは新時代のものとなった」。

既に学生時代から、デカルトは知に対する伝統的なアプローチはまさにその根底の部分に重大な欠陥を抱えている、と喝破していた――理解という仕事に取りかかる際の方法そのものである。古代の著述家たちは確かに才気煥発にして鋭敏緻密なることはこの上がない。とは言うものの、そもそも彼らの出発点自体が泥沼のように脆弱な基盤であるのなら、その上に如何なる殿堂を築いたところで、それが安定する道理はない。例えば、アリストテレス自然学の基盤は四大元素である。だが何ゆえそれは地水火風なのか？　単に人間の感覚にとって最も明らかに思えるものが、必ずしもリアリティの基盤で無くてはならないことを示す理論的根拠とは何なのか？　あるいは、スコラ哲学最高の哲学者であるトマス・アクィナスを考えてみよう。彼はその剃刀のような知性を、天使の存在「証明」のようなものに向けて用いた。例えば天使の人数、種類、材質、知性、起源。そして例えば、天使は一つの場所から別の場所に移動する際、その間にある空間を通過するのか、等といった問題を考え続けた。歴史上最も偉大な頭脳の一つが、何ゆえにこんな複雑怪奇な推論にはまり込んでしまったのか？　あるいはイデア論を唱えたプラトン。彼によれば、窓の外に見える樹はそれ自体は現実ではなく、永遠なる「樹のイデア」の反映に過ぎないのであり、私がタイプしているキーボードは、実際には神によって造られ、永遠の世界に存在する完璧なる非物質的なイデア――いわば「キーボード性」とでも言うべきもの――の不完全な類似物に過ぎないというのだ。

リアリティを理解するためのこのような範疇の周囲に、伝統の層が蓄積された。何世紀もの間、法衣を纏った学者と写字生は蝋燭の灯の下、羊皮紙の束や皮綴じの写本の上に身を屈め、ぶつぶつと言葉を読み、羽根ペンを走らせ、朱書きし、記憶し、解釈し、分析し、四大元素のような範疇を持つ、黴の生えた下部構造に建増しを繰り返して来た。それは時代と共に、自然現象を、人間の行動を、歴史を、そして宇宙を説明する道具としてはますます使いづらいものとなって行ったのだ。だがこれらは、これらの分類は一体、如何なる基盤の上に立っているのか？　それは信頼に足るものなのか？　それが単なるナンセンスではないとどうして言える？　あるいは、もしそうならわれわれはそんな基盤の上に建てられた知識の中から偉大な成果が出て来るなどと期待することはできないのではないか？　デカルトは身も蓋もなくこう宣言する。「アリストテレスの原理の誤りを証明するには、それがその後幾世紀にも亘って何の進歩ももたらすことはなかったという事実を指摘すればよい」。

では、進歩をもたらす方法とは何か？　デカルトは自らの究極の目的を明確に理解していた。後世の哲学者が、「何ゆえに無ではなく有なのか」というような問題に囚われてしまうのに対して、デカルトは自らの探求に対してひたすら一途だった。彼が追求していたのは、間もなく世界を呑み込んでしまうことになる哲学、人間をして「自然の主、支配者」に仕立て上げる哲学である。

一見、彼の論の進め方は意味があるように見えない。万物の尺度を求めるなら当然ながら外に目を向けるだろう。六分儀を持つ航海者のように、星へ、遠い水平線へと。だが彼の場合、伝統からの乖離はまず、文体として始まった。『方法序説』は一人称で書かれている。そのお陰で、世界で最も偉大な哲学書であるこの書は、また期せずして世界で最も読みやすい哲学書ともなっているのだ。そしてまた、それは個人が重視される新時代の出発点として相応しいものともなっている。『方法序説』の導入部は数学の公式でもなければ科学の命題でもなく、外的な権威の列挙でもない。そこでは生きた人間――デカルト自身――が、一人座して考えに耽っているのだ。テキストには独特の雰囲気、心地よさがある。暖炉の薪の爆ぜる音まで聞こえてくるようだ。それはわれわれにとっては馴染み深い――小説、物語、演劇、映画の雰囲気だ。人間的で、そう、近代的だ。

これらの近代芸術はいずれも、個人に焦点が当てられると共に、ストーリーの転換点となる危機がある。この近代哲学書第一号においてもそれは同じだ。その危機とは意味の喪失であり、主人公の冒険は真実の探求、信ずるに足るものの探求である。デカルトの戦略は、アリストテレスの自然やリアリティに対するアプローチは全て誤りであるという仮定、さらにはアクィナスやプラトン、ドゥンス・スコトゥス、オッカムのウィリアム、その他全ての著名な哲学者も同様であるという仮定であった。さらに彼は、儀礼的に、聖書をも――アダムとエヴァからヘブライの預言者たち、そしてイエス・キリストの復活まで――同じゴミ箱へ叩き込む。このように、あらゆる思想や概念を一刀両断に断って捨てた末に、彼はどうしても否定することのできない前提に逢着する。それは哲学的であると同時に心理的な企てであり、「気軽に試してはならない」という注意書が添付されている。「かつて信じて受け容れた意見を全て捨去る決意だけでも、誰もが従うべき範例ではない」。

高邁で抽象的な書物ならこのように片付けてしまうことが必要かも知れない。だが現に今、目の前に存在するものはどうだろうか？　デカルトが『省察』の中で述べているように、「私がここに居ること、服を着ていること、煖炉のそばに坐っていること」という明々白々な事実に関してはどうなのだろうか？　こうした事実すら抛棄されるのだ。感覚もまた頼りにはならない。感覚は惑わされる。それは夢かも知れないし、麻薬の作用かも、あるいは悪神に拐かされているのかも知れぬ。このことを突き詰めていくならば、視覚も嗅覚も味覚も、どれほど自明のものに見えようと、やはり疑わねばならない。厳密に言えば、私は自分自身の肉体の存在すら確信はできない。

では、何が残るのか？　この容赦なき切り捨ての末に残るのはただ一つ、ただ一つ否定できない前提、いわば宇宙でたった一つの時計が時を刻む音のようなものだ。すなわち思考者自身の思考の音である。果たして、今この瞬間のこの思考を含め、思考が起っているという事実を疑うことができるだろうか？　否。論理的に言ってそれは不可能である。そこで実に慎ましやかながら、われわれはこの事実を基盤、すなわち根本原理とすることができる。

このようにしてデカルトは、一つの試金石となる言葉を世に与えた史上稀に見る存在となった。デカルト以前のそのような言葉は、イエス・キリストの「私は道であり、真実であり、生命である」である。そして彼以後には「$E = mc^2$」が生まれた。彼以後の哲学者たちが指摘してきたように、Je pense, donc je suis. あるいは Cogito, ergo sum. あるいは「我惟う、故に我在り」は、デカルトの意図の全てを包含しているわけではない。[*3] だがひとたびこの方法的懐疑という強酸がそれ以外の全てを浸食してしまえば、彼の前に残るのは、厳密に言えば「我」ですらなく、思考が進行しているという認識のみである。つまり「我惟う、故に我在り」ではなく「思考が生じている、故に思考者があるはずである」が正しい。しかしこれでは、Tシャツとマンガの世代にピンと来るスローガンにはならないだろう。

デカルトは個々人の精神に焦点を移すことによってようやく知識の確かな基盤に肉薄することができた。だが皮肉なことに、万人が認めるように個々人の精神は人間の器官としてはかなり薄弱で気まぐれなものだ。もしも私自身の思考こそが私の依って立つことのできる唯一の確かな基盤であるのなら、これを堅固だと言い切るのは嘘になる。だが初期のデカルト信奉者の言うように「懐疑こそが疑いの余地のない哲学の始まりなのだ」。すなわち人間の精神とその「良識」——言わば人間の理性——こそが、真実か否かを判断する唯一の基盤だというのである。哲学者風の短縮語で言えば「コギト」、そしてそれに基づく知識論（デカルトが『方法序説』及び後の著作において略述しているもの）によって、人間の理性が啓示された叡智に取って代わったのだ。ひとたびデカルトが基盤を築いてしまえば、彼や他の人々が知の殿堂を再構築することが可能となる。だがその殿堂はかつてのそれとは別物となるだろう。あらゆるものが全くの別物となるだろう。

ユトレヒトの光景を圧する巨大なゴシック教会は、現在ではこの街の中央広場の真ん中に孤立している。少し離れた大聖堂との間には幅広い敷石の道があるばかりだ。どうしてこんな奇妙なことになっているかと言うと、かつてこの両者を繋いでいた身廊が一六七四年の暴風雨によって倒壊し、二度と再建されることがなかったからである。この例外を除けば、この旧市街の中心部は非常に美しく保存されている。水を湛える水路、曲がりくねった街路、切妻造《きりつまづくり》の煉瓦のファサードは、一六三八年当時の光景とさほど変りがないだろう。この年、この大聖堂に連なる建物に颯爽と入って行く男がいた。四十歳のぶっきらぼうな医学博士ヘンドリク・デ・ロイ——むしろラテン名のレギウスで知られる彼は、ユトレヒト大学、と名付けられたばかりのこの学舎に教授として着任したのだ。

その直後、レギウスはルネ・デカルトに手紙をしたためた。デカルトとは面識はなかったが、当時デカルトは、僅か四十マイル先のサントポールトという村に住んでいたのだ（デカルトは生涯の大半をオランダの州で過した。オランダの比較的自由な知的風土を愛したのである）。レギウスはデカルトに感謝したいと書いた。というのも、彼がこの創設されたばかりの医学部教授の椅子に座ることができたのはデカルトのお陰だというのだ。昨年刊行された『方法序説』、及びそれに付随する屈折光学と気象学に関する論文を読み、文字通り彼の世界は一変したのだという。以前の彼は医学の個人教授をしていたが、『方法序説』を読んで以来、医学への取組み方を完全に変えた。お陰で今や、彼の講義は学生で溢れ返っている。彼らは人体に対する、さらに言うなら宇宙に関する新たな理解の方法に興味津々なのだ。大学の理事たちもこれに気づいている。レギウスの講義のあまりの人気ぶりからして、その昇進も確実だろう。

レギウスは、どうか小生が先生の「弟子」を名乗ることをお許し下さいとデカルトに乞うた。デカルトは雀躍した。彼はお追従にはとりわけ弱い男であり、そして自著が世間に何らかのインパクトを与えたとするなら、まさにこれこそ彼が望んでいた反応だった。『方法序説』の最初の売れ行きはさほどでもなかったが（あらゆる時代の著述家がそうであるように、デカルトもまた初版部数が売り切れないことを嘆き、再版はないだろうと考えていた）、実は同書はよく読まれており、彼もまた著名知識人として頭角を現しつつあったのだ。大学で、教会で、居酒屋で、そしてカフェで、彼の名は人々の口に上った。一七世紀ヨーロッパのお喋り階級はお互いに、また彼自身に対して手紙を書き、「偉大な人物」「現代のアルキメデス」「最高の哲学者」などと恥ずかしげもなく褒め称えた。中には「その双肩ではなく、その偉大なる頭脳の堅固なる論考によって天の蒼穹を支える力強きアトラス」という、単に歯が浮くでは済まされないような賛嘆まであった。彼らの興味の中心は、レギウスの言葉を借りれば、デカルトが発見した「あらゆる種類の真実の探求において理性を導くための優れた方法」にあった。

デカルトは既に自らの人生の目標を設定していた。すなわち、アリストテレスに成り代って自らが世の教育の基盤となること、である。微笑ましいほど気宇壮大な野心だ。ガリレオやレオナルド、それどころかアリストテレスその人よりも壮大だと言えよう。何と言ってもアリストテレス自身は、その後何世紀にも亘って人類史を支配する知的枠組みをまさか自分が造ってやろうなどという気は全く無かったのだから。一方のデカルトは、むしろ全人類の思考の方向性を自分が変えてやろうと気負っていたのだ。そのためには、一冊や二冊の本を書いたり、多少の講義をするくらいではとても足りない。彼の哲学が受け入れられるためには、ネットワークの構築が不可欠だ。有力な教授、教会役員、大学理事、政府高官に至るまでを巻き込まねばならぬ。そしてそのためには――先ず隗《レギウス》より始めよ。

レギウスは熱心にデカルト主義を唱道した。デカルトの祝福を得た彼は、大学でデカルト主義に関する一連の公式討論会を開催した。彼は医学博士であったから、そのテーマは「健康の科学」――タイトル自体が、彼が提供しようとする批判的アプローチを象徴している。彼は既にドラマを創り上げており、演ずるほどに観客は増え、講義を重ねるほどに彼はどんどん大胆になっていった。理性という道具を自在に操ることのできる人間各個人の意識というラディカルで新しい基盤に始まって、彼はデカルト的宇宙と、その機械のような規則性を余すところなく展開した。地球は数多く存在する恒星のうちのたった一つ、すなわち太陽と呼ばれる星の周囲を公転するこれまた多くの天体の一つに過ぎない、というコペルニクス的宇宙観。神の力ではなく、適切な物理的条件によって機能する人体の器官。そしてその細部、すなわち脈搏、呼吸、そして「排泄《デ・エクスクレメンティス》」。神学をほとんど無視し、アリストテレスの「範疇《カテゴリ》」〔訳註――存在者に関する述語の最高類概念。実体、性質、量、関係、場所、時間、位置、状態、能動、所動〕を嘲笑し、ハーヴィの血液循環論――デカルトが自らの生理学の中心としていたもの――こそが人体の機能の鍵であると説いた（デカルトはハーヴィの循環論を全体として受け入れていたが、心臓こそが血液のポンプであるというハーヴィの説は否定していた。デカルトは――当然、誤りなのだが――心臓は言わば竈のように血液を熱し、それによって血液が循環すると考えていた）。だが、ヨーロッパ中の多くの知識人が『方法序説』に読み耽り、これこそ新たな知の枠組みの創出だと太鼓判を捺す一方、ユトレヒト大学におけるデカルト主義への反応――おそらく、われわれが「近代」と呼ぶものに対する史上初の公的反応――は、少々異なっていた。レギウスが最後の言葉を終えると、満員の教室は怒号と口笛で溢れ返り、高位聖職者は憤然と席を立った。まさに未曾有の騒乱であり、全面的な対立が到来しようとしていた。

野心の塊であるにも関わらず、デカルトはこの間ずっとユトレヒトを避けていた。一方、顔つきもまた性格のほうもボクサーのようにふてぶてしいレギウスは、アリストテレス主義者との喧嘩上等、と言うわけで、さらに対立の火に油を注いだ。ジャック・プリムロゼという医者が血液循環論に関して彼に反論すると、レギウスは直ぐさま反撃の論文を書いた。その表題に曰く『プリムロゼ博士が公表した所見と称する汚物を洗浄するためのタワシ』。

だが、彼の真の敵はギスベルト・ヴォエティウスだった。彼は神学者でありアリストテレス主義者であったばかりか、同大学の学長でもあったのだ。レギウスがデカルト哲学に洋々たる前途を見ていたとするなら、ヴォエティウス――性格は激烈でイタチのような顔つきの小男――のほうは直ちにその中に秘められた危険を見て取った。ヴォエティウスは直ちにレギウスとデカルト、及び「新哲学」に対する攻撃を開始し、デカルトが採用したコペルニクス天文学は「神聖物理学」への侮辱である、と論じた。いつの間にやらヨーロッパ知識人の心の中にそのような怪しからんものが入り込んでいるが、われわれは断固としてこれを根絶せねばならぬ。さらに重要なことに、デカルトは自らの方法に基づく自らの哲学は自然に対する全く新しい洞察をもたらすと嘯《うそぶ》いていたが――ヴォエティウスによれば、それほど高度な知識とはこの世についての知識ではなく、霊的な知識、すなわちイエスが説いた「天の王国」の秩序に関する知識以外にはあり得ないのである。「我らの知らぬことはあまりにも多い！」とヴォエティウスは叫ぶ。それゆえに、真実に至る道とは、何世紀にも亘って入念に積み上げられてきた全てのことを片っ端から懐疑することではない。「学識ある無知」を尊重し、その道を究めることなのだ。

ヴォエティウスは対デカルト主義戦線の幾つかにおいて、自らの影響力を行使した。デカルト主義は、人間の精神をこの上も無く危険な場所へ連れて行こうとしている――すなわち無神論である。かのデカルト奴はまさにカルトの親玉であり、その磁力のような力で以て人を惹き付け、奴隷化しているのだ。それこそがデカルト的懐疑の真の目的である。古えの師から学んだことを忘れさせ、こうして空っぽになった頭に、デカルト奴は自らの教義を吹き込むのである。このような論難に加えて、ヴォエティウス一派は昔からどこにでもある中傷工作を行なった。つまりデカルトは性的な意味で変態である、と。

デカルトは自らの哲学に対するこのような反応に仰天した。確かに彼は敵対者に面と向かうことは極力避けていたが、彼の傲慢さは天井知らずである。悪口を言われると、彼の恨みはどす黒く燃え上がった。彼の敵の一人はこう述べている。「確かにデカルトはあらゆる先入観から自らを解き放とうとしたのかもしれないが、彼が最後まで囚われていた先入観が一つある――あらゆる点において、自分は常に正しいという思い込みだ」。デカルトは少しでも批判を受けようものなら忽ち激怒し、あからさまに下品になる。かつて彼はフェルマーの数学を「糞」と呼んでいた。また別の著名な著述家の作品を「便所紙」と呼んだこともある。パスカルとの間で戦わされた、自然界に真空は存在するかという議論（デカルトはそんなものは無いと言い、パスカルはあると言った）において彼は言った、「この世に真空が存在するなら、それは唯一、パスカルの頭の中だけだ」。『省察』の再版の際には、この時とばかりに付録としてユトレヒト大学での出来事を自分目線で一方的に書いた。それだけでは飽きたらず、さらに二百ページに及ぶ反論を書き、『ヴォエティウスへの手紙』と題して発表、自らの哲学を擁護すると共に、ヴォエティウスの言っていることは完全なるデマにして単なる罵詈讒謗、それどころか奴の方こそ無神論者なのだ、とさんざんに扱《こ》き下ろした。その上で、自分がかくも辛辣な批判を受けたのは要はヴォエティウスとその一味の方が、デカルトこそが真実であるということを薄々感じており、自分たちの世界観が崩壊しようとしているという現実を直視することができなかったからに他ならないのだ、という華麗な弁論の妙技を披露する。その結果、この事件はさらにヨーロッパ一円に知れ渡ることとなった。

　だが困ったことに、気がつくと名誉毀損で告発され、有罪判決を受ける可能性のあるのはデカルトのほうだった。彼はフランス大使に助けを求め、これを受けた大使は州総督に話を持ち込んだ。問題はオランダ行政府のあちこちを盥回しにされ、その度にどんどん大きくなっていった。町役人も神学者も行政官も、聖職者も執政官も、教授も学生も、誰も彼もがこの話題に夢中になった。今やデカルト主義者が全力で応援するこの新しい哲学こそが知識に至る正しい道なのか、それともキリスト教に対する脅威なのか。あるいは――罰当たりなことに――その両方なのか。今や、社会の基盤が危機にさらされている。そんな感覚は明白にあった。この訴訟沙汰が最高潮を迎えたのは一六四二年、ユトレヒト市が正式にデカルト哲学を禁じた時だ。

それで論争が止んだわけではない。恐慌と混乱はさらに拡散した。一六四七年、論争はライデン大学に到達した。同大学はこの国最高の学府であり、そしてこの街はそもそも『方法序説』が発行された地でもある。同大学はかつてのユトレヒトと同様にデカルトの哲学を禁じ、そしてこの問題を終熄させるために「公の講義においても、家庭での教授においても、哲学者はアリストテレスの哲学から離れてはならない」と規定した。だがユトレヒトと同様、デカルト主義は公の場で論じられ、論争は熾烈化した。人々はテーブルやベンチの上に立ち上がり、講堂を埋め尽くした人々の「頭は天井に達した」。アダム・スチュアートという名の哲学教授はデカルトを批判して曰く「最近の一部の哲学者は、感覚が如何なる意味においても信頼に足るものであるということを否定し、哲学者は神の存在を否定することができると、すなわち人は神の実在を疑うことができると主張している」。この頃には既に教授や学生の中にも相当数のデカルト主義者がおり、スチュアートの批判はデカルトの主張を歪曲しているとの声が上がった。対立は深まった。学生たちは足を踏みならし、野次を飛ばした。スチュアートは憤激し、デカルト主義の首謀者に向かって金切り声を上げた。「私の職務権限によって命ずる。静まれ！　口を閉じよ。貴様の言うことなど聞く耳は持たぬ！」。ユトレヒト同様、状況は混沌と化した。

このような対立——それはその後数十年に亘って、ヨーロッパ中で繰り返されることになるのだが——の争点は、信仰と理性の関係、そして精神界と物質界の関係だった。いずれの場合も、伝統的にも法的にも前者が後者に優越する。とは言うものの、ここでもまた信仰と理性の間の戦線がどこにあるのかは曖昧なままである。デカルト自身、歴史の教科書で描かれるような冷徹な合理主義者であったわけではない。彼は敬虔な信仰者であり、間違いなく近代の哲学者でありながら、その片足を依然として中世に置いていた。中世の哲学者を踏襲し、自らの哲学に「神の存在証明」を組み込んでいる。神の存在と善性の証明は彼にとって不可欠だったのだ。デカルト的懐疑は極めて辛辣であったから、その証明なくしては、物質界の存在すら確認できなかったのである。ゆえに彼の業績の基盤には神学がある。この世も、科学も、そしてデカルト哲学そのものもまた神に基盤を置いているのだ。

だが、アリストテレス主義者はその手には乗らなかった。彼らは言う、デカルトの方法論はツールとして理性を用いている。ゆえに物質界に対するそのアプローチは神学を軽んずるものだ。理性を思考の基盤として追求し続けるなら、やがては無神論に、権威の崩壊に帰着する。如何なる権威も規則も失われ、世界は懐疑と混乱に引き裂かれるだろうと。

驚いたことに、これらの言説はわれわれ二一世紀の人間にとっては聞き慣れたものである。今日の多くの人は、まさにこれこそが現在のわれわれが陥っている状況であると認めるだろう——

相対主義と懐疑の結果、確たる指針もなく漂流するばかりであると。枢機卿ヨーゼフ・ラッツィンガーは、教皇ベネディクトゥス一六世となる直前に述べている。「私たちは今、相対主義による独裁体制を築き上げげつつあります。それは絶対なるものを何一つ認めず、人生の究極の目標は個人のエゴと欲望のみだとするのです」。彼をはじめとする現代の宗教的保守派の言の多くは、デカルトと同時代の批評家たちが抱いた恐れと全く同じように聞こえる。彼らは言った、デカルトの「懐疑が、哲学から神学に持ち込まれるかもしれない。そうなれば、学生たちは全てを疑い始めるだろう。自分自身を、神を、その他全てをだ」。彼らの対極にいる人々――すなわち無宗教主義者と宗教的穏健派――は、盲目的信仰こそ人類が克服すべき問題であると言う。いずれにせよ瞠目すべきは、近代を定義するとされる危機が、近代哲学最初の作品である『方法序説』の出版から僅か数ヶ月という時点で既に出現していたという点だ。その危機とは、信仰と理性の領分を巡る深く複雑な混乱である。それはその後数世紀に亘って、何度も何度も形を変えて世に現れるだろう。フランス革命しかり、ダーウィンの進化論しかり、そして戦闘的カルトと宗教テロへの対処を巡る今日の論争しかり。

そうした哲学上の遺伝形質は、時折、形あるイベントとなって、近代の黎明期から一気に時を越えて現代に発芽することもある。バイオ工学で創り出された作物の畑に混じった在来種の種のように。二〇〇六年六月、私は世界最高のデカルト研究家の一人であるテオ・ファービークと、ユトレヒト大学の哲学者エリク＝ヤン・ボスの二人に招かれ、同大学教職員クラブの昼食会に参加した。二人は共同で、デカルトの書簡集の校訂版を編集している（全五巻の予定だ――自らの哲学を推進せんと、デカルトは恐ろしいほどの書簡を書いたのだ）。ファービークは前年に彼が参加した注目すべきイベントについて話してくれた。ユトレヒトの街と大学の当局がデカルトに対する非礼を詫び、一六四二年の禁令を撤回する正式な謝罪式を（何とラテン語で）行なったのである。〈ル・モンド〉紙によれば、このイベントは彼の名誉を「厳粛に回復させた」。このイベントは遙か極東の日本でも話題となった。二〇〇〇年、教皇ヨハネ・パウロ二世は、カトリック教会がガリレオのコペルニクス的宇宙観を裁判に掛けたことを謝罪した。「われわれはこのヴァティカンの儀式をモデルにしたのです」とファービークは言った。「ユトレヒトは世界で初めてデカルト主義を認め、世界で初めてこれを禁じました。そして遂にわれわれはこれを訂正したのです」。

昼食の間、もう一つ話題となったのが、デカルトがユトレヒト滞在中に住んでいた家の話だ。それはとっくに無くなっている。食堂を出る時、現存する場所でデカルトに所縁のあるものはありますかとファービークに訊ねた。彼は信じがたいという目で私を見た――「ご存じないのですか？」と問うかのように――それから隅の方へ私を連れて行き、大きな木の扉を開いた。その向こうには広大で圧倒的な、教会のような空間があった。天井は高く、木の彫刻で飾られている。中ではちょうど博士論文の試問が行なわれていた。それはオランダにおいては非常に改まった席であり、学者たちは式服と角帽の着用を求められる――まるでそこだけ時間が静止していたかのようだ。全く予期せぬ光景だっただけに、私は尚一層、稲妻に撃たれたかのように感じた。これは三世紀以上も昔の姿をそのまま留めるユトレヒト大学の大講堂なのだった。まさにこの場所で、一六四一年、レギウスはデカルト思想を擁護する公開討論を行なったのだ――言わば、初めて「近代」が人々の前に姿を現した場所だったのである。

「理性を正しく導くための方法」を思いついて以来、デカルトは何年にも亘って、何かに取り憑かれたかのように、考え得るあらゆるものに対してこれを適用した。観念論思想家の典型として、その名前そのものがすなわち抽象的なるものの代名詞のように用いられているという事実（「デカルト座標」「デカルト的二元論」）とは裏腹に、彼はこの世の事柄に凝り固まっていた。雪や岩石、塩の粒を研究し、また自らの方法を法律の分野に持ち込むというアイデアに夢中になった。殺人罪で告発された農民の事例を取り上げたこともある。詳細を調べ上げ、被告人の弁護をしたのだ。後のシャーロック・ホームズや法科学の先触れである。

　これらの研究は、彼の主たる動機を反映している。それは彼の同時代人である偉人たち、ベーコンやハーヴィらとも共通し、そしてわれわれに受け継がれた動機だ。すなわち人類の進歩という概念である。「自然の支配」はわれわれに「自由」をもたらす、とデカルトは信じていた。彼の言う自由とは、単純労働からの自由、先入観と謬見からの自由、そして言うまでもなく、苦痛と病からの自由である。死の恐怖に慄える病弱な子供は、依然として彼の中にいた。人間の健康こそ、デカルトの主要な課題であり続けた。一六三五年、アムステルダム滞在中の彼が投宿したカルヴァーストラートは便利な場所だった。この通りの名は、ここで牛の屠殺が行なわれていたことに由来する。ほんの少し歩けば――「ムント」と呼ばれるバロックの時計塔の下、二階建てや三階建ての切妻壁に添って歩けば――今殺されたばかりの新鮮な標本が手に入る。彼はこれを家に持って帰り、切開し、眼球や絡み合う腸、心臓の室の謎を解こうと試みた。医学研究のために彼は兎や犬、鰻、牛などを解剖した。他の分野と同様、彼の――傲慢とまでは言わぬまでも――自信は並々ならぬものだった。「私ほど詳細な観察を行なった医師はどこにもいないと確信しております」と彼は友人に書き送っている。「それでもなお、その形成が自然の要因によって説明できないものは何一つ見出していないのです。私はその全てを詳細に説明することができます」。

また別の所では、不注意にも次のように述べている。「今私はさまざまな異なる動物の頭部を解剖し、想像力や記憶力などの構造を解明しようとしております」。彼の傲慢さがまさしく彼独自のものであったとしても、間もなく科学が全てを解明するだろうと無邪気に信ずる純朴さ《ナイヴテ》は当時の多くの人々が共有していたものだった。まさに近代の誕生に立ち会おうとする理想家たちの時代。人間にとってのあらゆる難問がことごとく解き明かされる時がすぐそこまで来ているということを誰もが感じていた。そしてデカルトは、彼の〈方法〉こそがその鍵であると信じて疑わなかった。例えば彼は、精神の健康に到達するためには、ただ彼の方法を自分自身に適用すればよい、と主張している。そうすれば直ちに倒錯や躁病は消滅する。のみならず、嫉妬や恐怖、欲望、怒りなどの普遍的な感情も克服できると。

彼の楽天主義はそれだけではない。何しろ、肉体は機械なのである――ゆえに、それを適切に動かすには、その部品の働きを理解すればそれでよいのだ。この観点から見れば、死とは要は機能不全に過ぎない。誤りを突き止め、修正すれば、死という問題をも克服できる。デカルトは必ずや人体の秘密を解き明かし、人間の寿命を千年にまで延すことができると確信していた。そして研究を続ける内に、彼は自分がその最終的な解に肉薄していると確信するに至った。但し、と彼は続ける――しかしどうやらその冗談には気づかなかったようだ――「人生の儚さに妨げられることがないならば」と。

医学に関するデカルトの希望的観測は今日のわれわれには馬鹿げたものに見えるかもしれないが、人々は彼を信じていたのだ。ヨーロッパ最高の知性を持つ人々が、彼の哲学や数学の発見と同様に、その医学的知見に注目していた。彼はブレーズ・パスカルに医学上の助言を与えた。オランダの政治家で詩人のコンスタンティン・ホイヘンスはデカルトに書簡を送り、忙しい研究の最中に時間を割いて戴くのは恐縮だが、どうか「現在よりも寿命を延す方法」について少々のヒントを与えて戴きたい、と依頼した。王族は常に彼の最新の研究成果を欲しがり、「聖書の族長たちに匹敵するほどの」寿命を得る方法は発見できたのかを知りたがった。彼は医学的な助言を与えることを楽しんでいたようだが、基本的な医学的発見のいくつかが欠落していたため――細菌学、血液型、麻酔、微生物、バクテリアなどは何世紀も後の話である――彼の助言のほとんどは、ごく普通のありきたりなものに留まっていた。彼が奨めたのは休養、スープ、そしてポジティヴな思考である。一方、彼はまた真の近代人でもある。四十を回って髪に白いものが混じり始めた彼は、早速白髪化を遅らせる研究に着手した。

当然ながらデカルトは医学研究の分野で歴史に名を残しているわけではない。彼の興味は最終的には人体を越えた。その理由の一つは、人体それ自体とその脆弱さにあったに違いない。デカルトは生涯独身で、親しい関係の存在も知られていないが、何にせよ彼は人間だった。われわれはたまたま、一六三四年一〇月一五日、アムステルダムの知人トーマス・サージェントの家に投宿中、デカルトがその家の女中であったヘレナ・ヤンスという女と性交したことを知っている。と言うのも、その九ヶ月後に子供が生まれており、後にデカルトは友人にそのことを漏らし、受胎の日まで教えているのだ。たぶんメモでもしてあったのだろう。ヘレナ・ヤンスの雇い主であるサージェントは書店を営むイングランド人で、その家は今も街の中心部に残っている（アンネ・フランクの家からほど近いところだ）。数ヶ月後、デカルトがアムステルダムを去り、昔住んでいたことのあるオランダの街デーフェンテルに向かう時、ヘレナ・ヤンスも彼に同行している。彼女はそこで娘を産んだ。娘はフランシーヌと名付けられた。

デカルトはは自己中心的な虚栄心の塊で、決して恨みを忘れない男だった。ゆえに家族とも疎遠であり、親しい友人などもほとんどいなかったが、娘を授かったことで、彼の中に何やら根本的な変化が生じたらしい。初期の伝記作者アドリアン・バイエによれば、デカルトは生涯に亘ってこの子供を愛した。婚外子を作るのは重罪であり、デカルトはその事実を隠蔽するのに非常な苦労をしたが、洗礼記録によれば彼はこの娘を実子と認知している（ただここで彼の署名はファーストネームのみとなっているが）。

それから数年間、この奇妙な家族は各地を転々とする。ヘレナは表向きは彼の女中であり、フランシーヌは「姪」だった。一六四〇年、彼はフランス在住の親戚の女性に手紙を書き、自分はこれから娘を連れてフランスに戻り、言葉を覚えさせ、教育を施すつもりだと述べている。九月初頭、フランスへの転居を控えて、彼はライデンを訪ねた。そこに悲報が届く。フランシーヌが猩紅熱に罹ったというのだ。「全身が紫色になっています」。話によれば、慌てて引き返した彼の腕の中で娘は息を引き取ったという。享年五歳だった。
五年で終った娘の生と死は、デカルトの仕事に一つの転換点をもたらした。それ以前の彼の主たる関心は医学と病気治療にあり、それはある意味で自分自身の子供時代の病弱さに由来していた。彼は身体の奥のどこかに潜む本物の鍵を求めて動物の身体を解剖した。だが人の親となり、そしてその子を喪うという体験は、彼の興味が人体を越えた時期と一致している。穴という穴の中でも最も暗い穴——すなわち我が子の墓穴——を覗き込んでしまったことで、彼は人体から目を背けるようになったのだろうか。人体はそうも易々とその秘密を明かすことはないだろうと信ずるに至ったのだろうか。いずれにせよ彼は、答えを求めて宇宙に目を向けるようになる。

だがそれでもなおデカルトは科学を信じていた。科学にこそ人間の健康に寄与し、寿命を延す力があると信じていた。そして間違いなく、その信念もまた、二月のストックホルムの凍えるような夜に死の床にあったデカルトの怒りの要素の一つだった。そして怒りと共に、何とも言えぬやるせなさがあった。そもそもこんな辺鄙なスウェーデンくんだりまでわざわざ来たくて来たわけではない。ストックホルムはヨーロッパの権力の中心部から見れば遙か辺境である。さらにその上、彼は寒さが苦手だった。彼の生まれ育ったロワール渓谷はフランス中西部の温暖な地であり、彼は快適な環境を重視する男だった。スウェーデンなど、遥か地の果てにある「岩と氷の間を熊がうろつく国」として一蹴していたのだ。

だが、ストックホルムに彼を招こうとする友人シャニュからの手紙が矢も盾もなく届くようになったのは、たまたま彼の人生が落ち込んでいた時だった。オランダの田舎暮らしも二十年を越え、その間、ヨーロッパで最も自由と思われる諸大学に自分の哲学を受け入れさせるべく奮闘してきたが、ユトレヒトとライデンでの論争にはほとほと疲れ果てていた。ようやく彼にもその事業の困難さが身に染みてきた頃だった。彼は我が身の老いと疲労を感じた。ここいらで気分転換も悪くない。

それと彼にはもう一つ、北へ行く理由があった。スウェーデンの女王である。彼がシャニュの招待を受け入れた理由の一つは恐らくは彼女のためである。そして普段は質素な服装の彼が、わざわざ彼のためにオランダの港までやって来た迎賓船に搭乗する際、孔雀のように着飾っていた理由は——長く尖った靴、白い毛皮の手袋、そして特別に誂えた巻き毛——間違いなく彼女のためだ。

ストックホルム到着の翌日、彼は彼女に謁見した。最初は驚いたかもしれない。女王クリスティナは、その崇拝者に言わせても、ぱっとしない風采だった。不器量で、鼻は不釣り合いに大きく、目は泣いているかのようだ。服装にも無頓着――その日は仕方無かったにしても（その日の朝の支度に割けたのは僅か十五分だった）。背は低く、ずんぐりしていて、足は小さい。乗馬、狩猟、射撃が好きで、馬上では男物の乗馬襟を纏う。かつてシャニュは言った、その騎手がスウェーデンの女王だということを知らなければ、誰が見ても男だと思うだろうと。

彼女を取り上げた医者はそこに小さなペニスを確認したというまことしやかな噂がある。その数多い根拠の一つがこれだ。彼女が性別を偽っているとか、両性具有だという噂は絶えなかった。たぶんそれは権力を握った女性への対処法の解らぬ男たちが広めた性的中傷だったのだろう。だが全盛期の彼女がわざわざそんな噂に火を点けるような振舞いをしていたのも事実である。例えば彼女は生涯未婚だった。男にとっての妻とは「百姓にとっての畑」に過ぎないと言うのである。また、特定の若い女性を異常なほど可愛がり、特にその内の一人については「不道徳な行為を行なった」。一方、彼女は宮廷にいたフランス人医師に、自由に自分の寝室に入る許可を与えている――彼はとある親しい女性に対して、淫らな調子で次のように書いている。彼女は「味を知り始めた」と。どういう意味かは解らないが。

だがその外見はともかく、ひとたび彼女が口を開けば全てが一変するというのは万人の認めるところである。クリスティナの人格は――生まれ育った環境と生まれ持った知性、それに学識によって培われた――はまさに無敵だった。才気煥発にして知識に貪欲、そして尊大。デカルトが宮廷に着いた時はまだ二十二歳だったが、その遙か以前から彼女の話題は人々の口に上っていた――一六三二年に父王が戦死し、僅か六歳で女王に即位する。その心理は極めて複雑であり、田舎の国には扱いかねるものだった。彼女がまだ幼なかった頃のこの国は、もはや夢の彼方に去った。彼女の父グルタフ・アドルフ王が支配していた当時、この国はまだ中世だった。どこまでも広がる牧草地と、松と樺の森。その中に時折、ささやかな農村が散らばっている。王は神話の英雄であり、金髪のノルディック。そして剛勇無双の戦士。敵は彼を「北の獅子」と呼んだ。裁判は戸外で行なわれ、農民は税を物納していた――家畜、大麦、オート麦、そして毛皮。通貨は存在していたが、国産の主要金属である銅で造られたダーレル貨幣の使い勝手は最悪だった――ディナー皿ほどの大きさだったのだ。

グスタフ・アドルフの目標はスウェーデンを南の国々に互する強国にすることであり、そしてある程度成功した。三十年戦争の渦中にあって、彼は優れた軍略家だったのだ。その彼が背中と腕、それに頭に銃弾を受けてニーダーザクセンの泥土に斃《たお》れる頃には、スウェーデンは周辺諸国から一目置かれる存在となっていた。洗練された社会と経済、官僚制を持つ国家へ。幼いクリスティナが成人するまで、実権を握っていたのは宰相アクセル・オクセンシェルナだった。アレクサンドロス大王のように、彼女は若い頃から書物と戦術を教え込まれた。デカルトが興味を持ったのは、彼女が大哲学者に匹敵する素晴らしい知性の持ち主であるという噂だった。父の築いた基盤の上に、彼女は今や自らの宮廷をフランスのそれに互するものにせんとしていた。芸術家、詩人、哲学者を求め、科学アカデミーの創設を望んだ。かくして、彼女はデカルトを招聘したのだ。

だがそれだけではない。「近代」と呼ばれる力を最も端的に表しているのは確かに科学と哲学ではあるが、そこにはまた政治という次元もある。デカルトがスウェーデンに到着する前年――一六四八年は、歴史における一つの大きな政治的分岐点だった。ヨーロッパのほとんどを巻き込んだ三十年戦争と八十年戦争が、いずれもこの年に終結したのだ。人々はこの二つの戦争を終らせた条約を、過去と未来を分かつものと見なした。もしもその当時に生きていれば、あなたが参加する祝祭は一度きりでは済まなかっただろう。何ヶ月も、それどころか何年にも亘ってパーティは続いた（デカルトがストックホルムに到着して間もなく、クリスティナはこの出来事を記念するバレエ――〈平和の誕生〉――を後援した。その台本は長い間、女王の要請でデカルトが執筆したものと信じられていたが、近年、哲学者リチャード・ワトソンはこれを否定する有力な説を提唱している）。長く続いたこれらの戦争は主として宗教に起因するもので、未曾有の虐殺が行なわれた。戦争終結を託された交渉人たちは、その交渉の過程で国家間の関係に対する新たな感覚を身につけた。平和の意味について、社会の相互関係についての新たな考えが生まれた。国家の運命を決するのは国家自身であり、ローマでもなければプロテスタントのどこかの宗派でもないと。政教分離の出現である。

この新時代において西欧の国民国家の指導者たちは、自らの優位性を推し進めるための革新的なツールと戦略を追い求めていた。科学――あるいはデカルト主義、あるいは新哲学――はこのような政治思想の発展と時を同じくして脚光を浴び始めたのだ。政治的・軍事的指導者たちはそれを潜在的な力の源と見なした。それはある意味では、これまでも、また今後も延々と行なわれることになる営為だ。ミラノ公がレオナルド・ダ・ヴィンチを雇ったのは、兵器を造らせるためである。合衆国は第二次大戦の時、ヴェルンヘル・フォン・ブラウンを始めとするロケット学者をドイツから密入国させ、ナチスとの関係は不問にして、アメリカの宇宙計画の基盤を築く仕事に就かせた。クリスティナはヨーロッパ大陸を席巻する科学的研究の熱狂を聞きつけ――死体や球根を用いた前代未聞の実験、生体注射、天体観測、そしてそう遠くない将来にこの社会を根底から揺るがす発見が為されるという予言――自らもそこに加わりたいと願ったのだ。

女王との初めての希望に満ちた謁見の後、デカルトはシャニュの館に逗留し、宮廷での生活に慣れようとした。だが女王が集めた他の知識人たちは彼を酷く嫌っていた。しかもその上、初めのうちこそクリスティナは彼の哲学に熱心だったが――彼女はデカルトの最新の著作を読み、シャニュを通じて自らの手紙を彼に届けた。愛の本質とは何か、無限の宇宙に関する近代的観念はキリスト教の伝統とどのように折り合いがつくのか、と問う内容だった――彼女の関心は間もなく別のものに移ってしまった。

特に彼女が傾倒したのはギリシアの秘教的叡智だった。これは古代の文献に基づく半ば神秘主義的な自然探求の方法論である。機械的な新哲学と並んで、一時の間、アリストテレス主義にとって代わる可能性のあるものと見なされていた。女王が古代ギリシア語の学習に夢中になっていると聞いたデカルトは、病気か何かのように、友人にこう言った、「まあ、たぶんすぐに治るでしょう」。科学と実験を愛する彼は、旧い学問など全くの時間の無駄、すぐにでも放逐すべきものと考えていた。そして間もなく、クリスティナのことも単に熱しやすく冷めやすい道楽者の好事家としか思えなくなった。一方彼女の方もまたデカルトには失望したらしい。炎のような改革者と聞いていたのに、ただのよぼよぼの頑固爺ではなくて？　あんな哲学、政治に役立つどころか、修身の一つにもならないわ。

お互いの幻滅は冬の間、ずっと続いた。状況はデカルトにとって不利だった。彼は夜型で、夜更かしして仕事をするのが好きだった。一方彼女はいつも朝の四時に起床し、五時から哲学を講じるよう命ずるのだ。夜明け前の闇の中、シャニュの館から出た馬車は、ストックホルムの中枢である島の中心にある丘をがたがたと越え、港の上にそびえる堂々たる城に向かって上って行く。寒い。これまで体験したことの無いほどの寒さ。風邪を引くのではないか、熱が出るのではないかという、終生彼を悩ませた恐怖が頭をもたげ、暗澹たる気分になる。「ここでは、人間の思考も水も凍てついてしまいます」、生涯最後の手紙に彼はそう書いている。そして正直にこう言う、「私は苦手です」。

案の定、彼は発病し、そして悪化した。彼自身が処方した薬(例えば嘔吐を誘発するために煙草を浸したワイン)を試した後、もはや回復は無理だと悟った。外の世界、遙か彼方では、彼が先鞭を付けた力が、もはや彼と無関係に動き続けている。パリから、ロンドンから、アムステルダムから手紙が舞い込む。パスカルは、デカルトが気温計測をした気圧実験を更新したがっている。これから一ヶ月、あるいは一年の内に、人間の組織の再生に関する発見だの、あるいは天体と地上の物体が同じ力によって支配されているという証拠だのが発見されないと誰が言える? そうなれば、彼の機械的宇宙論が証明されるのだ。壁は崩れつつある。人々の目から鱗が落ちつつある。なのに彼は今、ここに伏している。この辺鄙で寒く、石のように冷たい世界に。まさに墓場に。

遂にデカルトは医師ウレンスの診察を許した。だが喧嘩腰なのは相変わらずで、ウレンスの方もまた同様だった。ラテン語による事後の報告書の中で彼は患者を頑固者《ホモ・オブスティナトゥス》と呼び、デカルトが「もし私がこのまま死ぬとしても、お前の顔さえ見なければもっと心安らかに死ねたものを」と言った、と記録している。

そして最後の不名誉の時がきた。単なる屈服ではない、全面降伏である。自暴自棄の果てに、デカルトは自ら瀉血を乞うたのだ。三度に亘って彼の両腕は切開された。どくどくと流れ出した血は、シャニュの書記官によれば「油のようだった」。だが回復するどころか、ウレンスによれば、「死喘鳴が始まり、黒痰が出、呼吸は不安定となり、視点は彷徨った」。そして死が訪れた。苦悶と悲憤に満ちたような。

状況は芳しくなかった。この偉人をここまで連れてきたのはシャニュとクリスティナである。そして二人は彼を飼い殺しにした挙げ句、実際に殺してしまったのだ。王族であるクリスティナはまだしも、友人であり外交官でもあるシャニュには言い訳の余地はない。不本意なのは山々だが、責任は引き受けねばならぬ。彼は事実を公表した。デカルトの死の翌日から、彼の書簡はヨーロッパ中に出回った。元フランス国務大臣のロメニ伯爵に彼はこう述べている。「世紀の偉人である……デカルト氏がこの家で逝去されたことは、慚愧に堪えませぬ」。そしておそらく責任をかわすため、さらにこう続けている。かの哲学者がスウェーデンにいたのは「スウェーデン女王陛下が是非にとご所望遊ばされたからであります」。デカルトと親しかったボヘミアの王女エリーザベトに対しては、ひたすら低姿勢で苦悩を表明している。「小官、これについて殿下に申し述べること以上の苦悩を存じませぬ。かのデカルト氏が、御逝去されました」。クリスティナが宮廷に招いていたフランスの言語学者クロード・ソメーズに対しては、「われわれに方法と見取り図とを与えて下さったデカルト氏は、その始まりを見ることは叶いませんでした」。これはおそらくデカルトは科学の開花を見ることがなかったという意味だろう。そしてここでもまたシャニュは、自らの罪を軽減しようと、こう付け加えている。デカルトが病気で死んだのは「医師たちの助力を御自身で拒まれた後のことです」。

彼の死の報せはあっという間に広まり、そして奇妙なことに、人々はそれに当惑した。デカルトがいずれ病を根絶し、人間の寿命を劇的に延すという期待は根強く広まっていたのだ。一部の知識人は、そもそも彼が死ぬという可能性すら否定していた。「あり得ない」とフランスのクロード・ピコ神父は書いている。「デカルトは数世紀に亘って生きる技術を発見し、五百年は生きるだろうと信じていたのに」。不老不死研究の第一人者がこれほど早死にするとはどういうことなのか？　ピコは言う、何かが「彼の機械を狂わせたのだ」。噂は何十年もの間、囁かれ続けた。つまり彼は毒殺されたのだと。

それはともかく、遺体はそこにある。クリスティナはこの大哲学者をストックホルムに埋葬したいと宣言した。生きている間は大して宮廷の役には立たなかったとしても、たぶん死んだ後なら何かの名物くらいにはなるだろう、と彼女は考えたのだ。シャニュは立場上、当然ながら遺体のフランスへの返還を要求すべきであったが、そんなことをすれば、彼がこんな異国の地でデカルトを、しかも自分の目の前で見殺しにしたという事実が再び取沙汰されることになりかねない。藪蛇である。彼は黙りを決め込んだ。

だが、どこに埋葬する？　クリスティナの心に迷いはなかった。盛大な儀式を執り行った後に、リッダーホルム教会に眠ってもらうのだ。スウェーデンの歴代の王が眠る古い墓所だ。彼女自身の父親もそこにいる。シャニュは同郷人に対するこの栄誉に感謝はしたものの、実は内心では大反対だった。何とか無礼にならぬような体裁を取りつつ、女王には考え直して貰わねばならぬ。彼は書記官の中でも最も敬虔なブランという男を城に送り、埋葬場所を再考して戴きたい理由は宗教でございます、と説明させた。デカルト氏はカトリックでありました。フランスはカトリックの国であり、その国民をルター派の教会に葬るのは如何なものでございましょうか。加えて、既にクリスティナ陛下の宮廷には、デカルト氏とシャニュ氏が共謀して陛下をカトリックに改宗せしめんとしていた、という根も葉もない噂までございます。陛下、お解りいただけましょうか、国立教会への埋葬は、その、得策とは申せません……外交的な見地において。

クリスティナは軟化した。シャニュの本心がなるべくことを荒立てたくないということにあったのだとしたら、その目論見はまんまと成功したと言える。埋葬の場所、時、状況は、まるでペストの患者のそれのようだった。冬の朝四時、彼の死から僅か二十四時間後に、小さな行列がストックホルムの中心を出て、一マイルほど北上した。凍てついた轍に馬車の車輪が軋み、そして人気のない小さな墓場に乗り入れた。そこに葬られているのはほとんどが身寄りのない子供である。おそらくシャニュはあれこれ調べた末に、まだ分別の付かない年齢の子供たちならカトリック教会の恩寵の内にあると考えられるので、彼らが埋葬されている墓場なら、たとえカトリックの聖別を受けていなくとも不浄とは言えない、と結論したのだろう。よし、神学的にはこれでいい。それにもっと都合の良いことに、場所も辺鄙だ。

四人の男——その一人は十七歳になるシャニュの息子——が、用意された墓まで柩を担いでいった。凍える闇の中で、ごく僅かな人々がその周囲に集まっていた。揺らめく松明がその顔を照らす。下界のことなど我知らずとばかりに回り続ける天球の下、たった一人の司祭が神の名を呼んだ。柩の蓋に泥土が掛けられた。それから人々は家路に就いた。

2　骨の祝宴

哲学者ルートヴィヒ・ヴィトゲンシュタイン曰く「死は生きている間には起らない」[*1]。彼の言わんとしたのはおそらく（というのも、確かなことは解らないからだ――彼の言葉は常に不可解なのだから）、われわれは実際には死というものを体験できない。生命のない状態というものを意識することはできない以上、それは文字通り無意味であり、将来を心配して生を浪費するより、一瞬一瞬を永遠と思って生きるべきであるということだろう。つまりその瞬間を全力で生きよと。

おそらくこの言葉は真理であり、賢明である。だが一般人の感覚で言えば、ヴィトゲンシュタインは完全に誤っている。死はまさに生の最中に起る。死こそわれわれをまとめ上げる原理なのだ。死があるからこそわれわれは急ぎ、のらくらし、上司にへつらい、子供のご機嫌を取り、クルマのスピードや花々の儚さを愛し、詩を書き、性に陶酔する。死があるゆえに、われわれは自分がここに存在する意味を考えるのだ。

死がわれわれの生に否応なく侵入してくるのは、死者の眠る場所だ。この点から言うと、墓地《グレイヴヤード》と霊園《セメタリー》はかなり趣が異なっている。霊園とはそれ自体が一つの宇宙であり、記憶の海だ。それぞれの記憶は、容赦なく海へと流れ込んでしまう。霊園は広大であるがゆえに、気楽に立ち入ることはない。わざわざその中に入るのは埋葬と墓参りの時くらいのものだ。一方、墓地は通常は古い教会に付属しており、街の風景に溶け込み、日常生活に密着している。晴れた日に都会の教会墓地を散歩したりしていると、たいていそこには誰かがいる。鬼ごっこをする子供、スープを啜るホームレス、そぞろ歩きしながら自らの生を確認する人々。このような日常性は、無言の内に死を確認し、われわれもまたいずれ死ぬのだという事実を――部分的にではあれ――受け入れているということを示しているようだ。

ストックホルム中北部にあるアドルフ・フレドリクス教会墓地は、現在ではオフィスビルや商店に囲まれた都会の聖域となっている。生い茂る草の中に散在する墓石の時代や様式はさまざまだ。何世紀もの時を経て傾いた小型オベリスク。角形に切り取られたその頭頂部はほとんどドルイドのようで、その下に葬られた者の事績を記してあった表面は風雨に曝されて何も読み取れない。アールデコ様式の淡紅色の象牙板。一九五〇年代特有の質素で幾何学的な様式で直線に並ぶ石塊。そこには綺麗な十字架と、活字体で死者の名が刻まれている。ヨハンソン、バグストレーム、トルダル、ケプマン。静かではあるが、無人ではない。ランチを手にしたオフィスワーカーが、墓石の間に腰を下ろす。一番人気は、ぶっきらぼうで滑らかな、捩《ねじ》れたモノリスだ。書かれているのは、のたうつような署名だけ。一九八六年、この墓地の東側を走る路上で、歯に衣着せぬ極左首相オロフ・パルメが射殺された。気取らない彼の墓は、その質素なデザインセンスで知られた国に相応しい。そしてそれは今も地味な巡礼の地であり続けている。

三世紀半前、ここは郊外の荒れ果てた小さな墓地だった。この辺鄙な場所を、ピエール・シャニュは彼の友人の終生の安息所に選んだ。クリスティナは堂々たる記念碑を注文し、その四面をシャニュの手になるラテン語の碑文で埋め尽くした。個人の偉大な叡智を讃えるこの碑文には、クリスティナとシャニュの名も入っていた。

この墓は今はもうない。遺体もだ。一六六六年春――正確には五月一日――日々強まる陽射しが積み上げられた土の最上層を暖め、死者の国から生命を呼び戻そうとしていた。そして一つのシャベルが、正確に地中のその場所を掘り当てた。十六年前、永遠の埋葬を期する儀式が執行された場所だ。この十六年の間に、いろいろな変化が起っていた。スウェーデンにとって最も衝撃的だったのは、クリスティナが国を去ったことだ。ギリシアの秘教に対する彼女の情熱は短命に終ったが、ローマ・カトリックに傾倒しているという噂は事実だった。一六五四年、すなわちデカルトの死から四年後、彼女は王位を退き、カトリックに改宗して（宗教改革以来、敬虔なルター派国家であったスウェーデンでは、君主がカトリックであることは許されなかったのだ）ローマに旅立った。その地で、今や良くも悪くも——各自の宗教的立場によってそれは逆転する——世界で最も有名な女性となった彼女は、全く新しい人間に生まれ変わった。

　クリスティナの劇的な変身——何しろ彼女は啓蒙的な君主から一転して、本心の判らない改宗者となったのだ（ローマでの彼女は全くカトリックの慣習を遵守していない）——は事実が明らかになるにつれてさまざまな憶測を生み、止むことがなかった。直ちに人々はデカルトを批難——もしくは称揚——した。常に無神論者の誇りを受けていたデカルトだが、その信心深さは広く世に知られていたのだ。だが彼と女王との接触はごく限られたものだった。だからたとえクリスティナの改宗にデカルトが一枚噛んでいたと彼女自身が仄めかしたとしても、彼女の伝記作家たちはその影響を別の所に求めている。例えば彼女自身の性格である。ドン・キホーテ的な渇望。答えを、確実な答えを求める飢餓感。あるいは苛立ち。これこそ、おそらく彼女とデカルトが真に一致していた点だ。

　シャニュもまたこの国を去っていた。彼はデカルトの死の翌年にパリに戻り、そして一六六二年に死んだ。現在の駐スウェーデン・フランス大使はシャニュとは全く違うタイプの人間である。シャベルは掘り進み、柩の蓋がゆるりと顔を出す。それを見詰める男の名はユーグ・ド・テルロン。シャニュが科学の熱心な唱道者であり、現実世界におけるデカルト主義の可能性を信ずる未来主義者であったのに対して、テルロンはその片足を過去に突っ込んだままだった。と言うか、彼は正真正銘の騎士だったのだ。所属は第一回十字軍にまで遡る栄えある歴史を誇り、マルタ島に本拠地を置く〈聖ヨハネ騎士団〉である。五十四歳、堂々たる体格、高貴な鼻、薄くカールした口髭、そしてリュベックからピョトルクフまで、北欧の敵どもとの戦をしかと見届けてきた双眸。戦士にして外交官。そして貞潔の誓いを求める騎士修道会の一員。

テルロンはルイ一四世の忠実な従僕だったが、彼が特にその身を捧げていたのは太陽王の母后アンヌ・ドートリッシュだ。アンヌの夫であるルイ一三世は息子が五歳の時に死んだので、彼女は摂政として、ルイが成人するまで政治の采配を取っていた。この空位期間の心の支えとして、元来敬虔だった彼女はますます信仰にのめり込み、テルロンのような献身的な貴族との繋がりを深めた。アンヌは一日に何度もミサに出席し、目眩を起すような教会と修道院のネットワークを造り、さまざまな祝日に祈りを捧げていた。彼女はまた、一七世紀中葉の聖遺物崇敬の復活にも一枚嚙んでいる。彼女は聖人たちの遺体の一部のみならず、聖十字架の欠片まで所有していたのだ。

テルロンもまたその敬虔さで知られていたため、彼がフランス王室の名代として戦の傷跡の残る北欧を旅すると、拠点を失った修道騎士たちは彼に救いを求めた。そしてその道すがら、彼もまた聖遺物の蒐集家となった。当時ヨーロッパにおいて最大の勢力を持っていたブランデンブルク選帝侯フリードリヒ・ヴィルヘルムは一六五六年、ワルシャワ城外の戦の混乱の中でテルロンに面会し、ヴィリニュスの教会から略奪したという聖遺物の櫃を彼に与えた。また一六五七年、スウェーデン軍の先兵がストラスブール城外の修道院を略奪した。テルロンが駆けつけると、煙と瓦礫の中から逃げ出してきた尼僧たちが、この修道院の最も聖なる品々、すなわち聖遺物を持ち帰って守って下さいと懇願した。いずれの場合も、テルロンは託された聖遺物を携えて旅をし、パリに戻ると、母后アンヌに献呈した。

今、ここスウェーデンにおいてまたしても聖遺物の扱いを託されたテルロンは、これまでと同じ敬虔な情熱を以てこれに取り組んだ。一六六六年五月のデカルトの骨の発掘は、ちょうどその埋葬時の映像を逆回しにしたように見えたに違いない。掘り出された柩は荷車に積まれ、同じ道を逆に辿り、同じ橋を渡り、そしてかつてデカルトが生きて死んだ、あの同じ館に運び込まれた。この館は今もフランス大使の公邸であり、そしてテルロンはこの聖遺物を手許に置こうと決意していた。

その後の顚末は、ここで実際に起きていたことを理解する上で重要である——骨の箱が船に積まれた際の状況がどの程度詳細に記録されているかということと同様に。

テルロンがスウェーデンを去ることは既に決まっていた——デンマークの大使として任命を受けていたのだ——そんな時、フランス政府から公式の書状が届く。密かにスウェーデン当局に打診し、かの遺骨を移送する可能性を探れと。こうしてスウェーデン政府の許可を得た彼は、次に公邸の礼拝堂に眠る遺骨を二十四時間警護するためにスウェーデン兵の分遣隊を派遣せよ、という法外な要求を出す。テルロンが知っていたかどうかは定かではないが、このスウェーデン人守備隊の隊長であったイザーク・プランストレームは、この職務に特別の興味を抱いていたらしい。

テルロンはコペンハーゲンまで骨に同行することにし、そのために特製の銅の柩を造らせたが、それは長さが七十五センチしかなかった。その理由というのが——遺体を収納してあった元来の木製の箱が既に腐敗していたという事実以外に——もしも彼が運んでいるものがルネ・デカルトの遺体であることが明るみに出れば、襲撃・強奪の標的とされる恐れがある、とフランス政府が判断したのだというのである。デカルトの死後、デカルト主義者たちのカルトは強大化していたし、それ以外にも彼の遺骨に興味のある人間はいると。これは怪しい。

テルロンの言い訳の根拠は、発掘した遺体の状況にある。十六年前にシャニュが遺体を納めた柩を開いてみると、既に腐敗は完了していた。軟組織は消滅し、骨はばらばらになっていた。だから小さな箱——一番長い脚の骨が入る程度のもの——で十分だし、第一、目立たなくてよいというのである。

テルロンの公邸の礼拝堂で、骨を銅箱に移す儀式が行なわれた。大使館の職員やストックホルム在住のフランス人、それにカトリックの司祭たちが一同に会した——「スウェーデンにおけるカトリック教徒のほぼ全員」であった、と一七世紀のデカルト伝にある。テルロン自身の報告書に基づく証言だ。当時のスウェーデンではカトリックが半ば迫害されていたという状況を考えれば、それはさほど大規模ではなかったのかも知れないが、教会の認可を受けた正式なものだったことは間違いない。彼らは皆、再梱包の儀を見るためにそこにいた。正式な祈りの続く中、骨は腐敗した木製の柩から取り出され、小さな銅箱に移され、「見苦しくない」ような形に積み重ねられた。

ここでテルロンは儀式を中断し、ひとつ要望を出した。居並ぶカトリックの聖職者たちに、骨のひとつを自分が貰うことは「宗教的に」許されるかどうかと訊ねたのだ。特に目を付けていたのは右手の人差し指だった――「故人がその不滅の著述を為す際の道具となった」骨である。

この要望については一考の価値がある。パリにあって、フランス政府を通じてこの骨をフランスに持ち帰るために動いていた人々には当然彼らなりの哲学的あるいは政治的な理由があった。それについては今後、本書の中で解明して行く。テルロンの興味はそれとは全く異なってはいたが、同様に注目すべきものだ。彼は単なる運び屋ではない。世界の出来事に通じた知識人である。デカルトの名声はこの十六年の間に知れ渡っており、デカルト主義とその創始者名は噂と希望と恐怖の的となっていた。ここスウェーデンでも、牧師階級、すなわちルター派教会配下の政治権力は、二年前にデカルト主義の非合法化を図った。それほど恐るべき脅威と受け取られていたのだ。ライデンでもユトレヒトでも、デカルト主義に関する最初の論争が燃え上がった後、その哲学は着実に根付いていた。テルロンが発掘作業を監督しているまさにその間にも、デカルト主義は大学のあらゆる部門でその力を強めていたのだ。フランスでもスペインでも、ドイツでもイタリアでも、デカルトの生前に学生だった人々が今や教授や聖職者、医者となっていた。彼らはデカルトの方法こそ、知識を獲得する正しい手段だと確信していた。自然に対する総体的なアプローチは、この方法無しには為し得ないと。それぞれの場所で論争は激化し、複雑化していた。それはもはや単純な「科学」対「宗教」でも、また新奇対旧弊でもなくなっていた。ユトレヒトのギスベルト・ヴォエティウスのように、この新哲学の物質主義はキリスト教に対する直接攻撃であると信じた者もいる。だが同時に、イエズス会やオラトリオ会の重鎮たち——カトリックの修道会の中でも最も傑出した知性派——が挙ってデカルト主義者となり、この哲学こそ信仰を守る道であると見なしたのだ。

そしてまた、テルロンのような人もいた。自然界の探求は何であれ、最も深いレベルにおいて霊的探求であると信ずる人々である。光の本質とは何か？　何ゆえに塩は結晶化するのか？　火が皮膚に触れるという現象は如何にして肉体の中を伝わり、苦痛として精神に記憶されるのか？

われわれはこのような問いを科学の領域にあるものと見なすが、一七世紀のヨーロッパ人にとって、人体を含む自然界は議論の余地なく全能なる神の領域であった。それをこれまで以上に深く理解するようになるということは、言わば、神の顔に触れることに他ならなかったのだ。

今日のわれわれは、聖遺物崇敬と言えば専ら中世のものだと考えがちだ。デカルトの死の一世紀前に開かれたトリエント公会議では、既に聖遺物の売買が禁じられている。にもかかわらず、カトリックの神学者は依然として聖遺物を重視し、平民も貴族も相変わらず聖遺物崇敬を続けていた。聖遺物崇敬は単に偉人を讃えること以上の意味を持つが、偉人を神格化して崇拝することとは異なる。それは肉体としての人間存在、そして「聖霊の神殿」としての身体というものに対する深い瞑想なのだ。われわれはキリスト教と言えば死後を強調し、肉体を罪深いものと見なすと思いがちだが、近代初期のカトリックの伝統はむしろ肉体を重視していたのである。遺体は秘儀の最奥への鍵であり、生と死を繋ぐ鎖であった。トリエント公会議は言う、「今現在、キリストと共にある」預言者や聖人等の骨は「敬虔なる者によって崇敬されねばならない」と。デカルトの骨を所望した騎士ド・テルロンは、古代と近代の交差点に立っていたのだ。彼は近代の思想家に——何と、解析幾何学の考案者に——古代以来の伝統を当てはめたのである。紀元四世紀にキリスト教が初めて制度化されると、キリスト教徒は聖人たちの墓を暴き、聖遺物を集め始めた。だがこの伝統はもっと遙かな昔、歴史が記される以前にまで遡るのである。だからこそ彼の要望はますます奇妙に感じられる。何しろ彼がその遺骨を欲しがっている男は聖人でも何でもない。それどころか、むしろ後世、物質主義と合理主義の創始者、聖遺物崇敬のような伝統の全てをナンセンスと見なす思想の元祖とされるようになる人物なのである。

司祭たちはこの要望を認め、騎士は人差し指を得た。そしてそのまま一六九〇年に世を去るまで持っていたのだろう――アンヌ・ドートリッシュに献上しなかったことは間違いない。彼女は骨が彼のものとなる直前に死んでいた――おそらくその後の十年間、パリとコペンハーゲンを往復する際にも携えていたのだろう。その死に際して、彼は財産を自らの結社である聖ヨハネ騎士団に寄贈することを命じられた。この騎士団の財産目録には、テルロンの遺物もなければ、デカルトのものと称される人差し指もない。テルロンが属していたこの団の支部はトゥールーズにあり、多くのカトリックの聖地と同様、フランス革命の際に略奪を受けた。おそらくデカルトの指の骨は――これを近代における聖遺物第一号と呼んでも良いだろう――サンキュロットの指を潜り抜けて塵芥に塗れ、歴史から消え去ったのだろう。

translate という言葉は、カトリックの文脈においては特殊な意味を持つ。七八七年、第二ニカイア公会議は、ヨーロッパ一円で増殖を続ける新たな教会に対して、教会の聖性は聖遺物の所有によって保たれねばならないと規定した。この規定は骨を扱う公認の市場を創り出した。と言うのも、新たな教会を建てるためには著名な聖人の遺体の一部が必要となったからである。そしてこの聖遺物を、例えばシチリアの墓から掘り出してロンバルディアの教会に移すことを、translation と称したのである。中世から近代初期に至るまで、聖なる骨は――貴金属の箱に収められ、垂れ布と蝋燭で飾られて――ヨーロッパ中の街道を巡り歩いていた。

テルロンの移送隊は、一六六六年六月にストックホルムを出発した。遺骨は船に積まれ、テルロンの二人の部下の監視下に置かれた。ド・レピーヌとデュ・ロシェである。港では、積み荷の中に人間の死体があると知った船乗りたちが一悶着起した。屍体を積んだ船は沈むという言い伝えがあったのだ。だがテルロンは何とかこの騒ぎを収めた。たぶん船乗りたちに小さな銅箱を見せて、これは屍体と言うより聖遺物なのだと納得させたのだろう。

テルロンは盗難を恐れていた。一七世紀のデカルトの伝記作者アドリアン・バイエによれば、彼が恐れていたのは「この貴重な荷がイングランド人の手に落ちないかということであった。彼らの中には、デカルトの崇拝者が数限りなくいた……そして彼らは哲学の殿堂の名の下に、自らの国に壮大な霊廟を建てんとしていたのだ」。船が出る前にテルロンはルイ一四世宛てに書簡を認め、デカルトの骨に関して自分が踏んだ手順を書き記し、故人の偉大さを再確認させた。その返信においてルイは、この骨の移送に勅許を与えた。テルロンはそれでもまだ満足せず、自らの手でこの聖骨箱を偽装し、「岩の塊」に見えるようにした。それからようやく船は出航し、最初の寄港地であるコペンハーゲンに向かった。

この聖骨の移送の道を辿る巡礼などはあり得ないだろう。コペンハーゲンを出た一行は、その後はテルロンの二人の部下に率いられ、一〇月初頭の朝、南へと向かった。そして彼らは退屈極まりない北欧の原野を進んで行った。ユトランドの沼地、北海沿岸の低湿地、ニーダーザクセンの霧深い寒村、荒地に森林、そしてフランドルの平原を越えて、ようやく北フランスの街ペロンヌに辿り着いた。ここで税関吏がこの一行に目を付けた。奇妙な包みを見つけると、その中身が偽装された煌びやかな銅箱であることに気づいた。これは密輸品ではないのかと疑った彼らは、騎士たちにこれを開けよと命じた。レピーヌとデュ・ロシェは公式に拒絶した。彼らはテルロンから託された、他ならぬフランスの財務長官ピエール・ダリベールの手になる、これ以上もないほど正式な書簡を出した。そしてテルロンが自ら箱に貼り付けた大使封印を示した。だが税関吏はあくまでも開封を主張した。テルロンが念のためにと箱に巻き付けておいた頑丈な鉄帯が仇となり、却って彼らの疑念を増したのかも知れない。証人の前で鉄帯が外され、箱が開封された。税関吏たちは中を覗き込んだ……言われていたとおりの、あるいはむしろそれ以上につまらないものがそこにあった。元の柩の腐敗のために、骨格は既に破片となり、それが互いに重なり合っているだけだったのだ。おそらく彼らはそれを篩に掛けることは疎か、お決りの点検さえしなかったのだろう。少し調べてみれば判ることなのに、誰も調べなかったのだ。極めて重要な骨が——全身の骨格の中で最も顕著なものが——消失していたというのに。

箱は再び封印され、馬は綱を外され、彼らはもう二度と妨げられることもなく、一路パリへと向かった。

一六五〇年代後半から一六六〇年代にかけてのフランス社会の縮図を見たいのなら、毎週水曜日の夜、カンカンポワ通りと呼ばれるパリの隘路にある一軒の家を訪ねればよかった。むせ返るような人いきれにごった返すレ・アールの市場からほんの少しの場所だ。その縮図の混淆ぶりはこの時代には似つかわしくなく、スキャンダラスとすら言えるものだった。女と男、独身者と既婚者が同じ所に詰め込まれ、政府高官の隣に不作法な田舎者が並び、王族と娼婦と高位聖職者が同席している――夥しい襞飾りの襟、膨らんだ袖、垂れた巻髪が、その家の三つの階を満たしている。今ではこの狭い館はランビュト通りから数歩の所にある。歩行者天国であるこの通りには、ケバブ売りやピアス屋、それにパテのサンドイッチと、どこでも見かける一九五〇年代のパリを写したロベール・ドアノーの写真を売る屋台がずらりと並んでいる。館の二階から上には今も人が住んでおり、一階はカラオケ・バーだ。三世紀前、ジャックとジュヌヴィエーヴ・ロオルの住居であった頃には、館には家具も揃い、タペストリや絵画で飾られていた。だがそれよりもさらに人目を惹くのは、効果的に配置されたビーカー、チューブ、注射器、顕微鏡、プリズム、コンパス、磁石、さまざまな形と大きさのレンズ、それに「人工の目」のような珍奇なものと、床に設置された巨大な鏡だった。

毎週行なわれる集会《レ・メルクルディ》に参加していた人々の中には、一七世紀で最も有名な人々もいる。フランス最高の劇作家モリエール、社交界の花形マダム・ド・セヴィニェ、オランダの博識家クリスティアーン・ホイヘンス。ホイヘンスは振り子時計を発明し、新天体を発見し、計算法の発達に寄与した人物だ。彼らのお目当ては、当代随一のデカルト主義者として知られる物理学者ロオル。こう書くこと自体が、当時と現代の間にある巨大な懸隔を物語っている。今日では、あるいは二十年前には、あるいは一世紀前でも、哲学を学ぶ学生はデカルトのことを哲学者と教わった。人間精神の風景を描き変えた男だと。デカルトのすぐ次の世代の人々にとっても確かに彼は哲学者だった。だが同時にまた彼は自然科学の研究者であり、そしてここに集う男女にとっては、その二つの要素は密接不可分のものだったのだ。

一六六七年、ロオルは四十七才で、体つきはブルドッグのよう、そして外見通りの性格だった。沸点が極めて低く、繰り返し説き聞かせても説明を理解できない相手に対しては容赦がなかった。その短気さの少なくとも一部は、熱意の副産物である。師への心酔のあまり、彼はデカルト主義者の仲間内から妻を娶るほどだった。彼の妻は、デカルトの遺稿管理人であるクロード・クレルスリエの娘だった（デカルトの遺稿の多くは未発表のままだった）。デカルト自身と同様、ロオルもまた物質界に対する新たな理解の方法に夢中になっており、あらゆる学問分野のあらゆる観察、あらゆるデータが、無知から知へと至る有用な手段となると信じていた。そして自ら天文学、地質学、解剖学の権威となり、エウクレイデスの幾何学とその用法に詳細な注釈を施した。彼の『物理学概論《トレテ・ド・フィジク》』は、その後何十年もの間、物理学の標準的な教科書となった。また、学問の世界に閉じ籠もるのではなく、さまざまな職人が働くパリの街角をうろつき、時計の組み立てやブランデーの蒸留を見学してはあれこれ質問し、アイデアや手がかりや手法のヒントを求めた。

この知性と精密な観察と情熱的な使命感が組み合わさって出来上がったのが、ロオルの週一回の公開実験である。そこにはパフォーマンスの要素も含まれており、客の中には見世物目当てに来る者もいたことは間違いない。色とりどりの炎、泡、爆発――デカルト主義はスペクタクルとなった。そこでは物質を超えた世界、超自然の領域を垣間見ることができるという噂もあった。通常の存在の背後を覗き見るスリルに魅惑されている者がいたことも事実だ。だがロオルとその客のほとんどが追い求めていたのは別のものだった。自然には秩序がある。哲学の諸原理――デカルトの方法――という不可視の基盤から一段ずつ歩を進めて行くなら、やがては物質の蘊奥《うんおう》を極め、これを操作できるようになる。毎週行なわれる彼のイベントはサロンではあったが、そこでは人々はノートを取り、全く新しい何かを摑んだ端から書き留めていたのだ。

〈メルクルディ〉に通い詰めていた、無名の弁護士《アヴォカ》のノートが現存している。そこに記されたある夜の講義風景を見れば、あらゆる老若男女が抽象的な哲学なるものをどう捉え、何を期待していたのかが判る。ロオルはまず、覚醒と睡眠という二つの状態について論じ始める――「前者は事実を見る」と弁護士は書き付ける、「後者は虚偽を」——次に、夢の研究に関する講義。この導入部は、精神とその正しい機能について考えさせるのが目的だ。次にデカルトによる「知るとは何か」の再定義の分析。鍵は「コギト」にあります、これこそ、われわれ個々の存在に確実性を与えているものです。それ以外の全ては、と弁護士は記している、単なる「蓋然性《プロバビリテ》」に過ぎません。そしてここに、すなわちこの名も無き素人哲学者がこの聞き慣れぬ、深遠なまでに近代的な単語を慎重に括弧の中に入れているという点に、われわれはその戦慄を感じ取る。ルイ一四世のような鬘と白粉の芳香の間に着席しつつ、近代世界の曙光を垣間見るという戦慄を。

さらにロオルは、デカルトがリアリティを精神と物質に分割した点に話を進める。それにより、驚くべき——おそらくは無限の——進歩が、あらゆる分野において可能となりました。ですが、より速い馬車、より強い剣、そしてより精密なレンズを造るためには、物質界を、それをどう知るかということを、より正しく理解することが必要だったのです。

そもそも物質とは何か？　この問いに答えるために、物理学者と聴衆は哲学の深みにはまって行く。「『物的存在』があるという『信念』と関連して」と弁護士は書く、「われわれはこの信念を確実なものとしているのは何かを理解しようとする。例えば、熱は物質の本質ではない。なぜなら冷たいものが存在するからだ。冷たさも本質ではない。熱いものもまた存在するからだ」。そして「同様の理由で、堅さや流動性もまた物質の本質ではない」。

ここでデカルトとその信奉者は、スコラ派の物質概念の対極に身を置く。[*2] 伝統的な考え方によれば空には青さという性質があり、水には湿り気、ニンニクには匂いという性質がある。このような識別可能な性質が物質の基層たる実質の中に埋め込まれているというのだ。ロオルによれば、まさにこれこそが物質的進歩を阻害している誤った論理である。曰く、アリストテレス主義者は「発光体や着色体が、それを感受するわれわれにそのような感覚を起すならば、それ自体の中にわれわれにその感覚を惹き起こすものがないということはありえないと考える。なぜなら、それ自体が持たぬものを他に与えることはできないからであると」。ロオルはこの論理を、単純な実例によって論破する。皮膚に針を突き刺せば痛みを引き起こすが、その事実は針の中にもともと「痛み」という性質が含まれていることを示すわけではない。痛みは精神にある。ゆえに、ある意味では、空の青さ、水の湿気、ニンニクの匂いもまた然りである。これこそ、デカルトが直弟子たちのみならず、彼以後の全ての人間に残したものの根源だ。宇宙は単一ではない——それは二つの、明らかに異なる実質から成っている。一つは物質であり、もう一つは精神である。リアリティとは「ただそこにある」ものではなく、感じる者と感じられるものが織りなすダンスなのだ。

これら全ては言ってみれば観念論に過ぎない。だがこの概念こそデカルト主義者にとって死活の重要性を持つものだったのである。そして奇妙なことに、それは同時に危険なものでもあった。こんな観念的な、浮世離れした概念が、実際には政治的な意味を帯びていたのだ。デカルト主義者自身がそれを望んだわけではないが、デカルト主義は世俗権力の特定の中枢を脅かす存在となっていた。ロオルの〈メルクルディ〉を初め、パリやヨーロッパの至るところにある風変わりな名前のデカルト主義者のサロン（例えばトゥールーズには〈幻灯師の会《ソシエテ・デ・ランテルニスト》〉という会があった。この名称は、そのメンバーが夜の会合に集う際に用いた行燈に由来している）に集う時、彼らはそれが危険な行為であることを知っていた。その危険の度合は、教会や国家権力がこの新哲学をどう理解するかに左右される。当局の側にしてみれば、それは彼らの権力を侵蝕する恐れがある。もしもこの新たなセクトすなわちデカルト主義が、例えば人体とは一種の機械であり、死は最後の障壁であると証明することができるなら、死後の生命だのキリストの肉体的復活だのの教義はその居場所を失うだろう。もしも奇蹟が大嘘であると公式に認められたりしたら、奇蹟の上に築かれた信仰は根底から覆される。独裁国家にとっても、同様の危険がある。ロオルがパリで物理学の公開実験をしていた頃、アムステルダムのバルーフ・スピノザは――彼もまたデカルトの衣鉢を継いでいた――理性を基盤として、絶対君主制ではなく民主制こそが唯一の正しい統治形態であると論じていた。デカルト界隈でも同様の考えが囁かれている。ヨーロッパ中の支配者たちが、このような集団を、直ちに叛逆者とは言わぬまでも疑わしいものとして警戒していた。

これらの恐れの全てが一つの問題に集約されるようになった。それはデカルト哲学の中でも最も観念的で浮世離れした要素を、個々の人間の生活、社会、国家権力の中に持ち込んだのだ。この問題はたぶん、デカルト自身が自らの哲学に対して抱いていた懸念の最大の源でもある。そしてサロンに座って「幻灯」（スライドプロジェクタや映画の祖先）に見入ったり、水銀だの磁石だの気圧だのの実験を見学しているデカルト主義者たちにも、それは現実的な恐怖をもたらした。彼らがそこにいる時、いきなり戸口に兵士たちが現れ、連行されてしまうかもしれないという恐怖である。その問題とは、カトリックの言う聖体拝領の真実に関わるものだった。

デカルトがそれを初めて思いついたのは一六三〇年、きっかけは何の当たり障りもないようなことだった。光学と色彩についてあれこれ考えていた時だ。パンを裂くと、その内側は真っ白である。この白さというのはパンそれ自体に固有のものであることは間違いない、よな？　彼の心に生じたこの世俗的な引っかかりが、ヨーロッパの巨大権力を脅かす論理の鎖を編み上げていくこととなる。デカルト自身はその問題をそれ以上どうこうするつもりはなかったが、一六四三年、彼は懐かしきラ・フレーシュ大学の教師から書簡を受け取った。既にデカルトの信奉者となっていたドニ・メラン神父が幾つかの質問を寄越したのである。一七世紀においては、現在と同様、カトリックの中心を為す儀式はミサであり、そのミサの中心――すなわち信仰の精髄――こそ、聖体拝領であった。この儀式では、参加者はパンとブドウ酒、すなわちイエス・キリストの「肉と血」を受ける。カトリックとプロテスタントの主要な違いの一つ――当時、ようやく終結しつつあった流血の世紀を開始させた契機の一つ——は、すぐ前の一文の括弧の中の言葉の解釈だ。プロテスタント（というか、少なくともその一部[*3]）は、パンとブドウ酒はキリストの肉と血の象徴であると考えるようになった。だがカトリックにとっては、これを単なる象徴と捉えてしまっては、ここに含まれた聖なる秘儀の本質を見失ってしまうことになるのである。カトリック神学においては[*4]（そしてカトリックの信仰においては、一七世紀も今も）司祭がミサにおいて最後の晩餐の際のイエスの言葉——「これは私の体である……これは、多くの人のために流されるわたしの血、契約の血である」——を復唱する時、その実質に実際に変化が起るのである。メランの書簡の一世紀前、プロテスタントの宗教改革に対抗するために行なわれたトレント公会議は次のように宣言した。「パンとブドウ酒の聖別の後、まことの天主でありまことの人である私たちの主イエズス・キリストが、真に、現実に、実体的に、パンとブドウ酒というかの可感覚的な形色のもとに含まれている」。

　教会にとって、キリストは「真に、現実に、実体的に」パンとブドウ酒の中にいたのであり、そうでなければならなかったのだ。知的で合理的なカトリック信徒も、必ずしもこの論理に欠陥を見出すわけではない。秘儀は現実的な力を持つのだから。確かにこの変容は通常の手段では説明できない。これはイエスの肉体的復活や昇天がイエスの生涯における秘儀的真実の要素であるように、文字通りキリスト教信仰の精髄なのだ。司祭が聖別した後も、パンはやはりパンであり、その見かけも手触りも味もパンそのものであるという点については、カトリックの神学者はトマス・アクィナスが採用したアリストテレスの「範疇」という概念を用いてこれを説明する。アリストテレスの科学においては、物質は偶有性――色彩、香り、味――と実体、すなわちそのもの自体の根源にあるものから成る。ミサにおいて司祭がパンとブドウ酒を祝福し、聖書の文句を復唱すると、この実体のレベルで変容が起るのである。つまりパンとブドウ酒の根源的な実体《サブスタンス》が、イエス・キリストの肉と血の実体に置換されるのだ。かくして西暦一一〇〇年頃から神学者の間で「化体《トランサブスタンシエイション》」という言葉が用いられるようになった。一方、パンとブドウ酒の偶有性――すなわちパンとブドウ酒の実際の要素ではなく、その見かけを生じさせているもの――は何も変らないのである。現実的に見ればどう見ても詭弁としか思えないこの部分が「第二の奇蹟」とされ、中世においては化体という二重の奇蹟の「証拠」がこの世に顕現することもあるとされた。アメリカの哲学者リチャード・ワトソンは、このアリストテレス主義的説明について、奇蹟によって偽りの外見を保つ偶有性の概念を、実体を覆い隠す「盾」に喩える。「この盾が外れ、司祭が自分の手の中に実際の肉片を、あるいは完全な形の赤ん坊を見た、等という話も数多く残されている」。

　カトリック権力にとっては、化体の物理学はこのように説明されるべきものだった。一七世紀のカトリック・ヨーロッパおけるにおける聖体拝領の多面的な重要性は、われわれの想像を超えるものだった。既聖ホスチアが現実にキリストの肉であるからこそ、その中にはキリストの肉体的苦痛が、人類のために受難して死ぬという決意が、人類に対する愛が宿るのである。既聖ホスチアを食べるという行為は、信仰を新たにし、イエスの受難に参与し、神の愛を受け入れるということである。そのパンを食べることはまた、自らの肉体をイエスの肉体と一体化させる――キリストの身体の一部となることでもある。キリストの身体とは文字通り彼の肉体でもあり、また教会でもある。であるから、聖体拝領の儀式こそはまさにカトリックの精髄であったし、今もまたそうなのだ。それは信仰の秘儀を、人間の根本的現実、すなわち血と肉を備えた肉体という自己に結びつける。繰り返すが、ポイントは、これが象徴ではなく、現実だということである。カトリックの既聖ホスチアは、キリスト教徒が信仰の歴史的根源と信ずるもの――つまり神がイエスとして肉体を持って現れ、受難の後に死んだということ――を今、ここに現出させるのだ。ミサが行なわれる度に、何度も何度も。

この概念は霊的に意義深いものであると共に、現実世界の権力にとっても極めて重要な意味を持っていた。教会のインフラの全て――教区と大聖堂、司祭と尼僧、不動産、美術品、税収、国の頭をすげ替え、操る力――がそれに存しているのだ。ミサを執行できるのは叙階を受けた司祭だけであり、「これは私の体である」という題目を復唱する時、司祭はキリストその人に成り代わる。カトリックがキリストの受難と死と復活の秘儀に与る上で、司祭は必要欠くべからざる道具なのだ。既聖ホスチアがキリストの肉体の真の実体であるがゆえに、教会は救済の特権と称するものを独占できるのである。プロテスタントの改革とは、化体説に対する、そしてそれによってカトリック教会が現実世界に行使している権力に対する攻撃だった。メラン神父は、デカルトの科学もまた、このような攻撃の一派となることを見抜いた最初の一人だった。デカルトの宇宙解釈によれば、林檎や樹木や蝶の偶有性という盾の下に潜む「真の」実体など存在しない。もしもその物体が硬いとか灰色であるとか斑点があるとか、その他、花崗岩としてのあらゆる見かけ上の特徴を備えているなら、それは花崗岩なのだ。そしてその見かけ、香り、味がパンであるなら、それは……パンなのだ。これこそ、メランがデカルトの観念の向かう方向に見出したものである。危険極まりない代物だった。

　自分の哲学は既聖ホスチアの中に本物のキリストがいることを否定するものではない、とデカルトは断言した。実際、彼はそれに対する哲学的に申し分ない説明を提供したし、しかもそれは機械的な自然観と両立し得るものだと信じていた。その為に用意したのが心身二元論だ。精神と魂という精妙なものと、物質界とは峻別される。これによって信仰の砦の周囲に城壁を築き、科学の侵略から信仰を守ったと彼は信じていた。と同時に彼は自然界の探求を神学の干渉から守りたいと願っていた。彼は、科学者に対する教会の批難、特にガリレオに対するそれに震撼していた（「私はそれを聞いて非常に驚き、自分の原稿の全てを焼き払おうか、あるいは少なくとも誰にも見せないようにしようかと思った」、ガリレオの地動説が有罪判決を受けたことを知った時、彼はそう書き記している)。デカルト自身は敬虔な信徒だったが、一方では理性に基づく自然界の探求こそが正しいと確信していた。そんな彼にとっては、現実世界を二つに峻別することのみが唯一の論理的結論に見えたのだ。

宗教を守りたいというのが目的の一つであったのにも関わらず、デカルトの二元論の長期的な影響は——その後数十年、数世紀という時間をかけて西欧の意識に浸透する間に——宗教の領域を劇的に制限することとなる。現代では天文学や生物学の領域で宗教に出る幕などないという見方が優勢だ。そしてこの考えを論理的に突き詰めると、まさしく近代的な無神論の立場になる。デカルト自身の時代の批判者たちは、このような結果をある程度予測していた。曰く、デカルトを始めとする機械論的哲学者の仕事は、人間のリアリティに対する全権を理性に与え、信仰を迷信に貶めると。デカルト自身はもちろん、当時の誰一人としてそんなことを意図していたわけではない。デカルトの生涯に亘る教会権力への怯懦《きょうだ》は、常にその野心と角逐した。そしてこと聖体拝領に関しては、彼はその両方を満たそうとしたのである。つまり彼は、物理学のみならず、キリスト教神学に対しても新たな基盤を提供しようとしたのだ。彼はメランに、そして全ての信奉者に申し渡した、この謂れなき批難に立ち向かえ、そして教会の化体説を科学に——すなわち、デカルト主義に——沿うものとせよと。ここでもまた彼の不遜な目標は、彼自身が全ての知識の基盤としてのアリストテレス主義に取って代わることだったのだ。

　デカルト自身は聖体拝領に対する直接攻撃に手を染めたことはない。だが彼が死ぬや否や、この問題は歴然たる論争の種となった。彼の信奉者たちは、さまざまな手段で批難に立ち向かった。かつてデカルト自身はアリストテレス的説明のメカニズムの全てを覆そうとしていた。実体の化体云々を持出すのは間違いであり、むしろこの奇蹟においてはキリストの魂がパンと一体化しているのだ、と。このように考えれば、パンのような外見の「盾」がその下の実体を覆い隠しているという第二の奇蹟はもはや無用の長物となる。だがこの説明はそれ自体が危険な香りのするものだった。と言うのも、それはホスチアとはキリストの身体の象徴であるというプロテスタントの説明と大同小異だったからだ。教会にとって、キリストの魂というのはその世界的な組織を維持するのに十分なほど実体的なものではなかったのである。カトリック権力には、肉体《ボディ》／実体もまた必要だった。

　だがデカルト主義者たちはてんでに論争を押し進めた。ロオルは聖体拝領に関するデカルトの説を擁護した。ロオルの義父クロード・クレルスリエは、賢明にもデカルトとメランの往復書簡を書簡集から除外しておいたが、その写しを有力な人々に送付していた。その一人がベネディクト会修道士ロベール・デガベである。彼は科学に造詣が深く、デカルトとの面識はないが、その哲学に魅了されていた。デガベはパリを訪ねてデカルト主義者のサロンに参加し、そして――デカルト主義者が哲学と医学を如何に近しいものと見なしていたかを示す劇的な事例だが——輸血という行為は化体に関するデカルトの説を裏付けるものだ、と論じた。[*5]

パリを去ったデガベは、地方のベネディクト派修道院を周り、デカルト主義の福音を広めた。後にデガベが上梓した著書は、その標題にこの中心命題をはっきりと示している。『既聖ホスチアの極めて聖なる秘蹟に関わる論争の現状に関する論考。すなわちパンとイエス・キリストの魂及びその神格との実体的結合により、パンの素材がイエス・キリストの御身体のそれに化さしめられることを教示する見解』。他の活動も含め、この小著のためにデガベは異端の烙印を捺され、著作は禁書とされ、その名は歴史から抹殺された。一方、断固としてこの問題を追及し続けたメラン神父は最後にはカナダへ追放された。

デカルト主義を取り巻く危険はますます増大していた。だが一部の——ロオルを含む——人々は依然として、彼らの主義は聖俗両権力に仕えることができるかどうかを議論し続けた。彼らによれば、この新哲学は信仰にとって脅威であるどころか、むしろそれを守るものである。デカルト自身もその立場を採っていた。権力者の中にも、この奇妙でよく解らない新たな道具が、実際には教会や国家にとって新たな武器になる、と言われてその気になる者も数多くいた。空気は好奇心と恐怖の間を行きつ戻りつしていた。つまり一七世紀後半のデカルト主義者の状況は、ある意味で古代ローマのカタコンベの中の初期キリスト教徒のそれによく似ていた。彼らもまた、黙認と疑念、そして迫害の間を行きつ戻りつしていた――そして言うまでもなく、最終的にはその哲学の布教に成功したのだ。

それ以外にも一七世紀にはデカルトとキリストの間に奇妙な類似点があった。初期のデカルト主義者の多くはカトリックの司祭だった。ある意味、この新たな哲学は西欧文化の基盤としてのキリスト教に取って代わるものとなろうとしていたのだ。そして実際、デカルト主義者は自らを「デカルトの使徒」を名乗った。彼らの物理学はキリストの身体に関するカトリックの見解と衝突した。そこで彼らはデカルトの物理的な身体、もしくはその遺物を用いて彼らの哲学を唱道しようと考えたのだ。かつて生前のデカルトは、自らが何らかの手段で死を克服できると信じていた――皮肉なことに、彼の「永遠の生命」という観念は宗教への信仰ではなく、科学への信仰に基づくものであったのだが。

初期キリスト教徒と同様に、デカルト主義者もまた自らの大義を真摯に信じていた。中にはほとんど宗教的情熱で信じ込んでいる者もいた。我らは遺産の守護者にして、未来の世界を照らす法灯を護持しているのだ。彼らは、自分たちの目的が危険なものであることを知っていた。そしてその達成の為には、哲学と科学の複雑な知識のみならず、政治力学の知識もまた必要となるということを。この世を生き延び、自らの大義を推進するためには、説得のための道具が必要なのだ。そして今、すなわち一六六七年の年頭、一つの新しい道具が到着しつつあった。

凍てつく一月のある日、すなわち出発から三ヶ月後、二人のフランス人、すなわちレピーヌとデュ・ロシェがパリの外れに到着した。長旅だった。そして現在の長旅と同様、大都会に近づくにつれ、さらに速度は落ちて行く。パリは依然としてほぼ中世の都そのままであり、基本的には泥道、舗装は始まったばかりで、街路は不規則に曲がりくねっていた。ロンドンよりも大きく、騒がしく、そして汚い。ルイ一四世の顧問役を務めるジャン＝バティスト・コルベールが最近始めた大規模な開発――広い大通りの建設、古い中世の城壁の撤去、ルーヴルのコロナードの建造――は、今はまだ街の混雑に拍車を掛ける役割しか果たしていない。市民の不満は鬱積していたが、国王はほとんどヴェルサイユにいて、パリに来るのは年に数回、それ以外の時は気にも留めていなかった。生前のデカルトが最後にこの街を訪れた時との最大の違いは、その街路にあった。この世紀の初め頃には、交通手段は徒歩か騾馬だった。だが今や交通革命が起っている。何千台にも及ぶ、ありとあらゆる乗物。「洗礼を受けた騾馬」と呼ばれる車夫が引く単純な人力車から、ガラス窓と緩衝器を備えた金ピカの四輪馬車までが通りを埋め尽くしていた。だからかの哲学者の骨の入ったテルロンの荷物を乗せた荷車は、その間を縫うように蛇行していかねばならない。彼らは街の北にある二つの崩れかけた中世の城門、すなわちサン・マルタン門かサン・ドニ門のいずれかから、お洒落なル・マレ地区を通り、そして遂にセーヌ北岸のパリの官庁街にある豪奢な館に到着した。

館の主は、フランスの財務長官にしてフランス政府における最高位のデカルト主義者、ピエール・ダリベール。荷車が到着するや、たちまちデカルト主義者たちはそのことを聞きつけた。何しろジャック・ロオルはそこから僅か数ブロックの所に邸宅を構えていたし、マダム・ド・セヴィニェに至ってはさらに近くに住んでいたのだ。真っ先に駆けつけたのはクロード・クレルスリエ。当時五十三歳の政府高官で、最初のデカルト主義者の一人。デカルトの生前から、そして死後は尚更のこと、クレルスリエは一種の著作権代理人として必要欠くべからざる存在となっていた。デカルトは自分の著作の一部を、生前に発表するのはあまりに危険だと考えていた。クレルスリエはそれらを編集し、死後出版を管理した。彼はまたデカルトの書簡集も出版したが、これは容易な仕事ではなかった。デカルトの書簡を含む動産物件はスウェーデンでの客死後に船でフランスに送られたのだが、その船が途中で沈没してしまったのだ。クレルスリエはこの船を引き上げ、人夫を雇って何千枚という紙を回収し、乾かした。

一六六〇年代から一六七〇年代、クレルスリエはデカルトの著作の出版を続けた。一七世紀後半のヨーロッパの知識階級に知的燃料をくべ続けると共に、デカルト自身の記憶を風化から守り、そしてさらなる大義の推進のために彼の著作を用いたのだ。これにより、彼はデカルト主義の指導者となった――哲学的・科学的な意味ではなく、軍師・戦略家として。デカルトの信奉者は大陸一円に広がる広範囲な集団を形成していたが、その核は極めて緊密に結びついていた。その核となる人々は、思想に対する献身のみならず、血縁と姻戚によって繋がっていたのだ。ロオルはクレルスリエの娘を娶り、クレルスリエはピエール・シャニュの姉妹を娶った。

デカルトの物理的身体《ボディ》を活用しようと思い立ったのは、かくも長きに亘って彼の著作の本文《ボディ》に取り組んできたクレルスリエだったのかもしれない。十六年前、シャニュとクリスティナは勝手な都合でかの哲学者をストックホルムに埋葬しようと決めた。だが彼の死を告げるシャニュの手紙がフランスに届くや否や、一部の人々は彼をフランスの土に移すべきだと叫び始めた。最初の動機はナショナリズムだったのかもしれない。だがその内に、もう一つの考えが生まれた。たぶん、そこに含まれる皮肉を見逃す彼らではなかっただろう。デカルトの革命的な哲学は、身体の健康、特に彼自身のそれに根差していた。そしてその哲学は昨今、イエス・キリストの身体に対する公式見解と衝突している。そして今、その哲学を合法化し、自分たち自身を守るため、デカルトの信奉者たちはデカルト自身の物理的身体の遺物を利用しようとしているのだ。

デカルトの聖別式の挙行までには何ヶ月もかかった。デカルト主義者たち――ロオル、クレルスリエ、ダリベールら――は、巧妙な政治工作を伴う計画を練った。彼らの目的は、教会と政府の人間を動かすことである。そのためには、公式の承認と尊崇を得られるような、有無を言わせぬ験力ある儀式を挙行せねばならぬ。そして遂に、六月末のとある夕刻、見世物の準備は整った。太陽がゆっくり沈む頃、セーヌ河畔のダリベールの家の前の狭い通りは、大勢の人でごった返していた。聖職者、貴族、そしてデカルトの友人たちの姿もあった。だが同じく重要なのは、ごく普通のパリ市民が、それも最も貧しい階層の人々までが通りを埋め尽くしていたことだ。貧しき者たちには松明が与えられた。裕福な者は馬車に乗っていた。彼らは行列を組んで北のサン＝アントワヌ通りを目指した。そこで列は左に折れ、サン・ポール教会に辿り着く。この冬以来、冷え冷えとしたその内部に、デカルトの遺骨を納めた棺が安置されているのだ。それを受領した葬列は次に南に向かい、この都を見事に二つに割りつつ、シテ島を渡ってカルティエ・ラタンに入り、坂を上って風の吹く広場に辿り着く。パリで最も高い場所だ。到達と共に、教会の鐘が鳴り響く。丘の上には二つの教会が並んで建っている。右側——パリの守護聖人の名を採って、サント＝ジュヌヴィエーヴ＝デュ・モンと呼ばれるゴシック教会——の前に、大修道院長フランソワ・ブランシャールが正装して立っている。頭に司教冠、手には十字架。横に居並ぶのは聖堂参事会員たち、手に手に蝋燭を持っている。

行列の全員がしずしずと教会に入場する。ダリベールは予め、大修道院長が演ずるべき宗教的演目をを伝えている。だが大修道院長はその上を行った。この葬列自体、この教会を起点に聖ジュヌヴィエーヴの聖骨を担いでパリの通りを練り歩く年に一度の行進を模したものだった。この演物は、パリの街を熱狂させた——翌日、教会の前の広大な広場にさらに多くの人々が見物に詰めかけたのだ。クレルスリエは公開追悼演説を準備していたが、直前になってルイ一四世からの禁止令が届いたため、非公開に切替えられた。祈りと儀式が最高潮に達したのは、柩が栄誉の地下埋葬室に運び込まれた時である。それはわざわざ彼のために、聖ジュヌヴィエーヴの聖遺物の隣に造られていたのだ。

大修道院長がデカルトの遺骨を祝福すると、儀式は事務的な段階に入り、一連の正式な書状が読み上げられた。デカルト主義者たちは、「この著名な人物の遺骨の移送」の諸手続きを記した書状を教会に献呈した。クレルスリエと故シャニュによる声明。デカルトはカトリックの信仰を逸脱しておらず、彼の生涯は「模範的なまでに罪なきものであった」ことを証明する教会当局による証明書。そしてクリスティナがローマから書き送った驚くべき書簡。そこで彼女は、デカルトが「妾の光栄なる改宗に多大なる貢献を為した」と断言している。入念に集められたこれらのデータの全ては、つまりはデカルト自身——ひいてはその哲学——が如何なる意味においても反カトリック的ではなく、さらに言うなら反宗教的でもないということを宣言するためのものだった。最後にクレルスリエが献呈した銅剣には、スウェーデンからの移送とパリにおける儀式の詳細、そしてそれに貢献した人々の名が刻まれていた。大修道院長はこの剣を、さる一七世紀の伝記作者によれば「これらの友人の前で」柩の中に収めた（このことが後に重要となる）。埋葬室は封印され、儀式は終った。

　それから祝宴が始まった。主宴を仕切ったのはダリベールで、そこにはクレルスリエとその仲間たちが集めた重要人物が多数参加していた。宴はこれ以外にも――「壮麗かつ豪華に」――街中のあちこちで開かれていた。公爵、弁護士、数学者、廷臣、パリ高等法院やアカデミ・フランセーズのメンバー、宮廷お抱えの築城学者、宮廷侍医らが、哲学者の骨の帰国を祝う長い長い宴に参加した。その目的は一つ、この大義を推進すること、すなわち頑迷固陋にして旧態依然たる知識構造を完膚無きまでに破壊し、社会をデカルト主義に引きずり込むことだ。デカルト主義こそは理性の宗教である。最も真正にして確かな基盤とは人間の精神であり、その「良識」であるとする信仰だ。同時に、そのモデル――遺骨を聖遺物とするカトリックの手法――は細部に至るまでコピーされていた。この二度目の埋葬は、所詮は宗教行事を世俗行事の中に吸収したに過ぎないという分析すら正しくない。むしろそれは完全なる宗教行事だった――宗教的意識によって規定された世界の中に、科学的視野を持ち込もうとする試みだったのである。

　ある意味ではこの計画は成功した。何と言っても、それから数年の内にデカルト自身がさまざまな点で社会に定着した。物語や詩の中に彼が登場するようになった。フランスの歴史家ステファヌ・ヴァン・ダム曰く、彼は「物語の中に住む虚構の人」となり、典型的な科学者として描かれることもあれば、浮世離れした思想家になることもあり、場合によっては霊的存在にもなった。文芸ネタの遊びはサロンで流行の娯楽で、一六七〇年代、デカルト自身はキャラクターとしてその世界にデヴューした。その変種の一つが交霊会ごっこである。こうした遊びを詠った詩の中では、ある若い女性がデカルトの「令名高く学識深き霊」と会話する。

つまり、遺骨の移送に伴う埋葬式の後、デカルトは別の意味での人気を博するようになったのである。そして彼が文化的キャラクターとしての力を増すにつれて、その哲学もまた新たな地に根付いていった。有力な貴族や聖職者――プランス・ド・コンデ、デュック・ド・リヤンクール、カルディナル・ド・レ――がデカルト主義者を保護した。デカルト主義者がこれらの強力なパトロンを得るようになると、デカルト主義は聖俗両界における言わば「反体制派」ともいうべき勢力に受け容れられるようになった。ヨーロッパで最も有名、かつ威勢の良い人物であったプランス・ド・コンデはかつてルイ一四世に叛逆し、フロンドの乱では叛乱軍のリーダーとなった。これは一六四八年から一六五三年までフランスに荒れ狂った内戦である。彼は今では法的には赦されていたが、依然としてシャンティの居城を拠点として王に対抗する一派を率いていた。その構成員の一つがデカルト主義者の集団だった。カルディナル・ド・レもまたさまざまな形で国王に叛旗を翻し、その罰としてつい先日、パリ大司教の椅子を取り上げられたばかりである。それでもなお彼は隠然たる政治権力を保ち、そしてデカルト主義を擁護し続けた。デカルトの遺骨の安息の場として選ばれた場所までもが「反体制派」と関連していた。聖ジュヌヴィエーヴの教会として崇敬されていながらも、同教会とその修道院には、国王及び教区を相手に長い闘争を繰り広げてきた歴史があったのだ。

体制側は自らの立場を堅持し、明確化した。一六七一年、ルイ一四世ははっきりと反デカルトを宣言した。この新たな哲学は既にパリ大学に浸透し、若者たちに影響を与え、聖体拝領やミサ、そして司祭の権威に対する懐疑を引き起こしている。パリ大司教は「我らの秘儀に関する説明に混乱を引き起こす可能性のある」教義を禁ずるようルイに奏上し、ルイはこれを受け入れた。そして彼自身もまた「デカルトの意見と見解」への反対を表明したのである。続いてパリ市も、このような教説を発表する者は死刑とする条例を出して、王に追随した。このような体制側からの弾圧は、一つの皮肉な結果を生んだ。一六六六年、フリーランスの哲学者たちのサロンや集会を国家の統制下に置くため、フランス科学アカデミーが設立された。この時、デカルト主義者――ロオルのような、科学研究に最も近いことをしていた人々――だけがそこから閉め出されることになったのである。

カトリックによる公式の弾圧は遺骨の移送以前から本格化していた。一六六三年、カトリック教会の検邪聖省――つまりは異端審問所――は、デカルトの著作のうちの四冊を問題視し、禁書に指定した。その理由が明かされたのは一九九八年のことである。後に教皇ベネディクトゥス一六世となる枢機卿ヨーゼフ・ラッツィンガーは当時、教理省長官――つまり現代における大異端審問官――の地位にあった。この年、彼は異端審問に関する一九〇三年までの記録資料を全て公開するよう命じたのである。デカルトの検閲に関する文書を見れば、この哲学を学んだ人々が如何に深い興味を抱いていたかがよく解る。ある聖職者曰く「この著者の明敏な精神、独創的な新しい思弁、凡百のそれを遙かに越える文体の洗練、自らの著述を神学者の検閲に差し出す謙譲を称揚する。この著述家の功績に敬意を払うものである」。だが最終的な結果は有罪だった。これらの本をカトリック教徒が読むことは禁じられた。資料によれば、教会にとっての最大の懸念は、物質及び物質界に関するデカルトの見方が聖体拝領の教義と既聖ホスチアの中に実際にイエス・キリストが存在するという事実を覆す恐れがあるということだったのだ。

だがデカルト主義を巡る戦線は常に流動的だった。さまざまな背景を持つ人々がその正体と意味を理解しようと努めたからである。ヴァティカンはこれを弾圧したが、デカルト主義者の大部分は聖職者であり、教会内部の有力な組織もまたそれを受け入れていた――つまり、一方に聖書とアリストテレスを巡るデカルト主義者対体制派の戦いがあり、もう一方にはデカルト哲学とその意味するところを掌握せんとするデカルト主義者内部の抗争があったのである。争いに利用できるものは何でも利用する。デカルトの遺骨も、その生涯も。そこで、史上初の包括的なデカルト伝が書かれた。著者はアドリアン・バイエ神父である。彼はまた全十七巻に及ぶ諸聖人伝も執筆しており、デカルトの人生の物語も、同様に聖人伝風に仕立て上げている。これによって教会権力は、自らデカルト主義に「改宗」しながらも、それを教会のコンテクスト内部に押し留めようとしたのだ。

歴史にとって最も重要だったのは、この哲学の意味を巡るデカルト主義者内部の争いである。デカルトの骨の再埋葬の数年前、ニコラ・マルブランシュという司祭が、セーヌ河畔に並ぶ露店の本屋（今でも並んでいる）をぶらぶら眺めていて、デカルトの『人間論』を見つけた。デカルトの新しい哲学と出逢ったのはこれが初めてだったが、あまりの衝撃に彼の息は上がり、心臓は早鐘のように打った。そして彼は有力なデカルト主義者となり、特に「デカルト神学」と呼ぶべきものを推進することとなる。デカルト主義者は、精神こそが知識の基盤であるという点で一致している。だが、人間の精神とは移り気で頼りないものの代名詞ではないか？　観念の基盤として、それ以上に深いものはないのだろうか？　デカルトはこの点を明確にしている、とマルブランシュは言う。ある意味で「デカルト的二元論」という言葉は正鵠を射ていない。デカルトは実際には宇宙は二つではなく、三つの要素から成ると述べているのだ。すなわち精神、身体（物質界）、そして神である。神こそ、精神と世界が意味のある相互作用をする――すなわちわれわれが理性の力を用いて真実に到達することを保証する存在なのだ。マルブランシュは、自然界を理解する人間の知性の能力は神に存していると主張した。彼は言う、「われわれは神の中に万物を見る」。すなわちマルブランシュは、デカルトを科学と信仰の擁護者と解釈したのだ。だが他のデカルト主義者――ロオルやパリの司祭アントワヌ・アルノー――によれば、観念とは精神の中に、言わば自発的に存在するという。神の存在は認めながらも、世界とそれを把握する精神との関係性において必ずしも神が何らかの役割を果たしているわけではないというのだ。このデカルト解釈とマルブランシュとの違いは些細なものに見えるかも知れないが、やがてその違いは拡大され、最終的には信仰と理性の完全なる分離という近代的な思想に至り、必然的に現在の無神論へと逢着することになる。

これらの争い――デカルト主義者対教会、デカルト主義者対国家権力、そしてデカルト主義者の内部闘争――は、一七世紀末から一八世紀まで続いた。デカルト主義者は破門され、追放され、その屍は累々と積み重なる。ロオル自身も異端の烙印を捺され、講義を禁止された。

さらに重要なことに、他の思想家たち――ドイツのゴットフリート・ライプニッツ、アムステルダムのユダヤ人バルーフ・スピノザ――はデカルト主義の方向性を変え、哲学の領野を広げて行く。デカルト主義の根源――特に「方法」およびデカルト的心身二元論――は哲学のレベルを越えて全ての文化に浸透し、じわじわと新たな世界をもたらしつつあった。それは性から教育、女性の役割から人間と環境との関わりに至るまで、あらゆるものに対する見方を変えた。それはこの近代初の哲学に新たな生命を与えると共に、その生みの親である男をさらに過去へと押しやることとなった。

3 聖ならざる遺骨

二度目の埋葬から一世紀の間、デカルトの骨はパリで安息の時を過していた。だがそれが朽ち果て、その安息所であるサント＝ジュヌヴィエーヴ教会もまた静かに崩壊へと向かう間（同教会は長年に及ぶ王室との、そして壁と教区を共有していた隣接するサン＝テティエンヌ教会との争いに負けた）、生者たちの世界は未曾有の変化を体験していた。もしも過去数世紀の人間が一七〇〇年代に甦ったとしたら、この時代の人類は発明発見に酔っていると考えただろう。窒素が発見され、電気が飼い慣らされ、最初の虫垂切除手術が行なわれた。所得税が導入され、ハワイ諸島が発見され、万年筆が、消火器が、ピアノが、音叉が、水洗トイレが発明された。時計、顕微鏡、羅針盤、ランプ、馬車はさらに改良された。イングランドのバーミンガムだけでも、発明と産業を結びつけようとする当時の情熱を凝縮したような〈月奇人協会《ルナ・ソサエティ》〉と自称する小さな集団が酸素を発見し、蒸気機関を発明し、ジギタリスの強心作用を見出し、世界初の工場を建てた。蒐集と分類に取り憑かれた男たちは地球の各地をうろつき回り、蜘蛛や鉱石、化石や花々を集めた。博物館、辞書、百科事典が登場した。人間の苗字――ワット、ファーレンハイト、シュウェップス、セルシウス、ウェッジウッド――が、製品名や学術用語となった。

そんなことは今さら言うまでもない。どんな学校でも、啓蒙思想や科学革命を教えている。あまり教えられていないのは、これらの革命の背後にあった過去の要因の方だ。われわれは啓蒙思想と言えば一八世紀の知識人たちが、理性に基づいて社会の改革を図ったことを指すと思っている。だが近年、歴史家たちはその前の世紀にまで遡り、当時から続く出来事と人物の連鎖――発明家たちと発明の波、海を渡った航海者たち、そして顕微鏡や羽根ペン――を明らかにし、ジェファソンやルソーの思想のルーツがデカルトの計画にあることを示した。

デカルトとそれに続く発明発見の時代との繋がりはあまり歴然としたものではない。デカルトと現代の発明発見の時代との繋がりはなおのことだ。昨今、デカルト主義など流行らない。大学の単位にもならない。我が子をデカルト主義者にしたい親なんてどこにもいない。自然界を探求するシステマティックな学問と言えば、専ら「科学」。科学《サイエンス》という言葉は――それ自体、知識を意味するラテン語から来ている――中世にもあった。当時その言葉は技芸や学科のようなものと見なされていた。例えば戦争の科学、馬乗りの科学、といった具合である。この言葉が現在のわれわれが使う意味に定着したのは、一八〇〇年頃のことである。一方、「デカルト主義《カルテジャニスム》」の方は一七〇〇年代初頭には消え去りつつあった。

デカルト主義者たちの辿った道筋は、近代の脇筋の一つだ。ある意味では彼らは一六〇〇年代後半から一七〇〇年代前半のヨーロッパを席巻した大波に呑み込まれたのだった。「英国熱《アングロマニア》」という大波である。「新哲学」の中心はフランスからイングランドに移った。これはある意味では単なる流行だったが、その核には英国流の実用主義の採用があった。知識に対するフランス流のアプローチ——修辞的で理性的な観念論——は、中世のアリストテレス的な殿堂にはまことによく似合っていた。デカルト——その普遍計画、すなわち理性と〈コギト〉に基づいて、塩の結晶から神の恩寵まで、人間の感情から木星の衛星まで、森羅万象を包含するホリスティックな現実観を創造せんとする試み——もまた、そこに含まれる。英国人は、新たな思考法をむしろ道具箱と見なした。彼らはそれで手仕事をした。彼らはより良い合金と釉薬《うわぐすり》、それにバネを持って現れた。フランス人が新たな哲学を発明したのに対して、英国人は応用科学を発明した。フランス人がサロンを典雅な社交場にしたのに対して、英国の職人は徒弟を取り、抜け目ない契約書にサインさせた。例えば若きジョサイア・ウェッジウッドは、「トランプやサイコロその他、違法な賭博は致しません、居酒屋やビヤホールに入り浸りません、姦淫は致しません——婚姻関係は結びません」という約束をさせられている。

政治的な側面もある。フランスでは国家が新たな思想を統制しようとした——例えば科学アカデミーを造り、新たな学問領域を公式に認可・不認可した――のに対し、英国人は自由主義者だった。だから彼らは創意工夫に富んでおり、自らの意志で事業を興したブリストルやバーミンガムの発明家たちは、資本を集め、市場を造り、小規模ながら実業家となり、世界の仕組みを変え始めた。

　この変化の最大要因となった人物――言わば、たった一人でデカルトを過去の人にしてしまった人物――こそ、アイザック・ニュートンである。ニュートンの運動法則、光学論、万有引力の原理は、科学革命のための頑強かつ実際的な基盤となった。フランス人自身、ニュートンを新時代の旗手と誉め称えた。フランス啓蒙思想のゴッドファーザーであるヴォルテールは「イギリス哲学の優越性《ラ・スュペリオリテ・デ・ラ・フィロゾフィ・アングレーズ》」を語り、ニュートンを「デカルト的体系の破壊者」と称えた――すなわち、理論という雲の中から科学を地上に引きずり下ろした男だというのだ。各国のこのような思考と行動の違いを端的に表すのが、合理論と経験論という用語だ。このすっきりした区分けにおいては、デカルトは近代性の生みの親であるのみならず、また合理論という「学派」の創設者でもある。この学派は人間の精神という基点からリアリティを把握する。その指導者たちは全員が大陸の人物だった。一方経験論では、その主要な思想家たち――イングランド人ジョン・ロック、スコットランド人デイヴィッド・ヒューム、アイルランド人ジョージ・バークリ――は、先ず外界のリアリティから開始する。

このような略記にはそれなりの真実もあるが、同時にまた誤解を招くものでもある。デカルトのキャリア、生涯に及ぶ医学と解剖と観察への関心は、合理論者のレッテルと矛盾する。端的に言えば、彼は合理論と経験論という二つの伝統の両方の基盤なのであり、そして啓蒙主義的政治思想の基盤でもあるのだ。ニュートンの原理とヴォルテールの金言の基盤にあるのは〈コギト〉に他ならない。学科としての哲学はこのことを忘れがちである。現代英国の哲学者ジョナサン・レーは言う、デカルトは「〈新たな哲学〉の創設者であり、ニュートンや後の科学者たちは彼の業績を受け継いだのだ。……〈新たな哲学〉の原理と知識の理論、それに伴う人間の本質に関する理論を。思想という概念、自然の数学的法則という概念……は、近代人の意識にとってはあまりにも当たり前のものとなっているので、これを人間精神の本来的な属性であると思い込んでいる。だが実際には、それらは一七世紀の発明品、とりわけデカルトの業績なのだ」。

つまりデカルト主義のエッセンス——科学よりも遙かに幅広い領域を包含する、その哲学的骨子——は死に絶えるどころか、むしろ人間の生の文字通り隅々にまで拡大し、新たな世代を生み、取り込み、播き散らしていたのだ。それらの世代はいずれも独自の特徴を備えてはいるが、その全てが大本の祖先と繋がっている。家元としてのデカルト主義者自身は既に風前の灯火のように絶滅寸前となっているとしても。

「理性対信仰」の図式は、近代の慢性的な熱病かもしれない。確かに西欧がこの熱病に罹ったのが啓蒙思想の時代であることは間違いない。だが当時においてはこの両者の区別は現代のわれわれが思うほど明確なものではなかった。今日では、当時の人が理性を信仰と対立するものと位置づけ、以来この両者は死にもの狂いの闘争を繰り広げてきた、という考えが根付いている。もしかしたらそういう見方は物事を単純化したいというわれわれの願望、複雑微妙な物事をともかく簡単に、キャッチーな一言で表現してくれという苛立ちがあるのかもしれない。またそれによって、ハードコアな信者とアンチ宗教信者の双方が納得するのかもしれない。双方とも、今も元気に活動している。自分の宗教観というエンジンで社会と政治を推進したい人々――ムスリムだろうと、アメリカの福音主義者だろうと、ローマ・カトリックだろうと、インドの国粋主義ヒンドゥ教徒だろうと――は、近年では特に声高になっている。だがその逆の人々――「政治的無神論者」と呼んでも良い――の方も、やはり声高である。最近出た本のタイトルを見れば一目瞭然だろう。『神は妄想である』『信仰の終焉』『神は偉大ならず』。このような無神論者のマニフェストのルーツには、一つの信仰がある。宇宙を支配しているのは神ではなく自然という盲目の力なのだ。三世紀か四世紀も前の人々がそのことに気づいたのに、今もなお世界中の多くの人間が宗教という罠に捕えられ、暴力や脅迫という手段を用いて、人類を再び迷信という下水道の中に引きずり込もうとしている、という信仰である。宗教信者の拠所が古代のテキストであるなら、彼ら新たな無神論者たちの拠所は啓蒙思想にある。

だが、状況はそれほど単純ではない。この戦いは実は三つ巴なのだ。新哲学の側はさらに二つの陣営に分れるのである。そのいずれもが近代に対して多大なインパクトを与え、共に現在も生き残っている。その代表者は今日でも、ケーブルTVのトークショーや社説の向いの特集ページのコラム記事で戦いを繰り広げているのだ。既に見たように、この分裂は第一世代のデカルト主義者の頃から既に始まっていた。その発端は、マルブランシュらがこの新哲学をカトリックの教義に導入したのに対して、ロオルやアルノーはこの両者を峻別したという点にある。それ以後、「穏健派」は理性というものは信仰と共に人間の幸福を高め、寿命を延ばし、病を癒し、あらゆる苦難を減らし、自然に対する支配力を強め、生きる自由を増やすと信じている。彼ら穏健派は教会と手を結び、政府内に入り込んだ。多くの者が文字通り教会や政府の組織の中にいたのだ。この穏健派には、啓蒙思想家の中でも最も著名な人々もいる。モンテスキュー、ニュートン、ロック、ジェファソン、ホッブズ、ヴォルテール。

そしてもう一方の陣営。「穏健派」の影に隠れがちなこの無宗教主義者たちに関しては、この時代を専門とする現代の二人の歴史家——UCLAのマーガレット・C・ジェイコブと、プリンストン高等研究所のジョナサン・イスラエル――が、ほぼ同じタイトルの本を上梓している。一九八一年に出たジェイコブの『ラディカルな啓蒙思想 *The Radical Enlightenment*』と、二〇〇一年に出たイスラエルの『ラディカルな啓蒙 *Radical Enlightenment*』だ。両書が取り扱っているのはいずれもこの当時の思想家で、理性を新たな信仰と見なし、デカルトから受け継いだ思考の目的は伝統的な宗教に引導を渡すことだと主張する人々である。宗教とは、何千年にも亘って人類を縛り付けてきた迷信、教会や国家の権力者どもが自らの利益のために維持してきた圧政に他ならない。これら初期の啓蒙主義過激派は多くの点で今後の予形となったが、同時に彼らは、後の時代の世界史的変革へと至る概念を既に完璧に成熟させていた。イスラエルは言う、「読者や歴史家にとって馴染み深いのは一七五〇年以後の高度啓蒙主義の物語であろう。だが実際には、後期の運動は基本的には初期に導入された革命的な概念を整理し、通俗化し、注釈を施したものに過ぎないのである」。

一六〇〇年代後半から一七〇〇年代前半にかけて起っていた変化は、歯車と滑車だけに留まらない。単なる創意工夫以上の何かがそこにはあった。理性を思考と行動の基盤にするという思想は、社会の中に直ちに具体的な結果をもたらした。早くも一六六〇年代、オランダ人フランシスクス・ファン・デン・エンデンは社会に対する全く新しいラディカルなアプローチを唱えていた。例えば万民に対する教育の機会均等、共同所有権、民主的選挙による政府等々。ファン・デン・

エンデンは実際にユートピア的共同体のための憲章を書き上げたが、これが後に、オランダの新世界植民地であるニュー・ネーデルランドの憲章の基盤となるはずであった。同植民地の首都はマンハッタン島に築かれたニュー・アムステルダム。植民者の一部はデラウェア湾に共同体の基地を建築するところまで行ったが、数ヶ月の間に英国がオランダ植民地を奪取したため（ニュー・アムステルダムはニュー・ヨークと改称された）、この計画――おそらく、近代民主主義の原理に基づく社会を実現しようとする史上初の試み――は潰えた。一七二〇年代には、アルベルト・ラディカティ――ラディカル派哲学者に転じたイタリア貴族――が、自然哲学の示す処によれば民主主義こそが唯一正当な統治形態であると論じた。また彼は聖書の教えのほとんどを一蹴し、人は生の喜びを満喫すべきである、だがもしも生が苦でしかないなら自殺も許容されると説いた（文字通りの意味でラディカルであった彼は、イタリアの法務長官が彼の代表作を「これまで読んだ中で最も不敬、かつ不道徳」と表したのを聞いて、さぞかし喜んだことだろう）。

厳密な理性に基づくなら男尊女卑的な社会規定は不当である、という考えは既に第一世代のデカルト主義者の間にもあった。特にパリでは、女性もサロンにおいて積極的な役割を果たし、哲学論議を深めていた。性差別に基づく社会の平等化を批判する人々にとって悪夢を具現化するかのような色情的な文学――性愛マニュアルのような小説――も出現し始めた。当時の性的自由主義の推進者は言う、これまでの社会では女性が性の悦びを知り、表現する権利を否定されてきたが、それは社会が女性を支配下に置くための手段に他ならなかったのだと。オランダ人作家アドリアーン・ベーフェルランドは――私生活と仕事の両面において――女性の性的解放のためにその身を捧げた。

この性的啓蒙は、啓蒙主義全体の辿った道を反映している。一六〇〇年代後半には僅かな数であった本が徐々に増え、やがては堂々たる文学ジャンルに成長したのだ。中でもマルキ・ド・サドの作品――そこにおいては、性はラディカルな個人的自由主義の観念を追求するための道具の一つである――は究極の表現である。事実、ド・サドは高度啓蒙思想において、ジェファソンやルソーと肩を並べる人物である。まさに彼こそは性の世界におけるトマス・ジェファソンなのだ。新哲学との繋がりも、そのままそこに描かれている。ポスト＝デカルト主義の数十年の間に登場した性文学の多くはあからさまに哲学的な装いを持っている。女性の自慰や隠遁の尼僧の性交の場面に、なぜかデカルトやスピノザ、オウィディウス、ペトロニウス等の引用が為されるのだ。

この性的革命は確かに凄まじい変革力を秘めていた。だがそれはこの新哲学が宗教権力や個人の信仰に与えたインパクトに比べれば、まだまだ小粒と言わざるを得ない。デカルト以前には、人生と世界に関する基本概念を論じる言語は宗教だった。哲学論争とは、イコール宗教論争だったのだ。カトリック対ルター派、ルター派対カルヴァン派、カトリック対プロテスタント諸派、もしくは特定の宗派内部の教義論争。ところがパリにデカルトの骨が再埋葬された頃から、この力点が変ってきた。理性を神学の領域の外側に適用するという思想——「自由思想」——に火がつき、大陸中に燃え広がったのだ。その速度と力は聖職者を当惑させた。ラディカルな哲学者にとっては、天秤の片方にあるのがキリスト教なら、もう一方にあるのは無宗教の思想だったのだ。イングランドの哲学者アンソニー・コリンズは、ベストセラーとなった（だが匿名で出版された）一七一三年の論文『自由思想論』で、この新たな思想の凱歌を上げている。「私の言う自由思想とは、何であれあらゆる問題の意味を探ろうとする試みにおいて、それを支持もしくは否定する証拠の性質の考察において、そしてその証拠の見かけ上の強弱による判断において、思慮分別を用いるということを意味している」。そして次のような大口を叩く、「もしも人間がこの定義そのままに自由に思考する権利を立証するならば、それは毎日自由にアラユル事柄ニ《デ・クオリベト・エンテ》ツイテ思考している私のみならず、これまでの、あるいは今後の全ての自由思想家のために弁明していることになるのだ」。

一七世紀と一八世紀、哲学者は大いに幅を利かせていた。新聞に執筆し、出版物を賑わし、論文を上梓し、議会や委員会で雄弁をふるい、教会権力と論争する。彼らこそがさまざまな形で世論を作っていたのだ。その結果、この新たな無宗教主義は一般人の間に侵入を始めた。それも最初のデカルト主義者の時代のすぐ後に。一七〇〇年代初頭、北海沿岸低地帯を旅した人々は、一般のオランダ人がもはや魔女や悪魔の存在を信じなくなっていることに気づいた。アンソニー・

コリンズによれば、「ユトレヒト同盟諸州においては、悪魔は完全に消滅した。この地においては自由思想が最も完成されている」。一八世紀の南フランスの書庫の調査に当たった現代フランスの学者ミシェル・ヴォヴェルによれば、ちょうどデカルト主義第一世代の頃、フランス人は教会に費やす金を控えるようになり、遺言状などの公式文書から宗教的な文言が消え始めたという。かつて遺言状と言えば死後の魂の安息を聖母マリアや地元の守護聖人に祈る文句がびっしり書かれていたのに、一七五〇年になると、実に遺言状の八〇パーセントには宗教的言辞が全く登場しなくなった。無論、ヨーロッパは依然としてキリスト教地帯であったが、今や無宗教主義が社会の一大勢力となっていた。ギスベルト・ヴォエティウス——ユトレヒトで執拗にデカルトを批難し、彼の哲学は無神論と恣意的な個人主義に至る道だと言った——は正しかった。

一七〇〇年代初頭、ヨーロッパのあらゆる国の著述家たちは、魔術的思考——護符によって悪魔を、あるいは悪魔王サタンですら退けることができるという信仰——をナンセンスであると断じた。中には、禁断の領域である無神論へと転ずる者もあった。とは言うものの、神の存在否定はヨーロッパのどの国でも非合法であったから、実際に無神論を奉ずる者はほとんどいなかったが。これに対して擡頭してきたのは理神論——宗教の教義ではなく理性に基づく信仰——すなわち「物質主義的汎神論」である。それによれば、神と世界、言い換えればこの宇宙にある全ての物理的な力は一つである。ラディカティはこのような見解を一七三二年に記している。「ここで言う宇宙とは、莫大な物質を包含する無限の空間である……この物質とは、運動によって無限の形態を採るものであり、これが、私の言う処の〈自然〉である。それが持つ性質、属性とは、力、叡智、完全性である。その全てを、〈自然〉は最も高度な形で備えている」。

力、叡智、そして完全性とは言うまでもなくかつては神に与えられていた属性だ。そして聖職者の側も、このような定義に弄ばれるばかりではなかった。彼らは常に自らの世界観と権威を包囲しようとする試みに対して目を光らせていたのだから。一七〇八年、とあるドイツの神学者は、「神を〈自然〉と呼ぶ」類の考え方を論破する手引きを作った。彼によればその種の思想は「最も体系的な無神論の哲学的形態」であるという。

ラディカルな啓蒙思想家のほとんど――コリンズ、ラディカティ、ファン・デン・エンデンら――には、穏健派の啓蒙思想家ほどのスター性はない。だがその全員が忘れ去られたというわけでもない。ジョナサン・イスラエルは、過激派の背後にいた中心勢力、その知的ゴッドファーザー（そして歴史上最も有力な哲学者の一人）こそ、バルーフ・スピノザであったと主張している。彼はデカルトの思想の多くを採用し、彼以上に容赦なくそれを適用した――特に宗教に対して。デカルト同様、彼もまた神の存在を「証明」した。だが同時に彼は、神が人間的属性を持ち得ないこと、奇蹟などによって人間界に干渉することはないということまで「証明」してしまったのである。スピノザは言う、聖書には多くの叡智が書かれているが、海が割れただの水がブドウ酒に変っただのという類の物語まで信ずるべきではない。彼は一般人が超自然的存在を信じていることを嘲弄し、霊は男か女かなどという議論に対して、次のように答える。「つまりはこれまでに裸の霊というものを目撃したとしても、その性器にまで目を向けた人間はいないということだろう」。

無宗教主義の過激派と穏健派、それに神学者の間の三つ巴の論争は考え得るあらゆる対象に及んでいた。だがその中心となったのは神の概念である。一六〇〇年代後半から一七〇〇年代初頭にかけての時代、人はいつ何時、無神論者として告発されてもおかしくはなかった。神を信じないことではなく、教会とは異なる形で神を定義することが、すなわち無神論だったのだから。聖典に載っていない神の概念は教会と国家にとって危険なものだったのだ。スピノザは無神論者ではない。むしろ神の存在は必然だと信じていた。彼は神とは無限の実体であると定義し、「無限の属性から成る実体は……必ず存在する」と論じた。彼の観点では神とは自然の同義語である。そしてこの場合の〈自然〉とは単に自然界のみならず、森羅万象を意味する。さらに彼は、神こそが宇宙に存在する唯一の実体であると定義することで、中世における「実体」の観念を覆す。つまりそれ以外のものは全て神の下位区分に過ぎないと喝破したのだ。

スピノザによれば、宗教的真実というものは確かに存在する。だが既存の宗教権力は主として自らの立場を守ることにしか関心がない。迷信やその力に関するスピノザの思考は、近代をすら超越しているように思えることがある。彼の『神学政治論』の文体を現代風に改めれば、それはまるで二一世紀の宗教批判書のベストセラーの一節のようだ。「人間の精神は、疑念を抱いた時には、あれこれと揺らぐものだ……何か驚くようなことがあると、人はそれを、神だの何だのという超越的存在の怒りを示す予兆だと信じ込んで、迷信を宗教だと思い込み、祈ったり生贄を捧げたりして災いを避けようとする、そうしないのは不敬だとか思い込む。このような予兆だの奇蹟だのを常に念頭に置いているから、〈自然〉そのものを自分の想像通りの神秘的なものだと信じ込んでしまうのである」。スピノザは言う、宗教権力はこのような不安感を食い物にしている。次の一節には、今日においても多くの人が頷かざるを得ないだろう。「かくして、莫大な労力が……宗教に対して費やされてきた。それが真実であるか偽りであるかは措くとしても、ともかく宗教は想像を絶するほどの壮麗な伽藍を築き上げ、荘重な儀式を執り行い、常に人々の熱心な信仰がそれを支えて来たのだ」。

スピノザの汎神論は、当時もその後も、キリスト教徒やユダヤ教徒の罵倒を受けた（彼は二十三歳の時、アムステルダムのユダヤ人コミュニティから追放された）。が、それは今の時代にはとりわけなじみやすい。よく知られている話だが、アインシュタインが信仰について問い質された時、彼はスピノザを引き合いに出して答えた。「私はスピノザの神を信じています。存在の秩序ある調和の中に自らを顕す神です。人間の運命だの行動だのに関心を寄せる神ではありません」。

純然たる無神論――宇宙やその創造に関与した神はいない、われわれは孤独であるという信仰――は言うまでもなく、一七世紀と一八世紀のヨーロッパで起った転換の大きな結果だ。だが、啓蒙思想はすなわち反宗教だと思い込むのは早計だろう。その主流派たる思想家たち、それに多くの過激派たちは、反教会ではあったとしても、反宗教ではなかったのだ。彼らにとって宗教の問題点とは、宗教のせいで個人が世界とその中での自分の立ち位置について自分の頭で考え、生まれ持った理性によって理解することが妨げられるということなのだ。この批判はカトリックのみならず、プロテスタントの神学にも当てはまる。確かにプロテスタントは個人のための運動だった。その理念は、それぞれのキリスト者自らが教会の仲立ちに拠らず、個々に神との関係を打ち立てねばならないというところにある。ルターは、カトリック教会が人々を聖職者の奴隷にしていると罵倒した。だが一方で彼は、『奴隷化された意志について』では、人間は聖書の神に対して自らの知性と意志を隷属させねばならないと論じている。フランス啓蒙思想の頭目マルキ・ド・コンドルセは、ルターのような宗教改革派について次のように述べている。「宗教改革派を突き動かしていた精神は、真の思想の自由をもたらしたわけではない。各宗教は、それが支配する国において、特定の選択肢しか許さないのだ」。プロテスタントの教会もまたヴァティカンと同様、〈神＝自然〉という議論を受け付けなかった。

啓蒙思想家は、人々が全く自由に自らの精神を用い、何に対しても理性の光を当てることを望んだ。信仰に対しても、である。生の基盤にある実体——宇宙、神、自然——を、明晰な目で、既存宗教の色眼鏡を通さずに査定し評価するということだ。実際、啓蒙思想の主眼とは神を矮小化することではなかったのである。むしろ全く逆に、それは神を拡張し、世界の範囲を、最近登場した新たな学問の全てを包含できるまでに広げようという主張なのだ。この観点から見れば、敵は二つである。一つは権威——すなわち、何々をこれこれのように信じろと命令する権力や組織。そしてもう一つは、曖昧な思考である。

　これら全ては直接的にデカルトに帰着する。彼が哲学に転じたのは、学究生活の果てに、「多くの疑いと誤りに悩まされている自分に気がつき、勉学に努めながらもますます自分の無知を知らされたという以外、何も得ることがなかった」と気づいたからだ。「明晰かつ的確な観念」こそが——デカルトの、そして次の世紀の思想家たちの——目的であった。ゆえにスピノザは迷信を一蹴したのだ。一七四〇年代、かの有名な百科全書派の黒幕でありフランス革命の精神の父でもあるドニ・ディドロは、この明晰さへの情熱を金言として表している。「迷信は無神論よりも有害である」。

通常、実際にある時代を生きた人が、その時代の名称を使うということはない。西暦一三〇〇年頃の人が道で知り合いに会っても「いやー、今日は中世後期にしては良い陽気ですなあ」などと挨拶したりはしないのである。ところが、啓蒙思想は——その指導者たちは、どう見ても意図的に——例外だった。“Aufklärung,” “les lumiéres,” “ilustración,” “illuminismo,” “verlichting.” ヨーロッパ一円でさまざまな言語の違いはあれ、啓蒙思想家たちはいずれも自分たちが過去の世代とは異なる精神を持っていることを認識していた。そして彼らはいつでもどこでも、その観念を表すのに、旧弊の闇を照らす光というメタファーを用いた。その解りやすい実例が、小柄で内向的なドイツの哲学者イマヌエル・カントだ。彼の大目標の一つは、宗教の「先験的な」基盤の策定——教会や聖典ではなく、人間の精神と世界、そして両者の関係性の中に信仰の基盤を置くということである。カントは引きこもりの小鼠のような男で、プロイセンの故郷の街から百マイル以上離れたことはない。またその著作はあらゆる哲学者と同様、晦渋さを極めている。だが彼は時折テンションを上げ、巧みな宣伝家に変貌するのだ。彼や当時の哲学者たちが夢中になっている力とは何かと問われて、彼は宣言する。「啓蒙思想。それは、人が自ら招いた保護観察を脱却することである。この場合の保護観察というのは、他の人間の指導無しに自らの知力を使うことができない状態のことだ。……敢エテ賢明タレ《サペレ・アウデ》！　自らの知力を使いこなす勇気を持て。これこそが啓蒙思想の座右銘である」。

この「座右銘」は、一八世紀に起った二つのドラマティックな出来事の中で、全く異なる形で実行に移された。一七七〇年代、発明と科学の熱狂に、象徴的な小康状態が訪れた。あたかも人々が、全く新たな近代の誕生を見守っているかのように。海の彼方では、北アメリカのかつての英国植民地の住人たちが、自らの母国を捨てることを決意していた。そして彼らは、ジョン・ロックらの理論の中で一世紀以上に亘って抱卵されてきた代議政治の実地試験を試みた。アメリカ人は、このアメリカ独立こそ一世紀に亘ってヨーロッパが築き上げてきた知的発酵の総仕上げだったと見なす傾向がある。アメリカの偉大な学者ヘンリー・スティール・コマジャーは一九七七年に述べている。「旧世界は啓蒙思想を空想し、発明し、定式化した。新世界――しかもその内のアングロ＝アメリカの部分――はそれを実現し、成就したのである」。だがヨーロッパ人の見方は異なる。彼らにとっては、アメリカ独立など余興に過ぎない。むしろフランス革命こそが、その殺戮と栄光と悲劇、教会と国家の壮大な転覆の全てをひっくるめて、啓蒙思想の、そしてデカルトの〈コギト〉に始まる長い変革プロセスの、究極の実現なのだ。

無論、この二つの革命はいずれも、それ以前の一世紀に及ぶ変革と繋がっている。アメリカの指導者たち――ジェファソン、マディソン、アダムズら――は、ヨーロッパ人と同じ思想的潮流を泳いでいた。彼らが信奉していたロックの政治哲学によれば、社会は統治者と被統治者の間の「社会的契約」によって成立しているのであり、権力が濫用された時には人民は叛乱する権利がある。ジェファソンは、自分の政治哲学はニュートン、ベーコン、ロックに由来している、と述べている。特に彼が重視するのは、科学的な設問と観察を政治の領域に持ち込むことだ——何なら、政治に〈コギト〉が居座ったと言っても良い。だが、アメリカの叛乱にはもう一つの側面があった。ヘンリー・メイの一九七六年の研究『アメリカにおける啓蒙思想』によれば、アメリカにおいて宗教は極めて重要な位置を占めている。ゆえにアメリカにおいてはこの問題は「宗教と啓蒙思想」ではなく「宗教としての啓蒙思想」であったという。一七三〇―一七四〇年代に、一つの福音主義的熱狂がアメリカ植民地を掴んだ。いわゆる〈第一次大覚醒〉で、これがその後に続く政治的ドラマの精神的な鋳型となった。同時に、アメリカのエリートの多くは理神論者であり、彼らは基本的にニュートンの科学を信仰の対象にしてしまった人々である。ジェファソンによる独立宣言の一節、「自然の法則と自然の神」の部分はまさしく理神論の宣言である。バンカーヒルでもヨークタウンでも、一つの教会も焼き討ちされることはなかった。こうして見ると、アメリカ独立革命とは啓蒙思想穏健派の完璧な具現化であったことが解る。彼らは秩序と調和、そして信仰と理性のバランスを説いていたのだ。

だがもう一つの啓蒙思想、すなわち過激派は、彼ら独自の、全く異質な政治的表現を行なう。一七八九年、パリ市民が国王から憲法を勝ち取ることを目指して通りへ繰り出した時、ヨーロッパ中の科学者や発明家、思想家や出版人は、またしても息を呑んでこれを注視していた。なぜならここで行なわれていたのは、アメリカのような新興国ではなく、長い歴史を持つヨーロッパの一流国にまで彼らの啓蒙主義的な政治理念を拡張しようという試みだったのだから。アメリカでの出来事とは全く異なり、フランス革命の目的は旧き権力とその代表者、すなわち君主のみならず、カトリック教会を完膚無きまでに、組織的に破壊することだった。ごく少数の知識人の心の中に生じたこと——人々を籠に閉じ込め、その生を、精神を、そして財布を支配する国王や教会に対する嫌悪——が社会のあらゆる階層に拡散した。かくして、互いがその臭い息を吐きかけ合うほど直接的な、前代未聞の衝突が生じたのだった。

もしも近代というものが——思想、信仰、社会、全てにおいて——既存の構造を破壊し尽すことを要求するものであるなら、一七八〇－九〇年代のフランスで起ったことは、恐るべき必然だったのだろう。そして同時にそれは、また別のものを指し示してもいる。それは理性を梃子としてその世界観を変えた時点でのデカルトには理解し得なかったもの、だがそれ以後の世紀においては陰鬱なまでにありふれてしまうものだ。統合の原理としてであろうと標語としてであろうと、理性は必ずしも平和と秩序をもたらすわけではない。それは同時に、あり得ないほど大規模な、非人間的な暴力をも生み出すのだ。

この世界史的な教訓の只中で、デカルトの骨は再び生者の領域へと舞い戻る。

その男の顔は、まさしく天使のようだった。「天使のよう」という形容は純粋さの意味にもなるが、同時にまた、この世のものならぬ、幽霊のような不気味さをも暗示する。そして確かに彼は、それら全ての性質を一身に兼ね備えていた。アレクサンドル・ルノワール。情熱的にして快活、繊細にして凝り性な変人。一七六一年、つまりデカルトの遺骨がフランスの首都に埋められてほぼ一世紀ほど後に、彼はパリに生まれた。三十五歳の時の肖像画を見ても、不気味なことに十代にしか見えない。肌は雪花石膏のように輝き、唇は藤色で女のよう、そして何やら気持ちの悪い微笑を浮かべている。思わず引き込まれるような両目は円く、そして魔界への入口のように黒い。頭には気取った縁広の黒い帽子。首には金色のスカーフ。

芸術愛好家。自らも絵を習い、女流画家を娶った。そしてどうやら産まれた時から、死に、死の図像に、彫像に、そして人間の遺体に魅了されていたらしい。彼が大人になったのは、その手の趣味を満たすには打って付けの時代だった。フランス革命は、彼の奇妙な人生に背景を与えた。一七六三年、ルノワールがまだ赤ん坊だった頃、国王ルイ一五世は一連の新たな税金を導入した。以前なら、このような動きはせいぜい声高な不満を引き起こす程度であったが、ここ十年あまりの間に、既にディドロの全三十二巻に及ぶ百科全書の半分が世に出ていた。ディドロらは、ヨーロッパで爆発的に増えている新たな知識の全てをその中に盛り込もうとしていた。この書の立場は決して客観的なものではない。例えば、合理的に考えるなら政府は国民の合意を得ることが道義的に不可避であるなどと説いている。年月と巻数、それにその基盤たる論理を積み重ねる内に、その精神はこの国の人々の中に浸透していった。高等法院は増税反対で一致した。高等法院（それは立法機関というよりも、むしろ各地方の司法機関であった）の中には、国王の任命を受けた総督までをも逮捕したところまであった。王政府の建物に、国王の首を取れという落書きが見られた。事態がエスカレートするにつれ、高等法院は歴史上初めて、彼らは民意の代表者であり、国民の同意なしに増税は認められないと宣言した。これを聞いた国王は突如、それまでの礼儀正しさをかなぐり捨てた。自ら馬に跨がり、ヴェルサイユ宮殿から一路パリを目指したのだ（ポン・ヌフで宗教行列に出くわした時は、馬を降り、それが行き過ぎるまで泥の中に跪いていた）。そしてそのまま裁判所《パレ・ド・ジュスティス》に乗り込み、フランス史で「鞭打ち会議《セアンス・ド・ラ・フラジェラション》」と呼ばれる行為に及んだ。これは政府が反国家元首の下に一丸となるという考えに掣肘を食らわせるもので、王権を極限まで強めようとするものだった。「朕の内にこそ、全ての統治力は存する……朕のゆえにこそ、我が宮廷は存立し、権威を持つ……朕のみが立法権を持つ……朕の権威によってのみ、我が廷臣どもは動くのだ」。

ここから始まった闘争により、ヨーロッパで最も専制的であった君主国家が崩壊に至るのである。一七七〇年、王は高等法院を解散させたが、ある意味ではそのダメージは既に受けていた。小冊子発行者たちは、理は高等法院にありと大宣伝しており、その見解は人々の間に広まり続けた。一七八八年、再開されたパリ高等法院は、新たな王（ルイ一六世）に対して、独裁王制に対する反対の立場を表明した。今や高等法院は、「人権」だの「合理的に立証」などというフレーズを使い始めていた。翌年、第三階級の代表者たちは（これは中世にまで遡るもので、当時の社会は第一階級たる聖職者、第二階級たる貴族、そして第三階級の平民に分れていた）さらに過激な言葉を使った。自分たちは階級ではなく――権力に対する三番目の諮問機関ではなく――「国民」なのだと。そして実際、彼らは国民議会を結成した。国王は彼らを集会所から閉め出した。そこで彼らは近隣のテニスコートに集結し、国王に憲法を認めさせるまで団結すると誓った。兵士たちがパリに進行した。たった一撃で国民議会は「封建制を崩壊」させ、人権宣言が出された。

アレクサンドル・ルノワールは、フランス革命へと続く狂乱の中で大人になった。この宿無し画家もまたその狂乱に加わっていた。だが彼の興味は、間もなく革命家たちの目的とは全く違うものとになる。彼を教育したのは、例えば画家ガブリエル・フランソワ・ドワイヤン。イタリア・ルネサンス様式の華美で巨大な宗教画で名を上げた。また、博識家のシャルル＝フランソワ・デュピュイもいる。電信の発明者の一人であると共に、『全ての宗教崇拝の起源』を書いて大当たりした。同書によれば、キリスト教とは単に古代の太陽崇拝のカルトをアップデートしたたものに過ぎないのだという。ドワイヤンとデュピュイ、それにフリーメイソンリー（この結社自体、自由思想家の精神から生まれたもので、自然神学を儀式化したものだ）の影響を浴びるように受け、また彼自身のエキゾティックな秘儀に浸っていたルノワールは、知識のごった煮的な、自分だけの信仰体系を創り上げた。その中心にあったのは理性と歴史、宗教美術、そして建築である。

恐るべきことに、革命がエスカレートするに連れ、彼の仲間である革命主義の群衆は旧体制の構造を徹底的に破壊せよという指導者たちの言葉を文字通りの意味で受け取り始めた。群衆は教会や宮殿を襲撃した。館は略奪され、絵や彫刻は破壊された。修道院の回廊は馬小屋となった。この国の最も古い宗教建築――クリュニー修道院、フランス王室の墓所であるサン＝ドニ教会――が、一つまた一つと略奪されていった。かつて貴重な遺骨とされていたもの、かつて崇敬を集めていた国王たちの骨までが引きずり出されて街を練り歩いた。一部防腐処置が施されていたルイ一四世その人の遺体もまた掘り出され、ナイフで滅多切りにされて大喝采を受けた。狂気、だが秩序ある狂気だ。成長段階にあった革命のイデオロギーは、自由、平等、友愛を強調した。一七世紀の「新哲学」に深く根差す思想である。このイデオロギーは過去のシンボルの全てを拒絶する。理性より「神秘主義」を上位に置くもの、「有用さを備えぬもの」、そして「正しき倫理に反するもの」の全てを。革命政府は群衆を煽動したのみならず、自ら「非キリスト教化」計画を実施し、その結果、事実上フランスの全ての街の宗教建築を破壊、もしくは非宗教化することとなった。それこそ村の教会から、ノートル＝ダム・ド・パリに至るまで。そのファサードを飾っていた聖書の登場人物の彫刻は、その顔を剝ぎ取られた。

とは言うものの、革命期の指導者たちの全員が狂っていたわけではない。イデオロギーによる蛮行《ヴァンダリスム》がエスカレートすると、革命委員会の中にも頭を悩ませる人物が現れた。事実、国家教育委員会から国民公会への報告書の中で、この国家的損失を表すために vandalisme という単語が作られたのである。この語は、ローマを略奪破壊したことで悪名高い五世紀のゲルマン族の一派に由来している。

画家ドワイヤンは、たまたまこのような委員会に属していた。鬱々としていた弟子ルノワールは、一つの提案をした。もしも革命政府が、旧秩序を全て破壊せよという指令を取り消さないなら、ある程度の人員を選んで、革命の瓦礫の中から歴史的価値があると思われる美術作品を探し出すという仕事をさせればどうでしょう？　国王や教会に対する隷属を示すシンボルを破壊するのは結構ですが、国民の記憶が抹消されるのは良くない。バランスが必要でしょう。

ドワイヤンはこの案をパリ市長の処へ持って行き、市長は革命政府に提出した。たぶん彼自身も驚いただろうが、革命が引き起こした芸術作品と建築物の混乱に秩序をもたらすという仕事に推挙されたのは他ならぬルノワールだった。彼は幅広い権限と二人の助手、そして俸給を与えられた。彼が救い出した作品を保存するための場所が選ばれた。政府に接収されたカトリックの不動産の一つ、セーヌ河畔の元プティ＝ゾーギュスタン修道院である。

ルノワールは宗教的もしくは革命的な情熱を以て（どちらであるかは御想像にお任せする）仕事に取りかかった。修道院、教会、城が襲撃されたという報せが入ると、戦の傷跡に慄え上がるパリの街中を、助手と共に駆けつける。現場に着くと、国家教育委員会や国家資産移転委員会の礼状を見せつけ、革命政府の名において、特定の物品を傷付けてはならないと命ずる。群衆はたじろいで後退する。ルノワールと助手は、獲物を馬車に積み込み、河畔の貯蔵庫に運び込む。例えばある週の仕事は斯くの如し——

水曜日——ベリュルの墓より、天使像。ルヴァアの墓所。
木曜日——カプチン修道会の祈祷室より、大理石像。
金曜日——キュベレ像とメレアグロス像。
日曜日——サントノレ教会祈禱室より、ベリュル枢機卿像。ソルボンヌより、リシュリウ枢機卿像。

時には革命主義者たちがルノワールの公式許可証に従わないこともあった。この最後に挙げられた任務の際、彼はリシュリウ枢機卿の墓を破壊している兵士と戦い、その際に負傷している。

ルイ一二世の墓の前で槍と斧を持ったサンキュロットを相手にする彼を描いた版画も残されている。

革命の際に政府に接収された宗教施設は何百にも上り、中には興味深い逸話のあるものもある。サント゠ジュヌヴィエーヴ教会はパリの守護聖人に献堂され、パリで最も高い処――そしてそこはなぜかルネ・デカルトの眠る場所でもある――に建っているが、この教会は一七四四年以来、酷い状態で放置されていた。時の国王ルイ一五世が、新しい教会を建てるという約束をしたからである。彼の下にいた建築家ジャック゠ジェルマン・スフロは古代ギリシアやゴシックのデザインが好きで、この新しい教会をギリシア神殿のようにしようと構想した。前廊に堂々たる柱、聳え立つ中央ドーム、それに中世風の要素も少々。旧教会から広場一つを隔てたところに、数十年を掛けて造られた。革命が勃発した時、それはほとんど完成寸前だった――そして革命政府は、これを封建主義と神秘主義の殿堂として非難した。この二つの主義とは、つまりは悪の同義語である。

この建物は革命政府によって接収された。たぶんその質素で古典的な構造が革命の芸術的理想にぴったりだったのだろう。それは非キリスト教化され、石に刻まれた啓蒙主義「過激派」の最も純粋な表現とされるようになった――これがパンテオンである。パンテオンは、通常の意味における神ではなく、フランスの偉人たち――当時の芝居がかった言葉を使うなら、「令名高き人々」を祀っている。教会と同様に沈思黙考のための場だが、ここで黙考するのはあくまでも非宗教的な事柄である。教会と同様にそこには人間の遺骨が祀られている——だが、肉体と永遠なる魂の繋がりを示すためではなく、その遺骨と生前の偉業との繋がりを寿ぐためである。偉業とは、人類の自由と平等への歩みに貢献することだ。これは無宗教の寺院であり、宗教と「迷信」を剝ぎ取った、人類の理性と進歩のための神殿なのだ。

設計をやり直し、崇拝の源を信仰から理性へと交替させることで、パンテオンは実にユニークなモニュメントとなった。今日そこを訪れると、彼らのモティヴェーションのみならず、その無邪気さ《ナイヴテ》と空虚さに感慨を抱かざるを得ない。そこに入った瞬間から、圧倒的な違和感がある。その馬鹿でかさは「令名高き偉人たち」への献堂という観念そのものと同様、思わず笑いを誘う。何やら質の悪い冗談のようだ。神話やフランス史の出来事が壁画に描かれているが、その間には何も無い。延々と続く空虚な空間に、大理石の砂漠の木々のように立ち並ぶ柱。階下に降りると地下納骨所があり、偉大なる男たち（そして近年では、少数の女たち）の墓が、まるで映画のセットか何かのようなドラマティックなレリーフと共に照らし出されている。たぶん何より奇妙なのは、装飾の類が一切無いこと、死者に捧げられた聖域であるにも関わらず、死にもの狂いで宗教的モティーフを排除していることだろう。このような場所では、ただ理性だけでは中身の無い器にしかならないことを思い知らされる。

この建物の非宗教化、科学や秩序との関係は多方面に亘っている。ドームの上にあった十字架は球体に取り替えられた（その後、彫像に代えられ、最終的に再び十字架となった）。このドームの頂上はパリで最も高い場所で、革命が猛威を揮っていた頃、偉大なフランス人天文学者ジャン＝バティスト＝ジョゼフ・ドランブルは、この場所で観測を行なった。地球の円周を計算し、それに基づいて新しい科学的な計測単位——メートル法——を創り、旧い封建的な度量衡を一掃するためだ。近代の象徴としてのこの建物の魅力は一九世紀に入っても衰えない。物理学者レオン・フーコーはこのドームの頂上から振り子を吊し、地球の自転を証明した。この公開実験を見に来た何千もの人々はまさにこの場で科学なるものに直に触れることができたのだ。

パンテオンは近代なるものに対するアプローチの全てを象徴している。非キリスト教化は、フランス革命の近代化プログラムの柱の一つとなり、それは人生のあらゆる場面に及ぶこととなった。旧い暦——カトリックの祝日に合せて作られていた——は宗教に汚染されているという理由で廃棄され、科学的な自然観測の結果——太陽、月、季節、地球の自転と公転——に基づく新たな暦が作られた。通りや街の名前からも宗教的なものが消えた。サン＝ジャック、サン＝ルイ、サン＝フランソワは消滅し、国内外の共和制のヒーローたち——ダントンやミラボーのみならず、カトーやブルートゥス、そしてベンジャミン・フランクリンまでが——看板や地図の上に出現した。革命政府は徹底的なまでに宗教を迷信と同一視した。革命が最も過激な段階を迎える頃、ノートル＝ダム大聖堂で一つの儀式が執り行なわれた。その中で宗教は断罪され、無神論が讃美され、「理性崇拝」が宣言され、[*1] 自由の女神を演ずる女優が理性の火の前に跪いた。

フランスとアメリカのそれぞれの革命の違いを理解するには、アメリカの〈建国の父たち《ファウンディング・ファーザーズ》〉が人々を先導してフィラデルフィアの教会から宗教色を剝ぎ取り、これを理性の神殿に作り替えるところを想像して見ればよい。いかにも馬鹿げたイメージだ。そう思える事実こそ、過去の、そしておそらくは今日の現実を立証している。西側世界が直面している諸問題の少なくとも一部、例えばイスラム武闘派との戦いなどは、近代の西側世界が分裂した人格を持っているという事実と無関係ではないのである。西側世界は今、理性と信仰の関係性を巡って混乱し分裂している。両者は関係性を持つことができるのか、それともどちらかが他方に取って代わるのか。極度に単純化して言うなら、今なお宗教が公私両面において強い力を揮っている合衆国では、穏健派啓蒙思想——穏健な近代性——の伝統が維持されている。一方、キリスト教組織の多くを捨て去った西欧では、過激な道を行こうとする傾向がある。この分裂は、一七八九年の出来事と一七七六年の出来事の違いに——そして言うまでもなく、最終的にはデカルトに、遡るのだ。

新しいサント＝ジュヌヴィエーヴ教会が過激に非宗教化されていた時、旧教会は廃墟となりつつも、一応まだ建ってはいた。そこには何十もの墓、碑、聖人像が残されていた。ゆえに一七九二年、革命家たちはこの旧教会に目を着けた。政府がそこでの礼拝を禁ずると、修道院長は「記念物貯蔵庫《デポ・デ・モニュマン》」の管理人——つまりルノワール——に、建物の取り壊しの前に運び出せるものは運び出してくれと依頼した。

言うまでもなく、ここにはデカルトの骨が眠っている。その死から百四十二年を経て、デカルトは今や、フランスの伝説的な文化遺産となっていた。彼は間違いなく「偉人」であり、革命家たち——の一部——は彼を祭り上げることを望んでいた。革命政府内部には常に論争があった。新教会をパンテオンに改宗することの意味とは？　それにそもそも、今回の革命自体の意味とは？　この建物は偉人に献堂する神殿としよう。だが、偉人とは誰なのか？　パンテオンに埋葬される栄誉に与れるか否かをどのように決めるのか？　ルノワールが旧サント＝ジュヌヴィエーヴ教会の遺品の救助を依頼される前年、デカルトの骨は既にこの論争の議題の一部となっていた。論争は革命の騒乱と怒号の最中に延々と繰り広げられ、時には単なる罵詈讒謗の泥仕合となった。パンテオンの「偉人」として選ばれた——そして除外された——最初の数人の歴史を見れば、理性が純粋に客観的な力となり得るという観念自体に元々欠陥があったことが解ろうというものだ。

きっかけは、革命の英雄の一人、オノレ・ミラボーの死だった。一七九一年四月二日。そこで新教会を非宗教的な追悼施設にしようという案が出た。つまり最初は、国民議会内部の各派閥が一致してミラボーのパンテオン入りを支持していたらしい。そして彼はこの広大な建物の奥深くに、威風堂々と埋葬された。だがその直後、彼が宮廷と内通して王制の（そして王自身の）延命を図っていたという事実が明らかとなった。ミラボーは革命の理想を裏切った、従ってその遺体を暴いてパンテオンから追放せねばならぬ、とロベスピエールは説いた。こうしてミラボーはひっそりと、気まずい様子で通用口から運び出された。

議論は依然として続いていたが、指導者たちはヴォルテールの遺骨をパンテオンに移すという方針を固めた。これはみんなが気に入る選択で、罵声が飛び交うことなく決められた数少ない議題のひとつだった。ヴォルテールも、時に無神論者と非難されたことがある。バスティーユにも投獄されている。そして今や彼は啓蒙思想の（非宗教的な）守護聖人と見なされている。十三年前に死んだ時、彼はひっそりと埋葬されたが、これをパンテオンに埋め直す行列は、革命期の一大イベントとなった。十万人からの人間が通りに繰り出し、パレードを見物した。十二頭の白馬が牽くフルオーケストラ、全九十四巻に及ぶヴォルテールの著書の全てを納めた金箱、バスティーユ攻撃に参加した誇り高き一般市民《スィトワイヤン》の集団、旗で包まれた三段重ねの石棺、その中に眠る当人。

だが、ジャン＝ポール・マラー――〈恐怖時代〉の背後にいた勢力の一人で、今日ではジャック＝ルイ・ダヴィドの絵でお馴染みである。その絵の中で彼はナイフで刺された後、浴槽の中で劇的なポーズで死んでいる――は、ミラボーと同様の運命を辿った。新たな共和国の非宗教的な聖人の一人に選ばれた一年後、彼に対する評価が一変し、その遺骨はパンテオンから掘り返されたのだ。

一七九一年四月十二日、ミラボーの死をきっかけにパンテオンについての論議が開始されて僅か十日後、国民議会はデカルトの件を持ち出した。最初の請願書を提出したのはデカルトの兄ピエールの子孫だが、これを取り上げたのはコンドルセである。革命指導者の一人にして、ヴォルテールと並んで、啓蒙思想の真髄を著作に書き記した男。中央議事堂の階段状ベンチに居並ぶ数百人の男たちは一人残らず彼の広範なエネルギーを知っていた。コンドルセはもう四年にも亘って、政治、経済、教育に科学的視点を導入し、理性の原理によって社会の全てを作り替えるという仕事に従事していた。また数学者としては多数決原理の投票における数学的矛盾、いわゆる「コンドルセの逆理」を発見した。また政治家としては、女性やマイノリティにも全ての権利を与えよと説く完全平等主義を異例なほど早くから提唱していた。

コンドルセは、この時代が体験している激変の源を見抜いていた。彼は言う、一世紀前のヨーロッパは「恥ずべき微睡《まどろ》みの中にあり、迷信に浸りきっていました」。そんな時、デカルトが現れて「哲学を理性の許に取り戻しました」、なぜなら「彼は、哲学とはすべからく人間の精神の働きを観察することによって発見しうるこれらの基本的かつ明白なる真実より演繹すべきであるということを理解していたからです」。そしてコンドルセは、このフランス人こそがむしろヴォルテール以上に、今の彼らが参加している驚くべき出来事の基盤なのであると諄々と説く。「デカルトは迷信によってフランスを追われ、異国の地に客死しました」と彼は芝居じみた調子で始める。「友人や弟子たちは、少なくとも彼が故国の土に眠れるよう望みました。その遺体は彼らの骨折りによって持ち帰られ、サント＝ジュヌヴィエーヴの旧教会に納められました……彼らは公開埋葬を準備していましたが、迷信が哲学者を誉め称えることを禁じたのです。単なる偉人に過ぎない個人に、栄誉が授けられることは許されなかったのです……ですが、かくも長き待機は報われることでしょう。人間の魂を束縛している横木を破壊することによって、彼は政治的抑圧を永遠に破壊しました。それゆえに彼は自由なる国家の名の下に栄誉を授けられる権利があるのです」。

コンドルセの主張には説得力があった。議会は立法委員会に嘆願書を送ることを諒承した。だが現実の出来事は政治家たちの先を行っていた。委員会がデカルトの遺骨を旧サント＝ジュヌヴィエーヴ教会から広場一つ隔てた新サント＝ジュヌヴィエーヴ教会（すなわちパンテオン）へ移送することを検討している時、ルノワールの許に旧教会の修道院長からの報せが届いたのである。今まさにこの教会が略奪を受けている、何とかここにある貴重な物品を守ってくれと。フランス革命の中でも最も混沌とした数ヶ月の真っ只中である。革命が国境を越えて広めた恐怖（そして期待）は、一七九二年四月、オーストリアとの間に戦争を引き起こした。八月には過激派がパリ・コミューンを制圧、国王の権力を永久かつ完全に廃止して、真の共和政体のさきがけとなった。九月には非キリスト教化は頂点に達し、カトリックの司祭は革命に対する反動であると確信した群衆がパリの監獄を襲い（この数ヶ月の間に、依然としてミサを行なっていた司祭たちが集められていた）、二百三十人の司祭と千人以上の囚人を殺した。この同じ月、君主制は崩壊した。翌年一月、当時三十九歳だったルイ一六世――読書好きで、真摯で、国王らしく鷹揚で、そして自分の立場が全く解っていなかった男――はその胴体から頭部を切り離され、革命は真の意味で成就した。

ルノワールはこの騒乱の間、ひたすらさまざまな物品を集め、几帳面に記録していた。

サン＝テティエンヌ＝デュ＝モンより、ブレーズ・パスカルの大理石の碑文……

ノートル＝ダム教会より、二つの跪拝像、作者はクストゥ及びコワズヴォ、ルイ一三世及び一四世を表す……

サン＝ショモンより、ラ・サント＝ヴィエルジュの石膏像、及びサン＝ジョゼフの石膏像、及び墓の中のイエスを表す浅浮彫、これも石膏、作者デュレサン＝ブノワより、著名な解剖学者ウィンズロウの大理石碑。

彼はまた、この当時は個人的にも「楽ではない」時期だったと述べている——つまり不本意な何かがあったということだ——それが何なのかは解らない。それはともかく、助手たちと共に何度か旧サント＝ジュヌヴィエーヴ教会に通う内に、彼は膨大な数の物品を教会から持出し、セーヌ河畔の安全な貯蔵庫に収め、詳細な記録を取った。

四人の女性像、木像、ジェルマン・ピロン作……

横臥像、石像、クローヴィス一世……

ヴェローナより、二本の柱、さらにフラマン大理石による二本……

花崗岩の小柱二本……

カルディナル・ド・ラ・ロシュフーコーの白大理石跪拝像、一人の天使がコートの裾を持っている……

下の礼拝堂より、二本の古い黒柱……黒大理石のテーブル。ジェルマン・ピロンによる二つのテラコッタで支えられている。テラコッタはそれぞれ「キリスト埋葬図」と「復活図」

……やはり下の礼拝堂より、二本の小柱。

ルノワールはサント＝ジュヌヴィエーヴ教会の床下の全ての柩の配置を詳細に記録し、また多くの柩を入念にスケッチしている。中には腐りかけの遺体まで描かれた不気味な図もある。

さらに一七九三年元旦、彼はとある事故のことを記録している。彼は部下であるブーコーという大工に、「装飾豊かな」大理石の石櫃を回収する仕事を与えていた。ブーコーはそれを橇《そり》のようなものに乗せ、八頭の馬に繋いだ。だが馬がこれを牽くと橇が壊れ、櫃は粉々になってしまった。ルノワールはその破片をどう始末したかまで詳しく書き記している。銅鍍金の基底部と柱頭部を、ボーヌ通りのオテル・ド・ネールに売却したのだ。

これほどまでにサント＝ジュヌヴィエーヴに傾注していたことを鑑みると、彼がデカルトの遺骨の回収の際の様子を全く記録に残していないのは奇妙な話ではある。だが彼は後になって、自分は確かにデカルトの墓を掘ったと主張している。デカルトの遺骨——骨とその断片——の容器を教会のある丘から下ろして川沿いの貯蔵庫に運んだのみならず、その中身には大層感銘を受けたというのである。コンドルセらの啓蒙思想家たちと同様、ルノワールは人類の進歩という概念を信じていた。世代を重ね世紀を経るごとに人類は向上し、幸福、自由、平等、高度な文明へと進歩していくと。今の世代、そして特にこのフランスにおける革命は、全ての西欧文明が目指してきた点なのだ。ルノワールにとって、デカルトは歴史を動かした人物の一人であるのみならず、また「哲学の父」であり「われわれに思考の方法を教えた最初の人」なのだ。

死と骨、そして墓に対するルノワールの情熱は深まる一方だった。墓や記念碑を保全する仕事と共に、彼は多くの人骨、特に歴史上の著名人のそれを発掘した。例えばモリエール、中世の有名なカップルであるエロイーズとアベラール、それにデカルトの弟子ジャック・ロオル。どうもこの種の仕事は、ルノワールにとっては趣味の一環だった形跡がある。ある同僚によれば、彼は開けたばかりの柩の匂いをくんくん嗅ぎ、恭しく手を突っ込んでいたという。アンリ四世王の遺体を発掘した時には、その保存状態の良さに欣喜雀躍し、「この喜ばしき遺体に触れるこの上なき歓び。陛下の顎髭、赤い口髭の何たる保存状態の良さ」と記している。その硬直した手に触れた時、彼は身の震えを止めることができなかった。「いや、私は本物の共和主義者だ」と自分で自分に言い聞かせながら。デカルトに関して言えば、彼は後に、その骨の一部――「非常に小さな骨板」――を取得し、これを材料にいくつかの指輪を作った。すなわち、ルノワールはデカルトの一部をアクセサリにしたのだ。曰く、これらの指輪は「哲学を愛好する友人たちに差し上げた」。

この話はデカルトの時代の人間にとっても、あるいは現代人にとっても悪趣味で不気味と思われるかも知れないが、これは何もルノワールに限った話ではないのである。人骨や毛髪を使って記念品や装飾品、小物などを作るのは当時はよく行なわれていたことで、カトリックの聖遺物崇拝の非宗教化と言える。パンテオンそれ自体に現れているように、近代主義者が宗教と社会の間に距離を置いたとしても、過去と繋がりたい、死と折り合いを付けたいという人間の欲求までをも消し去ってしまう必然性はないのだ。宗教建築は、それが非宗教の人間中心的な目的のために徴用されながらもなお、その崇高さを失わない。それと同様に、特定の人間の遺骨が死すべき人間と聖なるものとの架け橋となるという観念もまた人々に受け継がれ、新たな意味を与えられた。彼らはその聖性を剝ぎ取られ、世俗的な成功と進歩の象徴となった。啓蒙思想には啓蒙思想の聖遺物があったのだ。さらに、遺骨に対するフェティシズムは次の世代にも受け継がれた。あれこれの標本を求めて世界を放浪した一九世紀の探検家たちは、これを「珍奇の陳列棚」に並べ、家を飾り、客人の度肝を抜いた。そこにはしばしば著名人の遺骨が含まれていた。デカルトの頭蓋骨の一部と称されるものが、今もスウェーデンはルンドの歴史博物館《ヒストリカ・ムゼート》の収蔵品の中にある。それも元来はこのような陳列棚に収められていたものだ。

ルノワールが後に述べた処によると、彼が教会から掘り出した際、デカルトの遺骨は腐敗した木製の柩に入っていた。そこで彼はこれを、偉人の永遠の住処に相応しいものに移し替えた――古代エジプトの斑岩製の石棺で、サン＝ジェルマン＝ロクセロワ教会から回収したものだ。そしてこれを、どんどん増えて行く像や墓石と共に元修道院の庭に安置した――最終的には、フランス全土から、この国の歴史上のあらゆる時代の何千という石像が集まった。

一方、パンテオンへの埋葬について検討している政府委員会は報告書を提出しており、それは即座に革命政府全体が目にするところとなった。重大な仕事が目白押しとなっている革命政府にとって、そのような些事にいちいち長時間を掛けて議論している暇はなかった。この報告書を提出したのはマリ＝ジョゼフ・シェニエ。書くもの書くものサッパリ売れない劇作家だったが、革命讃美の味付けをした戯曲の一つがバスティーユ襲撃の直後に上演され、一夜にして時の人となり――そのまま革命政府入りしてしまったのである。兄のアンドレの方が革命詩人としては有名である。コンドルセの提案をあれこれ検討している内に、シェニエはデカルトこそ、理性と自由、進歩と平等の最初の唱道者である——すなわち、革命の父であるという考えに至った。シェニエは若くハンサムで、恐れを知らず、情熱的で、そして今のところ、彼と兄とはまさに革命の寵児である（翌年にはアンドレは断頭台の露と消えるのだが）。彼は委員会に代わって、次のような流暢な談話を発表した。

諸兄

公教育委員会は、私にとある物品を持ち来るよう命じられました。それはこの国の栄光に関わり、かつまた、ヨーロッパ諸国に対し、われわれが真に価値ある国家の、かつ真の人民法の源であるところの哲学を如何に重視しているかを示す新たな機会でもあります。フランス帝国の初期の頃、ナンテールの村から聖人が出て、パリの守護聖人となりました。今日、パリとフランス全土の守護聖人は〈自由〉のみであります。かつてジュヌヴィエーヴのために教会が建てられました。この教会は現在では時代遅れの旧弊として時の裁きの手の下に崩れ果てておりますが、この宗教の断片の中に、すなわち人類の愚行の証として我らが祖先が虚しき信仰を寄せていた遺骨の直ぐ傍に、恐怖に装飾された祭壇の間に、虚栄に飾られた墓石の間に、一つの小さく質素な石板があり、その下にルネ・デカルトの遺骨が眠っているのであります。

当然ながら、当時の混乱ぶりからすれば、ルノワールが既に旧教会からこの遺骨を回収していた事実をシェニエとその委員会が知らなかったというのもあり得ることではある。また別の可能性もあるのだが、これについては後に考察することにしよう。シェニエは依然としてデカルトを、近代の土台を築いた思想家たち――「ロックとコンディヤック……ニュートン、ライプニッツ、オイラー、ラグランジュ」――の先頭に置いていた。そして彼は、自らの委員会の発見を次のように要約する。「いやしくも啓蒙思想の恩恵によって自由を得た国家ならば、人々の理性を進歩させた偉大なる先人の遺灰を、尊敬の念を以て蒐集すべきであると我らは考えました」。彼はこの哲学者の放浪癖を非難はするが、彼がヨーロッパを放浪せざるを得なかったのは「専制政治」のゆえであるとし、最終的には大讃美で終える。「共和主義者たちよ、諸兄には責務がある。国王らによる侮辱に復讐し、ルネ・デカルトの遺骨を取り戻すべし」。

政府は直ちに了承し、法令を作った。

国民公会法令

一七九三年、すなわち唯一にして不可分なるフランス共和国第二年十月二日及び四日ルネ・デカルトに偉人としての栄誉を与え、その遺骨、及びかの高名なるパジューの手になるその彫像をパンテオンに移送することを命ず。

一、十月二日の法令
国民公会は、公教育委員会の報告に基づき、以下の通り命ず。

第一条
ルネ・デカルトに偉人としての栄誉を与う。

第二条
この哲学者の遺骨をパンテオンへ移送す。

第三条
デカルトの墓石に以下の碑文を刻む。
フランス人民の名において、
国民公会。

ルネ・デカルトに
一七九三年、共和国第二年

第四条
移送の日取り決定に関しては、公教育委員会は内務省と相談のこと……

二、十月四日の法令
国民公会は、かの高名なるパジューの手になるデカルト像、及び古物保管所の物品の全てを、この偉人の遺骨をパンテオンに移送する際、同時に移送することを命ず。内務省はこれに関する諸手続の全てを執行すること。

これこそまさに、フランス史上におけるデカルトの地位を、歴史に働く力を、進歩という概念を認めた、壮大で公式で完全な宣言である。ある意味では、これらの力を社会に認めさせるには最高の瞬間だった――だが別の意味では、あまりにもお膳立てが整いすぎていた。なぜなら既に革命はその血みどろの頂点に達しつつあったからだ。ヨーロッパの君主たちは――フランス国内の貴族や教会権力と手を結んで――自分たちの政治体制に対する危険な革命を潰そうとし、革命政府に対する戦争が次々と勃発した。戦争と陰謀は人々を苦しめ、飢えた民衆は革命勢力の中で最も過激な一派となった。ロベスピエールが政治の実権を握ると、彼はこの新たな共和国への脅威に対抗して、恐怖政治を断行した。断頭台がこの血塗られた革命のシンボル的装置となった。切断された首が――何万も――転がった。中でも有名なのはマリ・アントワネット、そして最後にはロベスピエール自身のそれである。さらに辛辣なことに、コンドルセもまた恐怖政治の犠牲となった。彼はある意味で反動的であり――例えば国王の処刑に反対していた――その為、シェニエがパンテオンに関するコンドルセの提案を支持する演説を行なったまさに翌日、コンドルセの逮捕状が出され、彼は逃亡を余儀なくされた。この潜伏中、彼は『人間精神進歩史』を書き、啓蒙思想への信頼を表明すると共に、特にデカルトの貢献を高く評価している。だが最終的に彼は捕えられ、不確かな状況の下に獄死した。

フランス革命――おそらく、近代性の最も研ぎ澄まされた自己表現――の時代にデカルトのパンテオン移送が行なわれるなら、これはまさしく時宜を得たことである。しかもこの「近代の生みの親」に栄誉を与えることがまさしく〈恐怖時代〉の前夜に決定されたのは、二重の意味でそうだった。自由、平等、民主主義――その全ては〈コギト〉から、理性を基盤とする世界観から生み出された。だが既に一七三九年の時点で、スコットランドの哲学者デイヴィッド・ヒュームは、理性を道義の基盤とすることは誤りであると述べている。彼によれば、理性はどれほど非合理な探求にも向けることができる。一つの道具として新たな社会を築くことができる。だが同時にそれは人を殺し、傷つけもする。理性は——純朴な信念や欺瞞によって——必ず濫用される。それが近代史の原理の一つなのだ。歴史家は長い間、〈恐怖時代〉——国家が法を停止し、高貴かつ理性的な目的のために暴力を公的に使用したこと——を、後世の数多の悪の先駆と見なしてきた。スターリンの粛正から、ヴェトナム戦争時の悪名高い「われわれは村を守るために村を破壊せねばならない」という論理まで。「私の指を傷つけるよりも、全世界を破壊する方がましだ、という決断は理性に反するものではない」とヒュームは理性のネガティヴな用法を嘲笑して言う。フランスで〈恐怖時代〉が幕を開けたまさにその年、カントはドイツの辺鄙な村で、今や理性こそが近代社会の第一原理と規定されたのに、人間の「悪への傾向」が厳然として存在しているのはなぜか、という難問に取り組んでいた。彼の結論は、現在のわれわれの結論でもある。

人間は道徳的意味において何であろうと、何になるべきであろうと、善にせよ悪にせよ、人間はそれに自分自身でなるに違いない。あるいはなったに違いないのである。善も悪も自由な選択意志の結果でなければならないのであって、さもなければ、どちらも人間の責任に帰することはできまいし、従って人間は道徳的には善でも悪でもありえないことになろうからである。人間は善に創造されていると言われるのは、人間が善に向かうように造られており、その内なる根源的素質は善だということ以上の意味ではあり得ず、それだけではまだ人間は善であるというわけではなく、むしろ素質に含まれる動機を格率の内に採用するか否かに応じて自分で善か悪かになるようにしていくのである。（北岡武司訳）

ロベスピエールを始めとする〈恐怖時代〉の煽動者たちは、最終的には自らがその犠牲となった。恐ろしいが妥当なことだ、とわれわれは思う。それと同様、一七九三―九四年の粛正と暴力の嵐ゆえに、結局近代世界の創始者のパンテオン移送がお流れになってしまったという事実もまた、まさしく近代的な皮肉の感覚に合う。埋葬すべき出来立ての屍体が山積みとなり、自分たち自身がいつ逮捕され処刑されるか解らないという状況に陥った国民公会の人々は、既に腐り果てた人間の骨の移送スケジュールなどどうでも良くなってしまったのである。かくしてデカルトの骨は、アレクサンドル・ルノワールの倉庫に留め置かれた。

とは言うものの、〈恐怖時代〉はルノワールの仕事にとっては都合が良かった。暴動が起れば起るほど、彼のコレクションは増えて行く。それはセーヌ河畔の美しい元修道院の館内と庭を優美に彩り、彫刻家の技と熟練が妍を競った。ここには美と暴力が交互に存在する。荘厳な過去の美が、醜い現在によって乱雑に積まれている。ルノワールがある着想を得たのは、まさにこの世界史的な転換と混沌の時代だった。さて、彼が救出した光栄ある瓦礫たち――そしてそこに込められたこの国の過去――を、最終的にどうすべきか？　ここでもまた、彼の頭の中で最も重要なのは進歩だった。過去の各時代が順に積み重ねられ、ようやく現在――理性と啓蒙の時代――に到達したのだ。そして過去の各時代は、その時代の芸術に表され反映されている。その全ては消え去るべきなのか？　眼前に迫った破壊的な力に直面して、人はその全てを忘れ去るべきなのか？　過去の記憶など一世代もあれば消し去れる――だがそれは大間違いではないか？　歴史は、その教訓は、その進歩の跡は、民主国家の市民の精神に刻まれるべきではないのか？

もしも理性の力を――この荒々しい大変革をもたらしたのと同じ力を――この行き場をなくした作品に対して用いることができたら、どうだろうか？　そこに秩序をもたらし、進歩という流れを持つものとしての歴史を人々に示すことができたら？　彼の着想とは、歴史と芸術のための空間、教育のための討論の場、人間の持つ最も高貴な感情の働きの場を作ろう、というものだった。芸術の女神《ミューズ》に捧げる神殿――「博物館《ミュゼオム》」である。

何世紀もの間にデカルトの骨に関わった人々は多い。だが印象的なことに、彼らのほぼ全員が何らかの意味で「近代性」の一つの側面を体現している。そしてその「近代性」の生みの親は、言うまでもなくデカルトなのだ。一七九六年、政府の後押しを得て、ルノワールは自らの貯蔵庫を「フランス記念碑博物館」に改装した。おそらくこれこそが人類史上初の博物館であり、そして彼は芸術と歴史に社会科学的なアプローチを持ち込んだ最初の人間となった。理性と進歩を指導原理とし、革命戦争による破壊で生じた瓦礫を用いて、彼は新しい何かを創った。国家とその進歩という物語を語るための公共施設を。

実は既に博物館建造の計画はあり、内務長官はルノワールへの認可状の中で、その施設は法律上、新たなルーヴルの支部という扱いになると明記していた。ルノワールは気色ばんだ。ルーヴルなど、彼の評価によれば、単なるごたまぜに過ぎない。だが彼の博物館には、これを体系化する原理があるのだ。

それはハッタリではなかった。彼がまず構想したのは、見学者が歴史というものを低次文明から高次文明への進歩の過程であることを実感するということだった。博物館の順路は、世紀から世紀へ、年代順に進歩の跡を辿れるようにする。この仕事に取り組む内に、彼はデザインに関する素晴らしい才能を開花させた。彼はそれぞれの展示室に、それぞれの時代に相応しいと思われる雰囲気を与えた――そして各時代の陰鬱なオーラを。例えば彼の計画する第一展示室は、一三世紀の芸術を陳列している。

天井からは墓室の燭台を吊す。扉と窓には……著名なモントローの手によって、アラブ彫刻風の味わいを採り入れる。窓ガラスにもその様式を採り入れる……この広間を照らすぼんやりした灯もまた、当時のものの模して作る……これは人が、迷信を恐れる人々を永続的に弱者の立場に置くために使用した魔術を表している。

ルノワールの進歩史観は、さまざまな時代の教会における照明の使い方の説明にも現れている。「見たところ、世紀を遡り現代から遠ざかるにつれて、公共の記念碑の照明は増えるのである。あたかも、日光による見学が教育ある者にしか似つかわしくないかのように」。そして見学者は革命の時代に到達する。そこでは屋根は文字通り取り払われ、その暗い室内を日の光の下に曝しているのだ。

ルノワールのフランス記念碑博物館は、博物館の走りであると共に、博物館というものに対するお決りの不満の走りでもあった。博物館の展示品は本来の場所と目的と意味から切り離され、全く新たな、馴染みのない何かに変えられてしまう、という不満である。博物館は展示品から新たな意味を絞り出す。だがそれは、その本来の制作者たちが想像もしていなかったものだ。ある聖母像は何世紀もの間、プロヴァンスの村の教会の祭壇の隣に立っていて、幾世代もの人々の祈りを受けてきた。だからこそそれは彼らの聖母なのであり、一世紀パレスティナの一人の女性に対する崇敬と、彼らの日々の生活のあらゆる感情、あらゆる側面の入り混じった対象物、風景を切り取る山々と同様に彼らの生活の中に溶け込んだものなのだ。それが今や、同じく他所から持って来られた、ほぼ同じ世紀の作品と並んで壁の一画を占め、芸術におけるリアリズムの進歩を物語る物品となっている。ルノワールにとっては、それこそが人類の進歩を示すものなのだが。

博物館の展示物はそれが育まれた有機的パターンから切り離され、分析可能な小片に分解され、新しい形に再構成される。たとえ新たな光を投げかけられたとしても、多くの人にとってはそれは薄ら寒い、非人間的な光なのだ——そんな不満はまさに近代への、近代生活への、そして理性の力への不満に他ならない。だがそれだけに、ルノワールの博物館が革命期のパリにおける唯一無二の人気を誇る文化的スポットとなったという事実は面白い。奇妙なことだが、この騒乱の真っ只中においても観光客はこの都を訪れ、そしてフランス記念碑博物館は定番の観光地となっていたのだ（一八〇一年に発行された英語版『パリ素描』では、十四ページに亘ってここが紹介されている）。目ざといルノワールは所蔵品目録を発行した。それは後に英訳され、人々は争ってこれを買い求め（五フラン）、それを片手に彫刻の庭や展示室を回った。目録はまず、このプロジェクトの基盤となるテーマから始まる。「フランスの民は、民自身の手によって成し遂げられたこの名高き革命を忘れはしない。この革命は理性と正義に基づく新たな秩序を確立したのである」。さらに目録の冒頭には、完璧なまでに退屈な実用一点張りの注意書がある。これもまた、同じく近代性の一面だろう。「フランス記念碑博物館は、毎週木曜日の六時から二時まで、及び日曜日の六時から、夏期は四時まで、冬季は三時まで一般公開されている」。

大衆の教化と同様にルノワールが関心を払ったのが、自身の博物館に彼の不気味な趣味を反映させることだった。その中心にある庭には、歴史上の人物の墓がずらりと並んだ。これこそ彼の誇りにして悦び、〈エリュシオンの園《ジャルダン・エリゼ》〉だ。この名は古代ギリシア神話で、最も高貴な人々の魂が集う極楽浄土を意味する。ここで見学者は美と死について考えることになる。目録の記述には、墓に対する彼の偏愛ぶりが溢れている。「この静寂と平穏の庭では、四十以上の彫刻を目にすることができる。緑の芝生のそこここに配置された墓石は、沈黙と静謐の中、威厳に満ちて立っている。松、糸杉、柏陽がその周囲を取り囲む。壁に配置されたデスマスクと骨壺は、この喜ばしい場所に、甘い憂愁の気分を醸し出す。鋭い感受性の持ち主なら、それを感じ取ることができよう」。

ルノワールの鋭い感受性によれば、この〈園〉の重要性はここに集められた過去の著名人たち——哲学者、詩人、画家、劇作家——の骨にある。いずれもフランスの栄光に貢献した人々だ。彼によれば「これらの人々を一同に集めることによって、この栄光もまたここに集まり、さらなる輝きとなって世界に広まるのだ」。著名人を「一同に集める」ことを想うだけで、彼の心は恍惚境に遊ぶ。

これら、死せる骨たちが新たな命を得、人々に見られ、聞かれ、それによって不変なる共同の至福に与るところが想像できるだろうか？　古代のエリュシオンの絵図は、今のわれわれが現実に創り上げたこの壮麗な園以上の魅惑を持つだろうか？……この荘厳なる庭に足を踏み入れる度に、私はその都度、新たな、甘き情感に満たされるのである。嗚呼何たる悦び。そして何よりの私の心の報奨は、親愛なる読者に、そしてこれなる園を訪れた人々に、私の聖なる尊敬心を共有して戴くことなのだ。何しろ私はこれを建造中、ここに憩う人々の知性に、才能に、美徳に対する尊敬心を片時も忘れたことはなかったのだから。

この園に、ルノワールはデカルトの骨の入った石棺を置いた。彼は目録に次のように記し（そして然るべき番号を振って）いる。

第五〇七番　石棺。硬石製。内部は空洞にしてルネ・デカルトの遺骨を蔵す。彼は一六五〇年、スウェーデンにて死去。台座はグリフィン、すなわち鷲と獅子の合成である天文学上の動物。いずれもユピテルの使い――及び太陽の紋章、これは祖国を表す。雲に届かんばかりに伸びる柏陽、櫟、そして花々がこの記念碑を覆っている。これは哲学の父にして、初めてわれわれに思考する方法を教えた人物を記念している。

だが、デカルトの骨は一体いつまで櫟と柏陽の木陰に憩うことになるのか？　フランスには今や、もう一つの新たな革命政府が誕生していた――執政政府、五人の執政が行政府となり、二つの立法府と共に統治する政府である。そしてちょうどルノワールの博物館が開館した頃、五百人会、すなわち新たに造られた立法府の下院は、再び移送の問題を取り上げた。今、パリの国立図書館のポストモダンな中庭に腰を下ろし、その議事録のオリジナル――古ぼけてセピア色となり、点々と黴が生え、発言者が変るごとに、ボールド・ローマン・セリフ体と、か細いイタリック体で交互に書き分けてある――をひもとけば、今こそ大車輪で活躍すべき時である筈の議員たちが、あまりにも古臭い話題に夢中になっている様子をまざまざと見せつけられる。難民の状況や「リヨン及びローヌ、ロワール両県における暗殺及び虐殺事件の被告人」の問題、所得税、「絹、亜麻布、羊毛などの産業保護」「パリにおける保安官制度の再設置」「民心を鼓舞する方策」等々、僅かな期間に討議すべき問題は山積していたというのに。

その最中、一七九六年五月七日、マリ＝ジョゼフ・シェニエは再び熱き弁舌を揮った。議題自体は単純なこと――最終的に遺骨をパンテオンに移す命令を出すか否かである。だが今や、そこには深い政治的意味合いが課せられていた。「代議員同志諸君《シトワイヤン・レプレザンタン》」、と彼は革命的に正しい呼称で呼びかけた、「諸君らの委員に査定が命じられ、そして今日、この立法府において解決すべきとされる注目すべき問題とは、ルネ・デカルトに関して、その遺骨のパンテオンへの移送を牧月《プレリアル》一〇日[*2]、すなわち感謝祭の日に、総裁から諸君らに届けられた招待状に則って行なうべきであるということを御存知か否かなのであります」。そして彼は、デカルトの遺骨の移送を命じた一七九三年一〇月の命令が発令された後、当のデカルトを革命の父と称揚していたコンドルセが暴力に斃れた、という恐るべき皮肉に言及する。シェニエの演説が進むにつれて、デカルトの移送に関して議場は明らかに割れ始めた。そしてその分水嶺はある意味、人々が革命をどのように捉えているかという点にあった。

過激派、すなわち〈恐怖時代〉の指導者たち――シェニエに言わせれば「無政府主義の暴君」――は、革命の基盤となった理性の畸形化に他ならない。その同じ連中が今、近代の生みの親に対して正当な栄誉を授与することを妨げているのだ。「生けるコンドルセを迫害した者たちは、死せるデカルトに敬意を表することも望まないのです」、とシェニエは弾劾する。彼は言う、「デカルトが人類に対して為した貢献の数々」を今一度思い起こせと。そして今現在、彼らがその恩恵を被っている知識の変革に寄与した人物の名をずらずらと挙げ――ロック、ニュートン、ライプニッツ、ガリレオ、ケプラー――中でもデカルトの地位を称揚する。そしてこの一世紀半前の偉大な同胞に対して「正統なるフランス政府が犯している恥辱」を数え上げ、かつての法令を速やかに実施し、この「偉人」の遺骨を定められた時にパンテオンに移送せよと説く。

反論は当然予想された。ルイ゠セバスティアン・メルシエ、当時最も多作で頑固な作家。五十六歳。既に事実上、彼が手を付けていない文芸ジャンルは無いと言っても過言ではない。だが何と言っても最も有名なのは、それ自体が近代文芸の最先端の実例である二つの作品、『パリ情景』と『新しきパリ』である。この都とその住民に関する全てが記された案内本、総目録であり、野良獣や霧に対する注意を促し、馭者の正しい扱い方を説き、そして一日のあらゆる時間におけるパリの情景を印象派のように描く（昼の二時には、「食事の招待状を持った人々が家を出る、一張羅を着て、髪粉を振り、身なりを整え、靴下を汚さぬように爪先立ちで歩く」）。メルシエはまた、奇妙なSF小説の元祖まで書いている。『二四四〇年』。その表題通り、想像を絶する超未来のパリを描いた驚異のベストセラーだ。

未だ若く、大量の散文を書き飛ばしていた頃のメルシエは、一連の「讃辞《エロージュ》」――著名人を讃える定型文――の中でデカルトを絶賛もした。だがその後、彼は心変わりをしていた。今や彼は、シェニエの煌びやかな演説に対して立ち上がり、口を開いた。「私もまた、若気の至りでデカルトに讃辞を書いたこともあります」。だが当時の自分はまだ理解していなかったのだ、「世界最大のペテン師が、しばしばその当時は最も偉大な人物とされて来たことを」。メルシエはシェニエとの政治論争は避け、むしろデカルトが彼の祖国にどれだけの悪を為してきたかを列挙する方策に出た。彼は言う、デカルトの「誤りがかくも長期に亘って支配して来たために、進歩は目に見えて停滞したのであります。彼こそは、フランスを支配してきた最も愚かな学説の生みの親であります。それこそがデカルト主義、それは実験物理学を殺し、学界の衒学者どもをして自然観察者と詐称せしめたのであります」。

メルシエによれば、デカルト主義とは中世のスコラ哲学に起源を持ち、実験よりも理論に焦点を当て、イングランド人が科学の最先端を行くことをむざむざ許した。とは言っても、これは偏狭な国粋主義で言っているのではない。「われわれは、英国人の優越を嫉むものではありません」と彼は言う。「ニュートンは全人類の至宝であります」。だがデカルトは、あらゆる自然科学において、フランスを誤った道に導いた――メルシエが認めるのは、ただ数学における彼の貢献のみである。そしてメルシエは、これまでのデカルトの埋葬の様子を語る。ストックホルムでは女王クリスティナによって、そしてパリでは教会権力とソルボンヌ大学の監視下で行なわれた。「私の信ずるところによれば、これらの栄誉はデカルトの記念としては十分なものであり、彼の霊は永久に満ち足りていることでしょう」と彼は言う、「パンテオンは共和主義の殿堂であり、革命の英雄たち、殉教者たちに捧げられるべきものであります」。

メルシエは正鵠を射ていた――今もなお彼に軍配を上げる人もいるだろう。フランス人は長い間、観念論に向かう傾向があった。そして彼ら自身が、時にその傾向を非生産的と見なしている。

だが別にフランスに限らず、近代性には行動よりも思索を好む側面がある。あらゆる分野――社会学、文学、芸術批評、そして歴史学それ自体――が、象牙の塔に立て籠もる学問的カルトを形成しているという批判を受けてきた。ただ身内で議論するだけで、現実世界に関わろうとしないと。だが皮肉なことに、デカルト主義に対するメルシエの誹謗――その起源はスコラ哲学にあり、進歩を妨げてきた――はまさに、デカルトとその信奉者たちがアリストテレスの体系に対して行なった弾劾と全く同じものなのだ。

メルシエの批判には妥当性もある一方で、同時にまた近視眼的でもある。そこである議員が起立して当惑を表した。「自然の命ずるままに事象は起り、ゆえにフランス革命が到来して一八世紀を終らせました」と彼は言った、「とは言うものの、正直、この議論を聞けば、われわれは本当に一九世紀に向かっているのか、それとも暗黒時代へ回帰しようとしているのか、疑問に思わずにいられません」。彼によれば、デカルトの人生遍歴そのものが、彼以来、多くの人によって繰り返されてきた――例えば最近ではジャン＝ジャック・ルソーもまた、著作への批判から逃げるために各国を放浪している。そのルソーは二年前にパンテオンに祀られた。「デカルトの業績を見れば、彼の才能と、彼に与えられるべき称讃を判断するに十分でしょう」と彼は言う、「彼は諸国の王や司祭らに迫害されました。国外に追放され……この迫害者たちは、われわれの記憶により新しい、もう一人の有名な著述家に対しても同様の迫害を行ないました……そう、全く同じ人々が、デカルトとジャン＝ジャックを迫害していたのです」。これは半分正しい。デカルトは正確には諸国の王や司祭から迫害されてはいないし、国外追放もされていない。だが、革命に至る苦闘の歴史の先駆者を決めたいという希望は抗いがたいものだった。

議会は揺れていた。メルシエの意見も尤もではある。シェニエは再び起立し、怒気を強めて発言した、「委員会の名において私が提唱した計画に関しては、立法府は自ら恥辱に塗れたと――」以下の部分は、「荒々しい野次」によってかき消されたと書記官は議事録に記している。「私にはそれ以外に言いようがありません」、暫時の後にシェニエは続けた。「もしも立法府が、一部の人間の妄言に惑わされ、今日、国民公会においてデカルトを記念するために定められた荘厳なる約束を破るというのなら、その栄光、及び国家の栄光は傷付けられることになるということを私は確信しております」。

論争は続いた。ヴォルテールが引っ張り出され、議員らはヴォルテールとデカルト、それにルソーの革命に関する貢献を比較し始めた。ある議員が立ち上がり、ヴォルテールとデカルトの貢献の差をこう述べた。「ヴォルテールの偉大さは、あらゆる階層の人々を啓蒙したという点にあります。あらゆる階層の人々に理解されるように、それぞれに適した言葉を使ったのです。深遠な哲学論文は、全世界に伝わるわけではありません。デカルトについて言えば、私はその論文の一部を読みましたし、これほどの天才は他には知りません。ニュートンも読みましたが、デカルトのほうがより尊敬に値すると思います。なぜなら彼が最初であり、そしてたぶん、フランス人だからだからであります。私はシェニエの計画を直ちに実施すべきだと考えます」。

だが、反対意見が多すぎた。この件は先送りにすべきという意見も出た。シェニエは先送りに関しては認めたが、その上で再びデカルトの移送に関する攻撃が続くならば、「私はこの議場において、啓蒙主義と哲学の擁護を願う全ての人の見解を聞くまで、何も決定すべきではないと要求します」と毒づいた。

この先送りは、シェニエの大義にとっては致命的な結果となった。年月は徒に過ぎ去り、デカルトの骨は依然としてルノワールの博物館の中庭にあった。博物館は賑わっていたが、情勢は大きく変っていた。ヨーロッパの君主国を相手にしたフランスの戦争は、革命に終焉をもたらした――諸外国に敗北したためではない。革命政府自身の軍司令官の中から、一人の人物が擡頭したためだ。一七七九年、イタリアとエジプトでの勝利から凱旋したナポレオン・ボナパルトは、自らの祖国を征服した。脆弱な執政政府を打ち倒し、自らが権力の座に就いたのだ。「第一執政」となった彼が実現した最も顕著な変化は、カトリック教会の地位を部分的に回復したことだ。そして一八〇四年、全ての権力を掌握した彼は、自らの称号を変えた。今や彼は皇帝となったのだ。民主共和制——理性と科学と個人による新たな社会という夢と理想の全て——は終った。

ナポレオンはフランスの、そしてヨーロッパの大問題だったが、アレクサンドル・ルノワールにとってはそれ以上の問題だった。気がつくと、ルノワールは苦しい立場に追い込まれていた。彼の博物館は革命の混沌の中から生まれ、革命の価値観に奉献された「革命博物館」なのだ。だが彼はこの新体制に再び自らの博物館を売り込まねばならぬ。そこで彼は言った、これは何も、革命を頂点とする歴史観を示すものではないのです、むしろフランスという国の光栄ある歴史を讃えるものなのですと。そして狙いをナポレオンの妻ジョゼフィーヌに絞り、何とか彼女とその取巻きを博物館に招くことに成功した。夕刻に到着した彼女に対し、ルノワールは建物と庭を松明で飾り立て、その不気味な魅力をより強調した。後にナポレオンその人もここを訪れ、この風変わりな陰鬱さ——星々の描かれた青い天井の下、石でできた人間が横たわっている——は、シリアを思い起こさせると述べた。

ルノワールの努力はある程度は報われた。博物館はナポレオンの時代は維持された。だがエルバ島とワーテルローの後、ナポレオンが去り、一八一四年にブルボン王朝が復活すると、ついにルノワールの命運も尽きた。近代の数世紀の間、振り子は何度か無宗教と宗教の間を揺れ動いた。そして今、王制と共にカトリックが再びかつての地位に返り咲き、新たな権力を獲得したのだ。

それに伴い、国中の教会が財産の返還を求めた。ルノワールは何とか教会権力をなだめ、博物館に宗教色を加味することでコレクションを守ろうとした。彼が設計する礼拝堂に墓を集め、そこでミサも執り行いましょうと。だが、とりつく島はなかった。一八一六年、ルイ一八世はフランス記念碑博物館の宗教的収蔵品の返還を命じ、同年、博物館の敷地は国立芸術院に接収された。現在、この場所にはエコール・デ・ボザールが建っている。

ルノワールは、文字通り彼自身の手でこつこつ集めた収蔵品の搬出を監督することとなった。多くの物品が古巣の教会へ帰って行った。一部はルーヴルに搬入され、今もそこにある。フランス歴代の王の彫像は、サン＝ドニのバシリカに戻され——そしてルノワールもまた彼らに付き従った。国家および教会の夥しい財産を保護した功績が認められ、彼は同バシリカの記念物管理官の地位を与えられたのだ。彼は余生をそこで過した。一八三九年に世を去るまで、彼は作品の目録作りを続けた。息子のアルベールが彼の仕事を引き継ぎ、建築学史という新たな学問の創始者となった。彼は二十七年を費やして膨大な三巻本『パリの記念建造物総覧』を編纂した。

フランス記念碑博物館の閉館に伴い、これほど多くの著名人の墓をどうするかという問題が世論を湧かせ、さまざまな案が出された。一つの案は、広大なペール＝ラシェーズ墓地の利用である。この墓地はナポレオンによって造られたものだが、市の中心部からかなり遠く、利用者はほとんどいなかった。そこでルノワールの旧博物館から著名人の遺骨をここに移せば、言わば歴史上の人々の威光を借りて、都の東の果てにあるこの新しい墓に威厳も与えられようというわけである。一八一七年三月、パリの史跡管理官は、内務省長官とセーヌ県知事に書状をしたためた。デカルトを初め、アベラールとエロイーズ、詩人ニコラ・ボワロー、学者ベルナール・ド・モンフォコンとジャン・マビヨンらの名を挙げ、「これらの著名人は全て、同じ栄誉、同じ宗教的待遇を受けるに価する」というのである。当局はこれを了承し、彼らの墓がまとめて移送された。計画は奏功した。偉人モリエール、詩人ラ・フォンテーヌ、そして特に悲劇の恋人たちとして知られるアベラールとエロイーズ——彼らの悲恋は、一二世紀における信仰と知識の衝突という文脈において生じたと言える——の墓の存在はこの墓地に対する人々の興味を掻き立て、教養あるパリジャンをその気にさせたのである。今日、ペール＝ラシェーズ——後にはショパン、オスカー・ワイルド、ガートルード・スタイン、エディット・ピアフ、ジム・モリスンらもここに眠ることになる——はパリでも一番人気の観光スポットとなっている。

だが、ペール＝ラシェーズ墓地に大量移転された人々の中に、デカルトは入っていなかった。ここでもまた、ある「哲学愛好家」の一団が彼の骨に特別の関心を持ち、影響力を行使したらしい。この墓地はあまりにも遠すぎる。それに、近代哲学の父の骨はかつてはパリの守護聖人の教会にあったのだ。ならばそれと同様に象徴的な場所が選ばれねばならぬ。彼らはセーヌ左岸のサン＝ジェルマン＝デ＝プレ教会を選んだ。六世紀に創建された、パリ最古の教会である。革命でほとんど破壊されるまで、この都と共に歴史を歩んできた。一八一九年二月二六日、この遺骨に対して、またしても――三度目の――正式な宗教儀式が執り行なわれた。警視総監、第十区の区長、セーヌ県の使節団の見守る中、デカルトの骨が、マビヨンとモンフォコンのそれと共に、かつての博物館の庭から搬出された。彼らは「宗教的配慮を以て《アヴェク・ユヌ・ルリジューズ・アタンシヨン》」取り出され、真新しいオークの柩に置かれた。フランス科学アカデミーのメンバー多数から成る一団がかつての修道院を出発し、左岸に沿って教会までの短い道のりをしずしずと行進した。ここに彼らは埋められ、身廊右側の礼拝堂に三つの黒い大理石の碑が建てられた。

　これらの碑は、今もその教会で見ることができる。デカルトのそれは黴の生えたようなラテン語の陳腐な文句で、その不滅の業績を讃えている。だが実際、彼の名を負う碑の下に何があるのかは、今も論争の的だ。その斑岩の箱が開かれた時、その古い空洞を覗き込んだアカデミーのメンバーたちは困惑し、狼狽した――そこに見つけたものに対して、そして見つけられなかったものに対して。何かが間違っていたのだ。彼らが信じていた現実はそこにはなかった。

　そして結局、この学識深い紳士たちは、良き近代の科学者として為すべきことをした。つまり情報を分析し、昔の学説を調べ、新たな仮説を立てたのである。デカルトの骨は今や歴史の領域を離れ、科学の領域に入りつつあった。あるいは、当時生まれたばかりだったもう一つの近代の産物――文学的なそれ――に喩えるなら、それは探偵小説の主題となったのだ。

4　場違いな頭部

一八二一年四月六日、ストックホルム

拝啓

貴殿に書状を差し上げますこと、この上なき光栄に存じます。小生パリ滞在中、貴殿らの科学アカデミーに参加させて戴きました折、デカルトの骨の移送の際に現場におられた会員の方々のお話を伺うことができました。たぶんサント＝ジュヌヴィエーヴ教会から他の場所へ移すという話であったと存じます。そこで骨格の多くの部分が失われており、もしも私の記憶違いでなければ、頭部もまた無くなっていたとお伺い致しました。

デカルトの骨の物語は、近代性のメタファーである。もしそうなら、その遍歴の途上で彼の頭部と胴体とが生き別れとなり、何世紀にも亘ってさまざまな思想家や芸術家、そして科学者たちの探求の対象とされたことは、二重の意味で象徴的だ。と言うのも、今日においてデカルトとは、まさしく物質に対する頭脳の――胴体に対する頭の――勝利の象徴でなくて何だろうか？　頭と身体の二元論という宿題をわれわれに残したのは一体誰だというのか？

一七世紀においては、いやしくも思想家たる者が仰天するほど幅広い分野に深い造詣を持っていることは当然とされていた――すなわち、現実の全てだ。デカルトにせよホッブズにせよライプニッツにせよ、一つの大きな課題として光や光学に取組みながら、同時にまた地質学、神学、さらに自由意志、潮汐運動、惑星の運動といった問題にまで取り組んでいた。だが一七〇〇年代が進むに連れ、このような壮大な事業はどんどん不可能となって行く。一五四二年に書かれた植物学の文献には、既知の種として五百種の植物が挙げられている。一六〇〇年代の終りには、この目録は一万種となっていた。一八二四年にスイスの植物学者オーギュスタン・ピュラムス・ド・カンドルは、五万種の植物を目録化した。もはやこの時点で、知識の発展には専門化が不可欠となった。デカルトやその当時の自然科学者にとって、自然界とは一つのパズルであり、ただ正しい発見を積み重ねてさえいればそれを解き明かし、想像も出来ない驚くべき変化をもたらすことができるものだった。無論、驚くべき変化という点では彼らは正しかったのだが、そのパズルの複雑さに関しては甘く見積もりすぎていたのだ。

一八〇〇年代には、この複雑さに関する認識は遙かに深まっていた。宇宙を理解するという責務はさまざまな分野に分れ、またその専門化には時には地理的な傾向もあった。デカルトの死に場所となった国は鉱物資源が豊富で、そのためにこの国は当時生まれたばかりの化学という分野の中心地となった。一九世紀末の時点で知られていた六十八の元素の大半を発見したのはスウェーデンの化学者だ。元素の中の元素とも言うべき酸素も含めて（カール・ヴィルヘルム・シェーレによる一七七三年の酸素の発見は、ジョゼフ・プリーストリのそれとほぼ同時期だったため、しばしば酸素の発見者の栄誉はこの二人に分け与えられるが）。

これら化学者の中でも最高峰――そして科学史上でも最も傑出した人物の一人――は、イェンス・ヤーコブ・ベルセーリウスである。彼は一八二一年に少々変った書状を書いた。先に引用したのがその冒頭部分である。スウェーデンの片田舎に生まれた彼は麻の実を脱穀し、ジャガイモの倉庫に眠るという生活をしていたが、ある時、一念発起して医学を志す。だが結局のところ、自分には人を治療するよりも実験や分析のほうが向いていると感じ、ストックホルムの高名な医学・薬理学の教授であるアンデルス・スパールマンの下で、外科学校で働き始めた。鉱山地主の家に住み込み、同居人は温泉療法の医者だった――言い換えれば、周囲には化学と化学薬品が溢れ返っていたのである。若きベルセーリウスは慢性の金欠病で、温泉客相手に新しい鉱泉水のカクテル——セルツァー、ビター、アルカリ、「肝臓水」——を創り出して何とか糊口を凌いでいた。

スパールマンの下で、ベルセーリウスは今日ならばノーベル賞に値すること——稀少元素の発見——をやっていたが、スパールマンが引退しても彼はその後釜に座ることはできなかった。一度は諦めて田舎の医者にでもなるかと思っていたが、スパールマンの後釜に座った若い男が頓死し、お陰でベルセーリウスは当時の世界にはまだ数えるほどしかなかった化学関連の仕事を手に入れた。彼は遠慮会釈のない血気盛んな男で、精力絶倫、ヘラクレスのようなパワーで仕事に向かった。この分野においてクリアすべきハードルの一つが各元素の原子量を決めることで、それは各元素がどのように結びついて新たな化合物を作るかを理解するのに不可欠だった。ところがベルセーリウスは化学史上の伝説となる知的・肉体的偉業によって、当時知られていた全ての元素の原子量を決定してしまったのである。毎日、彼は朝の六時半から夜の一〇時まで働いた。爆発事故によってほとんど失明しかけたこともある。だがその報酬は甘美なものだった。塩化銀と硫酸、水酸化バリウムの化合に成功した後、彼は次のように記している。「この至福を言い表す言葉はない……だがこのためには二年以上に及ぶ不断の作業が必要だったのだ」。この結果を発表すると、それは直ちに化学の標準的教科書となった。さて、これまでさまざまな科学者が、元素とその化合物を表すのに、複雑怪奇な術語や象徴を創り上げてきたが——中にはヒエログリフや子供の落書きのようなものまである――これに悩まされ、嫌気がさしたベルセーリウスは、自ら解り易い記号体系を考案した。各元素を表すラテン語の単語の頭文字を用いるものだ。かくして彼は、今日のものとほとんど変らない元素周期表――すなわち化学の地図――を創り上げたのだった。

この奮闘の直後に、ベルセーリウスは神経衰弱に陥ってしまう。友人たちから気分転換に旅行でもしたらどうかと奨められた彼は、当時の科学の首都とも言える二つの都を歴訪することにした。今や彼は国際的な有名人であり、ロンドンでもパリでも学界の中枢への参入を許された。ロンドンの王立協会と、パリの科学アカデミーである。両者はそれぞれの国情を反映して、科学に対するアプローチも異なっていた。イギリス人はフリーランサーであり、王立協会は言わば社交クラブだった。一方フランスのアプローチはトップダウン型であり、それがフランスにおける産業の発展を遅らせたのは事実だが、むしろ西洋史の発展に寄与した部分も大きい。政府の一部門であるがゆえに、科学アカデミーは王立協会にはない権力を持っていた。カンタベリーはケント大学の科学史家モーリス・クロスランドによれば、この権力とは「何が科学であり、何が科学ではないか」を決める力である。そもそも「科学」という言葉自体を決めたのもまた科学アカデミーの力なのだ。王立協会は知識に対して全体論的に、時には遊び心を持ってアプローチしていた。あたかも一七世紀の自然哲学者を思わせる。一九世紀初頭においても、彼らはまだ science という言葉を中世的な幅広い意味で用いていた。ゆえに当時もなお、神学は「科学の女王」という言い方ができたのである。クロスランドによれば、科学アカデミーのメンバーがこの言葉を「非宗教的な自然界探求の特定の形」の意味に限定するようになったのはフランス革命の結果だという。[*1] ゆえに英語の science が現行の意味で用いられるようになったのはようやく一八三〇年代になってからのことだが、フランスはそれよりも遙か以前からこの点に関しては近代の方向へ動いていた。そのことは、「科学アカデミー《アカデミ・デ・シアンス》」という名称自体に示されている。

アカデミーは科学に対して適切な科学的アプローチを用いた。科学を区分し、下位区分し、さらに下位の下位区分に区分し、それによって今日の大学の学部や研究施設で行なわれているような知の体系を構築したのだ。天文学、地理学、化学、物理学、鉱物学、植物学、機械工学、農学――各部門はさらに細かい分野があり、それぞれの分野はそれを教えている学校と緊密に結びついていた。そのそれぞれに学会があり、賞があり、受託研究があった。必要とあらばアカデミーのメンバーが集まって話し合い、新たな下位区分を作る。例えば、ヨーロッパ各地で化石の蒐集が充実したことから古生物学が生まれ、さらにその下位区分として古植物学が生まれた。

さらにアカデミーは、既にフランス革命以前の時代から、科学の対象ではないものとは何かまで定義していた。「動物磁気」――催眠術の先駆――で物議を醸したフランツ・メスメルがウィーンからパリに逃亡して来た時のこと。アカデミーのメンバーは一七八四年に彼と面会し、彼の

「メスメリズム」には科学的根拠があるかどうかを査定した。メスメルの技法は、磁石、長時間の凝視、手と腕に対する圧迫等を用いて患者の中に変化を引き起こす。彼は、人体には未知の液体もしくは「潮流」があり、このような手法によってその流れを変え、治癒をもたらすと称していた。そしてこの動物磁気の真偽を巡り、ヨーロッパ中が熱狂の渦に巻き込まれていたのである。パリ大学医学部と科学アカデミーはその調査に乗り出した。両者の合同による調査委員会は、さながら一八世紀科学界のオールスターチームの様相を呈していた。近代化学の父ラヴォワジエ、後にフランス革命を象徴する装置の呼び名となるジョゼフ＝イニャス・ギヨタン、そして客員ながら電気やその他最新科学の権威ベンジャミン・フランクリン。科学者たちは実験に際し、実際に磁石を当てた被験者に対しては当てていないと言い、当てていない被験者には当てたと言った。プラセボ効果と単純盲験法の最初期の使用例である。そして磁石を当てたと言われた被験者は、実際には当ててなくても良い結果が出た。一方、知らぬ内に磁石を当てられていた人には何の効果もなかった。この実験結果は人体内部に潮流があるという説を否定すると科学者たちは結論した。むしろこの結果は人間の「想像力」の効果を証明したのである。アカデミーは、メスメリズムは科学ではないと宣言した——そしてそれ以来、メスメリズムは科学ではなくなった。メスメルは翌年、パリを去った。メスメリズムは一九世紀のアメリカで流行するが、結局はマンモス象と同じ運命を辿る。そしてフランツ・メスメルの名は似非科学者の代名詞としてのみ歴史上に留まることとなった。

ベルセーリウスは一八一八年、アカデミーの招聘でパリに到着した。彼にとって、パリは圧倒的だった。壮麗なる建築。平等主義を重んずるサロン（「高貴な人々とその他の善男善女の会話に何の区別もなかった。侯爵や伯爵などという肩書きが会話で用いられることもなかった」）。そしてこの都では、彼の専門分野が高度に発達していた（「当地では百以上の研究所がそれぞれ研究に励んでおり、化学用のガラス機器を専門に扱う業者も何軒かあり、その豊富な品揃えは哀れなストックホルム人にとってはまさに驚嘆の一語に尽きる。故郷では、ごく普通の蒸留器ですら、納品までに最低三ヶ月も待たされるというのに」）。サロンは民主的な雰囲気だったが、ヨーロッパ科学の奥の院とも言うべき科学アカデミー自体はそうではなかった。いやが上にも威厳を醸し出すよう、メンバーは金のフリルの飾りのついた緑のコスチュームを纏っていた（結局のところ、彼らはフランス人なのだ）。言わば科学者の制服である。ベルセーリウスの旅は療養のためだったが、今や彼はすっかり回復し、倍旧の精力を以て活動期に入ることも可能となっていた。当代を代表する化学者であるクロード＝ルイ・ベルトレやピエール＝ルイ・デュロンと共に、彼は水素の原子量をさらに精密に計算する方法を考案した。脂肪酸や過酸化水素の発見者らとも知り合って（まだ化学は流行の最先端ではなかったが）彼らを讃え、自著の仏語訳に取り組んだ。

デカルトの三回目の埋葬が行なわれたのは、このベルセーリウスのパリ滞在中のことだった。

当代髄一の天文学者ジャン＝バティスト＝ジョゼフ・ドランブルもこの葬儀に招かれていた。アカデミーを共同で指導する二人の終身書記の一人である。彼は科学のみならず、歴史にも強い興味を持っていた。彼の求めた厳密さ・正確さこそ、今日の世界を形作った科学上の達成をもたらしたものだ。三十年ほど前――革命の最中のこと――彼は後に「メートル法」として結実するプロジェクトを推進していた。つまりは近代の最先端を切り開いたのだ。中世の頃のヨーロッパでは数百年もの間、各地に何百種類もの度量衡が混在していた。それは文字通り村ごとに異なっており、また困ったことに同じ名称なのに中身が違うということも稀ではなかった。つまり一ポンドのパン、一パイントのビールの量が場所によって異なっていたのである。この酷い制度は地元の伝統を墨守するには役立っていたが、交易にとっては妨げにしかならなかった――極めて実際的な面で、ヨーロッパを中世に押し留めていたのである。これに対する新たな、近代的な提案とは、世界中の人間が一つの体系を使うということだ。しかもそれは習慣や伝説や神話にではなく、自然――正確に言えば、自然に存在する基準の科学的計算に基づくものでなければならない。

フランス革命はこのような考えが登場するには好適な環境だったが、それは同時にまた危険ももたらした。革命政府のさる委員会――度量衡委員会――は、この新たな単位すなわちメートルは地球の大きさに基づくべきであり、殊に赤道からパリを通って北極に至る子午線の一千万分の一でなければならないと決定した。この距離を計算するためには、その一部を――いわばフランスの長さを――測量せねばならない。正確な測量には精密な照準器や三角測量の器具も不可欠である。この遠大な事業に当たったのが若き日のドランブルである。生易しい仕事ではなかった。何しろ戦時中である。彼が率いる科学者と助手のチーム――スコープを覗き、視野を調整し、ノートを取る――は、革命派・反革命派のどちらにとってもあからさまに怪しすぎるスパイにしか見えない。ドランブル自身もこの任務の最中に実際に銃弾の雨を掻い潜り、投獄されたこともある。メートル法が一般に受け入れられるのはまだもう少し先だが（ネーデルランドとベルギーが世界で最初にこれを採用するのは一八一九年のデカルトの三度目の埋葬のちょうど二年後。フランス自身が採用するのはようやく一八四〇年のことである）、既にこの時点でドランブルは科学業界では、この業績や天文学での研究成果によって国際的な名声を獲得していた。そんな彼にとってこの葬儀は近代の創始者の骨を埋め直すという、形だけの儀式になるはずのものだった。

だからこの老天文学者は、ルノワールが誂えた斑岩の石棺から木製の柩が取り出されるのを形通りに見守っていた。そして一行はルノワールの元博物館の庭から数ブロック上の教会へと向かった。教会に辿り着くと、中世を思わせる不気味な戦慄の中、内箱が開かれた。その中身はあまりにも意外だった。何しろドランブルはそのことをわざわざ手記に記すのみならず、完成間近の自著『天文学史』の中にもこの葬式の様子と柩の中身の話を書き込んでいるほどだ。曰く「内箱には鉛の銘板がついており、これを拭き浄めて読んだところ、デカルトの名と生没年月日のみを記した非常に簡素なものであった」。それ以外には辛うじて形の判る骨が僅か数個、残るは骨片と骨粉のみ。ドランブルは言う、箱を開封した男は「少しの骨粉を手に載せてわれわれに見せた」。そして一行の見守る中、この僅かな遺骨が地下納骨所に納められ、重い石で封印された。

普通にデカルトの骨の謎に興味を持っている人なら、ここで「宗教的」だとか「聖遺物」などという言葉を使っていたかもしれない。だがドランブルの興味はそんなところにはなかった。齢七十にして彼は、革命と啓蒙思想の華やかなりし頃からの、筋金入りの無神論者だった。宗教的・霊的感傷に浸っている暇などない。彼の興味はただ、科学的・歴史的な正確さのみなのだ。アレクサンドル・ルノワールが保管していた柩の中身は、聞いていた話とはずいぶん違う。もしも彼の骨がきちんと埋葬されていたのなら、たとえデカルトの死から百六十九年を経た今日でも、もう少しましな形で現存しているはずではないか。デカルトの骨は本当にこれだけなのか？ もしかしてわれわれは別人の骨を恭しく埋め直したのか？ もし本当にこれがデカルトの骨であるのなら、なぜこんな状態になっているのか？

ドランブルの好奇心はいたく刺激されたが、さりとて当面は何をするでもなく、ただ家に帰って見た通りのことを書き留めた。だがその後、アカデミーの集会がある度にこのことを仲間たちと論じ合った。[*2] 中にはその場に居合わせた人もいて、頭蓋骨はどうなったのだろうと繰り返し話の花が咲いた。人間の頭蓋骨というものは、劣悪な環境の下でも比較的原型を保つ。粉末化してしまうとは考えがたい。つまり、頭部だけが持ち去られたとしか考えられない。ある科学者は、噂によれば頭蓋骨は最初からフランスには来なかった――どうやら今もスウェーデンにあるらしいと報告した。

当のスウェーデン人であるベルセーリウスにとっては、この高尚な噂話は聞き捨てならぬものであった。もしも同胞の誰かがかの偉大なるデカルトの首を持ち去ったというのなら――ベルセーリウスは宗教的術語を用いることに躊躇がなく、それを「間違いなく貴重な聖遺物」と呼んでいる――全てのスウェーデン人がその「冒瀆」の責めを負わねばならぬ。

だが、話はそれで終りである。奇妙な事実があるから話題にはした。だからと言ってそれ以上何ができる？　ドランブルはアカデミーの終身書記としての仕事に就いている。ベルセーリウスは――養生も終って――帰国し、ドランブルと同じような仕事を始めた。スウェーデン科学アカデミーの書記である。

二年の月日が経った。一八二一年三月のある日、ストックホルムの新聞を開いたベルセーリウスは、故アンデルス・スパールマンの資産に関する記事に目を奪われた――外科学校時代の彼が初めて師事し、最終的には彼自身がその地位を受け継ぐこととなった人物だ。記事に曰く、「最近、興味深い事実が明らかとなった。教授にして医学博士スパールマンの死後に開催されたオークションで、かの有名なデカルトの頭蓋骨が売られたのだ。一七もしくは一八リクスダラーで落札されたという」。

ベルセーリウスは仰天した。これは果たして偶然なのか？　デカルトの頭蓋骨が消失していたことが判明したのは彼がパリに滞在中のことだ。そしてどうやら、それを持っていたのは彼自身の知り合いだったらしい。彼は直ちに行動を開始した。オークションハウスに連絡を入れ、頭蓋骨の落札者はカジノのオーナー——アルングレンであることを突き止める。当時は「珍奇蒐集趣味」——骨、牙、化石、彫刻、羽毛の羽根飾り、莢、豊饒祈願のお守り、蝶、乾燥糞等々、自然界や人類学界の雑多な混沌から秩序ある小宇宙を創り出そうとする試み——が大流行しており、アルングレンはどうやら、偉大な思想家の頭蓋骨は彼のカジノの展示物に相応しいと判断したらしい。ベルセーリウスはこの男のところに直談判に出向いた。これまでのデカルトの骨の来歴を説明し、つい最近、その頭部だけが無くなっているということがパリで確認されたことを告げた。意外にもアルングレンは話の解る男で、落札したのと同じ値段でこれをベルセーリウスに譲ってくれるという。

そこでベルセーリウスは、この章の冒頭に引用した手紙を書いた。その手紙には、その驚異の品、すなわちデカルトの頭蓋骨が同梱されていた。パリのアカデミーで彼と最も懇意にしていたのは同じ化学者であるベルトレだったが、その手紙は生物学者ジョルジュ・キュヴィエに宛てるのが最適だろうと思われた。もともとキュヴィエはデカルトの骨に甚く関心を示していたし、彼はドランブルと共に終身書記を務めていた。この頭蓋骨を受け取ったキュヴィエは、とりあえずこれを自然史博物館の一部である比較解剖学博物館に収めた。だが、そのままそこに仕舞い込む気はさらさら無かった。何しろ特別の注目に値する逸品である。

デカルトの骨に関わった他の面々——ロオル、コンドルセ、アレクサンドル・ルノワール、ドランブル、そしてベルセーリウス——と同様、ジョルジュ・キュヴィエもまた近代の一つの大きな側面を体現する人物である。実際、現時点でこの骨に関わっている三人が三人とも、当時の主要な科学上の問題に関係している。世界中から集まる圧倒的に膨大なデータを、如何にして分類し計量するかという問題だ。ドランブルは、後に計測単位の世界標準となるものを創り上げた。ベルセーリウスは化学元素の近代的な表現法を創り、元素の結合によって事実上、地上にある全ての物質が形成されていることを示した。生物学の状況は特に複雑だ。生物学者は、ちょうどニュートンが物理学の分野で創り上げたような基本原理を必要としていた。生物を分類するには、その全体的な目的をどう考えているかという問題が不可欠となる。一九世紀初頭の時点で未だ幅を利かせていた体系は「目的論的分類学」。アリストテレスが創始し、スコラ派の哲学者たちが精緻化したものだ。「存在の階梯」と呼ばれる体系で、フランス語では「セリ」、一般には「存在の大いなる連鎖」として知られる。中世の体液説と同様、それは一般的に考えられているよりは遙かに複雑で有益ではあったが、重大な制限もあった。その基盤を目的論に置いていたことだ。目的論は存在の最終的・究極的目的を説こうとする。そしてそれはたいていの場合、宗教的目的、すなわち神の計画であるとされるのだ。アリストテレスの知的方向性は目的論的だった。ゆえにスコラ哲学者にとっては、これをキリスト教的世界観に採り入れるのは容易だったのだ。かくして、単純な有機物に始まり、より複雑なものへと向かう生物の連鎖が出来上がる。それは同時に霊的ヒエラルキーを表しているのだ。一八世紀になると、この体系は有用性を失い始めた。一九世紀初頭には、生物学者と植物学者は明らかに「物理学羨望症」を患っていた。彼らの学問の基盤となる法則を作ってくれるニュートン的な人物を、喉から手が出るほど欲していたのだ。キュヴィエは、目的論を無視して身体の各部とその機能の観察に基づく全く新しい体系に賛同していた。この体系によって彼は近代動物学と比較解剖学の創設に寄与することになる。

キュヴィエの業績は、先駆者であるスウェーデン人カルル・リンナエウスの上に築かれた。リンナエウスは被造物を界、綱、目、属、種に分類し、生物の分類と分化の基盤として生殖器に注目した。とはいえ、確かに生殖は重要だが、必ずしも最も有効な組織化の原理というわけではない。一方キュヴィエの体系は各部の相関作用、そしてある生物の環境内でこれらの部分がどのように協同しているかということに基づいていた（鋭い爪を持つ動物は、捕獲した餌を引き裂くのに適した牙を同時に備えている場合が多い）。彼はその身体の構造に基づいて、動物を四つのカテゴリに分けた――脊椎動物、軟体動物、体節動物（例えば昆虫）、放射動物（例えば海星《ヒトデ》）――この分類は、かなり最近まで生物学の基本として残っていた。キュヴィエは自らの体系に、ほとんど数学的とも言うべき論理を適用した。反芻動物は定義上、餌を部分的に消化する噴門洞を持つ。ゆえにもしもこのような内部構造を持つ生物を見つけたなら、それは反芻動物である。逆に噴門洞の無い動物を見つけたなら、それはおそらく二段階の消化を行なう動物ではない。伝説に属する話だが、キュヴィエの学生たちが仲間の一人に牛皮を被せ、その正体を師に当てさせようとした。師が部屋に入ると、件の学生は叫んだ、「キュヴィエよ、われは悪魔なり、貴様を食いに来たぞ！」。これに対してキュヴィエは答えた、「ふざけるな。お前の蹄は割れている。つまり穀物を食うということだ」。

キュヴィエが創始した学問分野は比較解剖学だけではない。骨に対する興味は直ちに彼を化石の研究へと導いた。異なる地質学的時代の絶滅動物の骨格を比較した彼は、この地球は先史時代において何度も大激変を被り、その度に大量絶滅が起っていると結論した。当然ながら彼は近縁種の生物の骨格に見られる僅かな違いには気づいていたが、進化論に賛成の立場は取っていない。当時、進化論はまだ決定的なものではなかった。同じフランス人で、アカデミーの同僚でもあるジャン＝バティスト・ラマルクは進化論を盛んに唱えていたが、逆にキュヴィエは、数多くの画期的な業績にも関わらず、今日では学界において進化論の発展を最も遅らせた人物として知られている。彼の存在ゆえに、進化論が日の目を見るには一八五九年の『種の起源』の出版を待たねばならなかったのだ。専門的・科学的に言えば、キュヴィエの反対は、身体各部の相関作用説に基づいている。曰く、自然は「これら全ての矛盾のない組み合わせを実現したのであり、このような矛盾、このような非両立性、一つの変異と他の変異の共存の不可能性こそが、さまざまな生物集団の間にこれらの区別、これらの差違をもたらすのであり、それこそがそれに必要な限界を画し、自然界の門、綱、目、科を創ったのである」。すなわち現存する、あるいはかつて存在した全ての種は、その身体の各部の全てがあるべき形として存在し、全体として一つの機能体となっている。ある部分に少しでも変異が生ずれば、全体系が崩壊してしまうであろう。進化論は、小さな変化が世代を越えて伝えられるという説に基づくのだから、これはあり得ない。そしてキュヴィエは全く正反対の説――「種の定常論」――を唱え、科学アカデミーの終身書記としての権力を存分に揮い、何が何でもこの説を広めようとしたのだった。

　進化論に対するキュヴィエの態度には、あまり科学的とは言い難い部分もあった。彼は敬虔なキリスト教徒である。そして一九世紀初頭は、キリスト教徒が聖書の記述を補強するために科学を使っていた時代だ。このような努力は言うまでもなく、デカルト本人にまで遡る。彼は自らの機械的宇宙観こそ、キリスト教を擁護するものであると信じていた——これによって物質界を「包み込んで」しまい、ここを科学の領域とする。一方人間の魂の方は神学の領域として丸ごと残すというわけである。一九世紀初頭ともなれば、科学に対する信仰も既に揺るがぬものとなり、ごく普通のキリスト教徒ですら、例えば天地創造だのノアの洪水だのの証拠を科学的に証明することができると考えるようになっていた。

キュヴィエは厳格な科学者であり、キリスト教の主張に合せるためにあからさまにデータを操作したりはしていない。だが、科学と信仰が両立しうると示すことには興味があり、生物学と古生物学に関する彼のアプローチにはそれが反映されている。問題は、聖書の基幹部分と矛盾するような科学的証拠が既に山積していることだ。ダーウィンならば自然淘汰による種の変化を示す証拠として用いていたであろう材料を、彼は全く逆の理論の証拠として説明した。すなわち聖書の創造説と一致する理論である。ある意味で彼の議論は奇妙なほど近代的である。彼は頭から神を信じ込んでおり——実際、神を疑うのは理性の濫用であると見なしていた——その信仰は彼の科学の基盤となっている。例えば、自然は自らのデザインが変化することを「嫌悪」する。言い換えれば、キュヴィエにとって自然は創造主の巨大な知性を示すものであり、種が長い期間の内に無作為の力によって進化するという考えは、この巨大な知性と人間の知性のいずれに対しても不愉快極まりない。つまり彼の科学の基盤にあったのは、極めて現代的な「インテリジェント・

デザイン」理論の一九世紀版なのである。この理論を唱える現代のキリスト教思想家はキュヴィエと同様、進化論はキリスト教にとって有害であると信じている。

とは言うものの、キュヴィエが一九世紀の科学者の典型であったことは間違いない。彼は今後も科学がますます発展し、複雑化し、また新たに創設されることを望んでいた。一八二一年四月、彼は在仏スウェーデン大使を通じて一つの小包を受け取った。ストックホルムのベルセーリウスから送られたもので、中には彼の幸運な発見の次第を綴った書状もあった。彼は畏敬の念を以て小包を開封した。ドランブルと同様、彼もまた二年前の再埋葬の際の遺骨の残念な状況、特に頭蓋骨が無くなっていたことに心底がっかりしていたのだ。そして今、彼の手許に届いた品はその謎をさらに深め、また新たな謎を生み出すものだった。

事実、それは尋常なものではなかった——ただの頭蓋骨ですらない。芸術や古美術の世界では、来歴《プロヴナンス》——過去の所有者の系譜を証明する書類——が全てだ。この頭蓋骨にはその来歴があるらしい。キュヴィエはますます興味をそそられた。彼は直ちにドランブルに連絡を取り、両者はこの品をアカデミーの議案に挙げた。

一八二一年四月三〇日、科学アカデミーはセーヌ河畔の本部で会合を持った。参加者は科学史に名を残す錚々たる面々である。現代の化学用語を創ったベルトレ。進化論の第一人者ジャン＝バティスト・ラマルク。いくつもの物理法則を定式化し、水の化学組成を発見し、あらゆるワイン、ビール、スピリッツの瓶に見られる「アルコール容量」の基盤を創ったジョゼフ＝ルイ・ゲイ＝リュサック。数理物理学におけるニュートンの業績を拡張し、太陽系の起源を理論化したピエール＝シモン・ラプラス。電磁気の発見者であり、電流の単位にその名を残すアンドレ＝マリ・アンペール。そこで彼らは、中枢神経系の膜組織の炎症に関する報告を聞いた。メンバーの一人であるポワイエは、自ら開発した新たな架橋法の実例を挙げた。次にアンティル諸島の花の薬効に関する報告。その後、名士たちはキュヴィエが呈示した品の周囲に集まり、これをしげしげと眺めた。化学者ベルトレによれば、「宗教的畏敬」を以て。キュヴィエはベルセーリウスの書簡を読み上げた。彼がデカルトの埋葬の際にパリにいたこと、遺骨の中に頭蓋骨がなかったという話を聞いたこと、そしてほんの一ヶ月前にデカルトのものと称する頭蓋骨がオークションに掛けられたこと。「一昨日、我が国を発たれた在パリ公使レーヴェンイェルム伯爵が、御寛大にもこの遺物をお届け下さる役目を引き受けて下さいました」とベルセーリウスの書簡は言う、「どうか閣下、適切な御判断を下されんことを」。

頭蓋骨は下顎を欠いていたが、それ以外は無傷だった。その黒い眼窩で居並ぶ賢人たちを睨み据えている。あたかも、彼らが知識の探求の際に積み上げた自惚れをたしなめるかのように。あたかも、彼らがいずれ直面する絶対の限界、無慈悲なまでに平等な死を想えと命ずるかのように。同時にそれは彼らに謎を突きつけていた。ここに居並ぶ賢人たちは全員、その人生を自然の謎の解明に捧げてきた。〈方法〉は既に彼らの骨髄にまで染み込んでいる。そしてここにある骨こそ、さまざまに枝分かれした全ての学問の父、〈方法〉の生みの親とされる男なのだ。この骨の謎をさらに唆るものにしているのが、この頭蓋骨をびっしりと覆い尽す文字である。その多くは署名であり所有者の印だ。だが頭頂部には、流れるような筆記体のラテン語で、まさに彼らに宛てられた詩が書かれていた。

いとも名高きカルテシウスのものなりし小さき髑髏、
その胴体は遠く仏蘭西の地に隠されたり。
されどその才、地球の全域にて讃へられ、
その魂、今も天球に憩ふ。[*3]

疑問は山積している。誰がこれを書いたのか、そしていつ？「隠されたり」の意味とは？もしかしたらサン＝ジェルマン＝デ＝プレに埋め直されたあの骨はデカルトのものではないのか？　これは本当にデカルトの頭蓋骨なのか、もしそうならなぜ胴体と別になっているのか？ルネ・デカルトの死から百七十一年の間に、その骨に一体何が起ったのか？
さらなる手掛かり――たぶんかなり重要なもの――が、頭蓋骨自体にあった。これはまさに正面、額を横切って走り書きされていた。スウェーデン語ではあったが、ベルセーリウスの訳文が添えられていた。

デカルトの頭蓋骨。Ｊ・Ｆｒ・プランストレームによって一六六六年、フランスに返還する際に取得されたもの。

キュヴィエは少し調べてみて、この頭蓋骨が本物であることを支持する方に傾いていた。確証のために彼はそれをデカルトの肖像版画と並べ、骨格の特徴が似ていることを一同に指摘した。だがいずれにしても詳細な調査は必要だ。疑問点は山ほどある。まず、先ほどのプランストレームに関する文には、フランス人にも辛うじて判る単語が幾つかある――人名らしきもの、「１６６６」という数字、それにベルセーリウスが「取得された」と訳したスウェーデン語「tagen」。キュヴィエは「この貴重な聖遺物」に関するさらなる情報を欲した。一同は、誰かがこの研究を継続すべきことに賛同した。それから彼らは次の話題に移った。たぶん同様に興味津々の話題だ。ヴィレ氏なる人物が、「処女膜」に関する研究論文を提出していたのだ。

頭蓋骨の研究を任されたのはドランブルだった。ドランブルは科学の父としてデカルトを尊敬し、科学における彼自身の主要な業績はデカルトの衣鉢を継ぐものだと自認していた。既に七十二歳、健康も優れない。この奇妙な仕事は、科学者としての業績の終曲に相応しいだろう。

一八二一年五月一四日のアカデミーの会合で、彼は自分の発見を三千語に及ぶ報告書として提出した。この朗読だけで同日の会合のほとんどが潰れてしまった。表題は「デカルトのものと称される、スウェーデンから送られた頭蓋骨について——事実と考察」。そしてその通り、それは一連の「事実」のそれぞれに、「所感」と題された部分が続いていた。

キュヴィエは先日の自分の概観を詳細に裏付けてくれるものを期待していたのかも知れないが、結果は失望だった。ドランブルは、この問題に関しては彼に反対する立場を取らねばならない、と確信した上でこの場に参上したのである。報告書の上に、彼は結論を走り書きしていた。「キュヴィエ氏は……この骨がデカルトのものであると信じておられる。版画と似ているというのがその理由である。だが私の考えは違う」。

そして彼は朗読を始めた。先ず、デカルトの骨に関連した出来事の歴史。その締めくくりは二年前の三度目の埋葬で、一同が柩の中を見た時のこと。その中身のあまりの乏しさを、彼は「真に注目すべきこと」と表現した。

次に彼は目の前の物体に目を転ずる。その表面に書込まれた文字が興味深いものであることは確かだが、「それが本物であるという、他の証拠は？　多少消えかけた書き込みが、その凸面部に認められる。それは歴代の所有者の名前に、幾つかの日付、それだけだ」。確かに、ある程度の証言にはなる。だが、このプランストレームとは何者か？　そしてこの、彼に関するほとんど判読しがたい文を書いた人物について、どんな情報が得られるというのか？　何とでも推測はできる。仮にプランストレームが一六六六年にこの頭蓋骨を入手したのが事実でも、これが胴体と分離されたのがいつかということまでは判らない。それは「デカルトの死の直後、シャニュ大使邸で為されたのかもしれないし、一六五〇年に死体安置所で、あるいは墓地で、あるいは一六六六年にテルロンの前で、あるいはペロンヌで徴税吏の前で柩が開けられた時に為されたのかもしれない」。さらにその目的も、記録に残された事実と関係しているのかもしれない。シャニュはデカルトのデスマスクを所有していたと聞いている。これを元に、クリスティナの宮廷に出入りしていたヴァラリというフランス人芸術家が彼の胸像を造ったという（デスマスクも胸像もその後消失した）。この彫刻家が「デスマスクを取る際の利便のために胴体から頭部を切断し、元に戻すのを忘れていたという可能性は？」。ドランブルは言う、「少なくともただ一つ言えるのは、妥当性はあるということだ」。もしそうなら、頭部が胴体と切り離されてから、プランストレームがこれを「取得」したという記録が額に書込まれるまで十六年の期間があったということになる。この間に、デカルトの骨を巡るあれこれを知っていた何者かが、悪戯か詐欺か金儲けのために、その辺の普通の頭蓋骨にそれらしいことを書いてやれと思つくというようなことは一切無かった、と誰が断言できようか？　そして最初の所有者が欺されたなら、その後の所有者たちはそのままその来歴を受け入れるだろう。ドランブルは言う、彼らは皆「証拠の無い主張を受け入れ続けたのだ」。かつてこの頭蓋骨の中にあった脳こそが「我惟う、故に我在り」と考えたのだと信じ続けたのだ。

あれこれ考えると、頭部が胴体と切り離されたことはないと推論するのが妥当だとドランブルは言う。ドランブルが柩の中に見た異物は、ほとんどは断片だった。つまり思うに、これは遺体が厳しい環境に曝されたことを示している。ということは当然その頭蓋骨も同様の状況下に置かれたのであり、ゆえに同様の状態となったのだ。「百六十九年を経た頭蓋骨が同様の状態となるのはあり得ないことではない」。そして最後にドランブルは、この報告書をアカデミー紀要に収録することを要望する。「後世、私の見解に反論する、もしくは私の疑いを明確に裏付ける人物が現れるように」。

だが、反論はすぐに出た。この尊敬すべき盟友の話に耳を傾けるキュヴィエは内心、気が気ではなかったらしい。ドランブルの報告書は矛盾と的外れのごった煮だった。キュヴィエは思わず

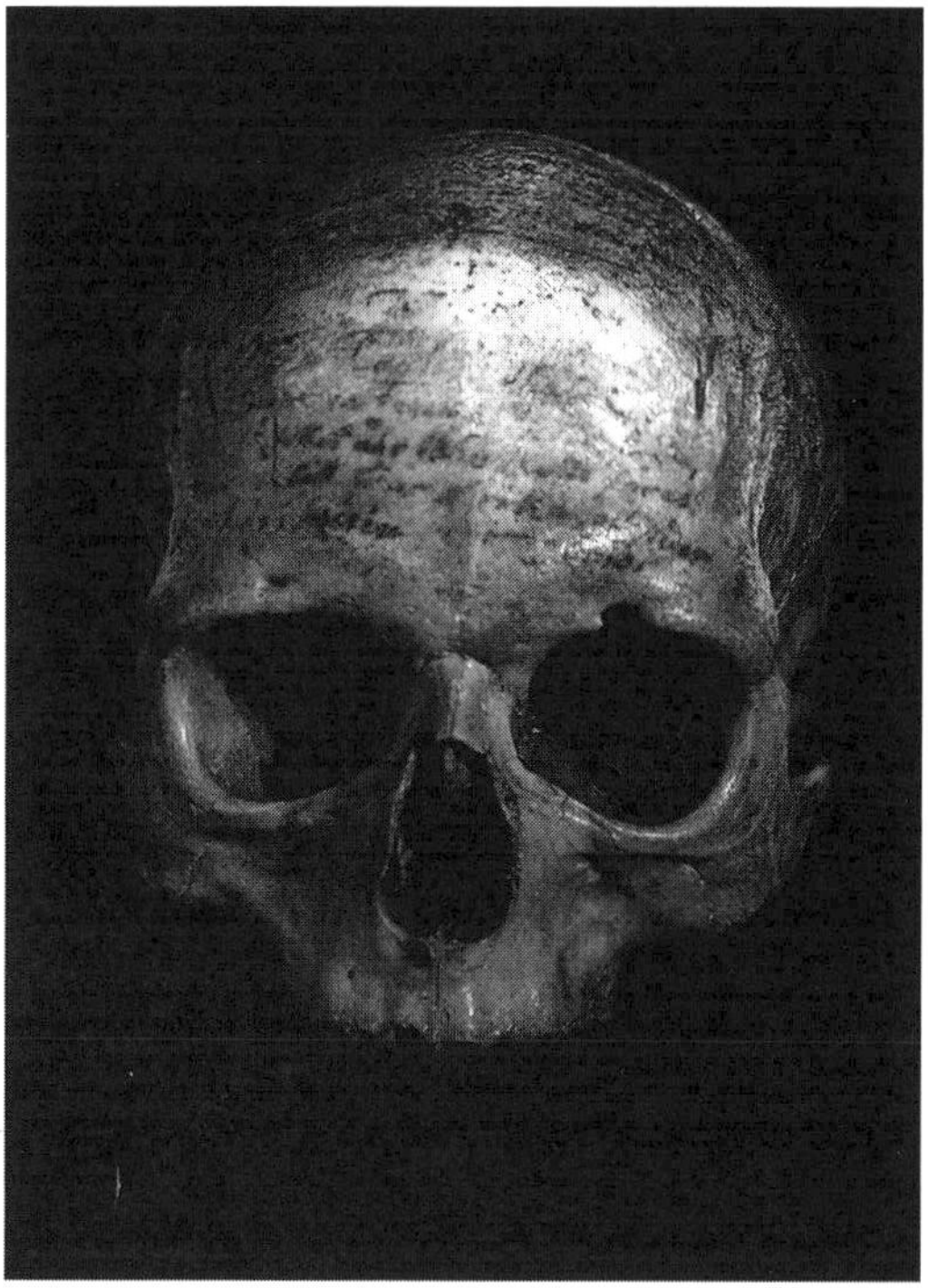

◀デカルトの頭蓋骨．額にはスウェーデン語で，1666年にこの骨が盗まれたことが書かれている．この年からこの骨の遍歴が始まった．その上にはデカルトの才能を讃え、胴体が散逸したことを嘆くラテン語の詩．

Musée de l'homme, Paris

▼ストックホルムの女王クリスティナの宮廷の様子．18世紀．ピエール・ルイ・デュメニル画．デカルトは右側に立っている．女王は彼の対面に座っている．

アムステルダムの中央広場〈ダム〉17 世紀.
デカルトがこの街を去った直後 ▶

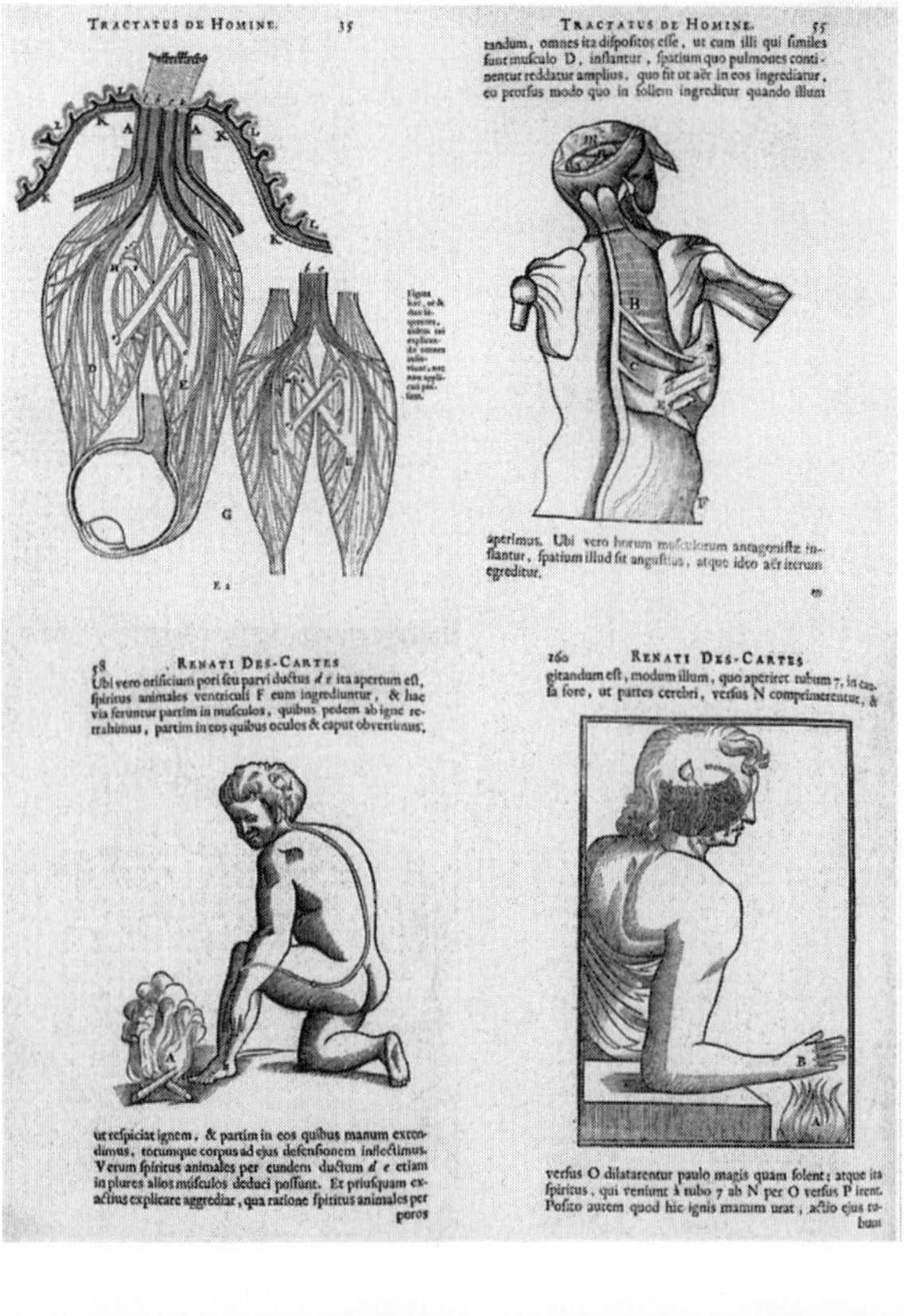

TRACTATUS DE HOMINE. 35

E 2

TRACTATUS DE HOMINE. 55

tandum, omnes ita diſpoſitos eſſe, ut cum illi qui ſimiles ſunt muſculo D, inflantur, ſpatium quo pulmones continentur reddatur amplius, quo fit ut aër in eos ingrediatur, eo prorſus modo quo in ſollem ingreditur quando illum

aperimus. Ubi vero horum muſculorum antagoniſtæ inflantur, ſpatium illud fit anguſtius, atque ideo aër iterum egreditur.

58 RENATI DES-CARTES

Ubi vero orificium pori ſeu parvi ductus *d e* ita apertum eſt, ſpiritus animales ventriculi F eum ingrediuntur, & hac via feruntur partim in muſculos, quibus pedem ab igne retrahimus, partim in eos quibus oculos & caput obvertimus,

ut reſpiciat ignem, & partim in eos quibus manum extendimus, totumque corpus ad ejus defenſionem inflectimus. Verum ſpiritus animales per eundem ductum *d e* etiam in plures alios muſculos deduci poſſunt. Et priuſquam exactius explicare aggrediar, qua ratione ſpiritus animales per poros

160 RENATI DES-CARTES

gitandum eſt, modum illum, quo aperiret tubum 7, in cauſa fore, ut partes cerebri, verſus N comprimerentur, &

verſus O dilatarentur paulo magis quam ſolent; atque ita ſpiritus, qui veniunt à tubo 7 ab N per O verſus P irent. Poſito autem quod hic ignis manum urat, actio ejus tubus

デカルトによる解剖図
心身の相関を示す.
『人間論』より ▶

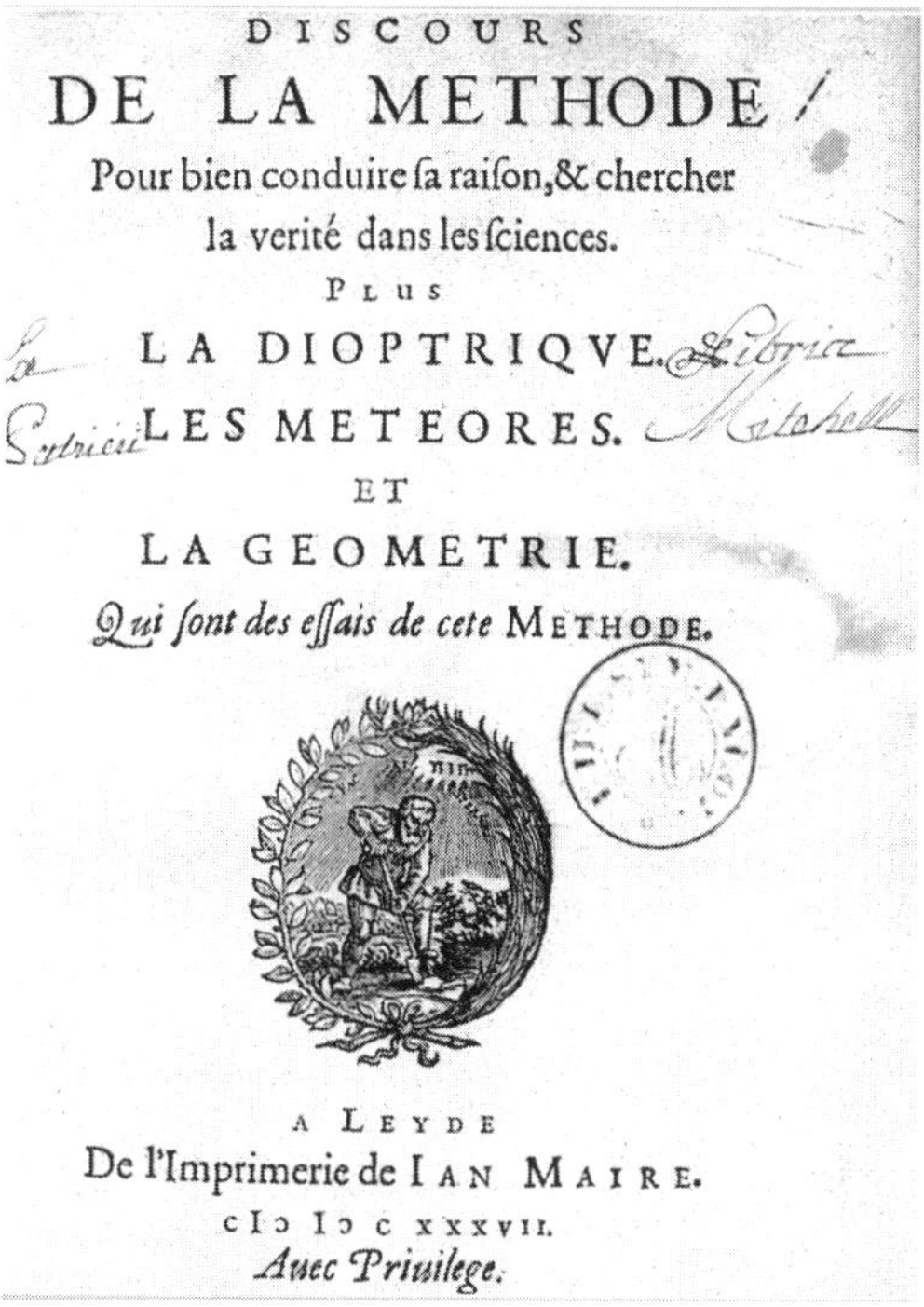

DISCOURS
DE LA METHODE
Pour bien conduire ſa raiſon, & chercher
la verité dans les ſciences.
PLUS
LA DIOPTRIQVE.
LES METEORES.
ET
LA GEOMETRIE.
Qui ſont des eſſais de cete METHODE.

A LEYDE
De l'Imprimerie de IAN MAIRE.
cIↄ Iↄ c XXXVII.
Avec Privilege.

◀デカルトの記念碑的作品の扉

▼（左）ヘンリクス・レギウス　デカルトの「一番弟子」
（右）ギスベルト・ヴォエティウス　1630年代のネーデルランドにおけるデカルト批判の急先鋒

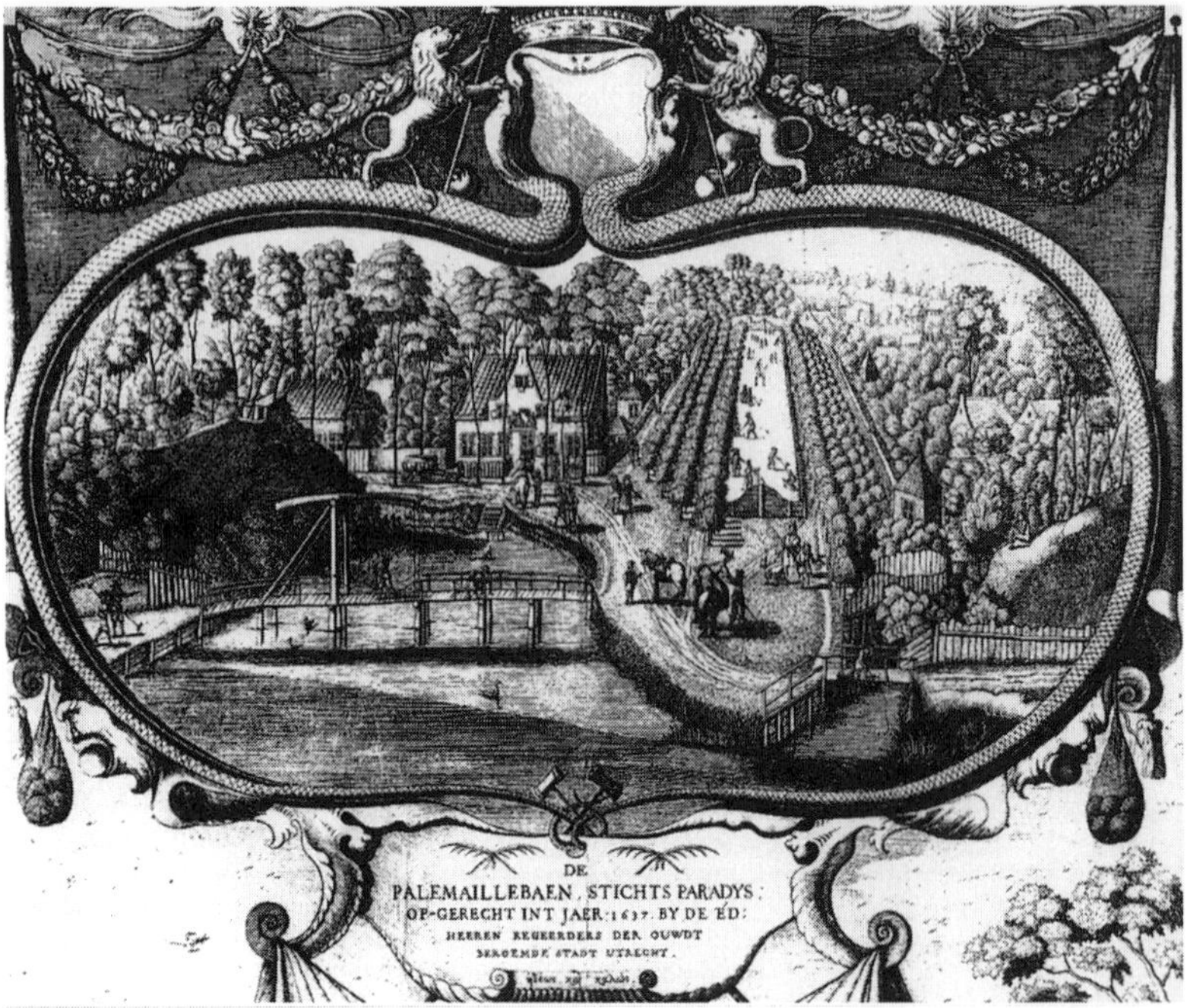

▲1640 年代のオランダ、ユトレヒトのデカルト宅の図

1600 年代半ば、ジャック・ロオルが毎週デカルト主義者のサロンを開いていたパリの館. 今日ではカラオケ・バーが入居している. 著者撮影 ▶

◀旧サント＝ジュヌヴィエーヴ教会から発見された柩や遺物を示す 18 世紀の細密な図. デカルトの柩は描かれていない.

◀右側の建物がパリのサント＝ジュヌヴィエーヴ教会. デカルトの骨の第二の安息の場. フランス革命の最中、アレクサンドル・ルノワールはここからデカルトの遺骨を回収したとされていた. この教会は現存しない.

◀革命期の略奪から墓や記念碑を死守せんと奮闘するアレクサンドル・ルノワール

▲アレクサンドル・ルノワールのフランス記念碑博物館の内部を描いた図．18 世紀．ナポレオンはこれを見てシリアを思い起こした．

パリ国民公会においてデカルトとその遺骨に特別の栄誉を与える旨を記した法令．1793 年 10 月　▶

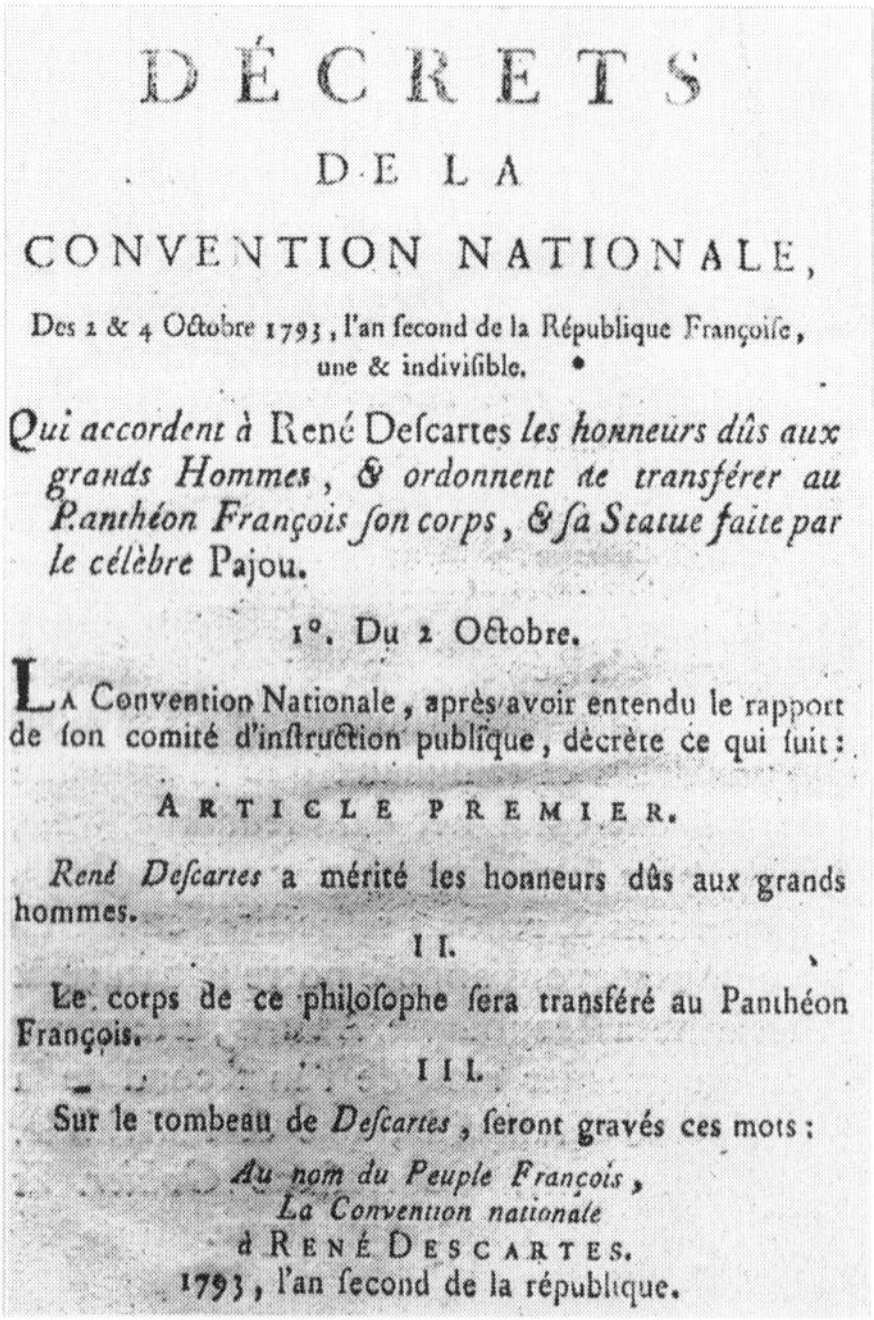

DÉCRETS
DE LA
CONVENTION NATIONALE,

Des 2 & 4 Octobre 1793, l'an second de la République Françoise, une & indivisible.

Qui accordent à René Descartes *les honneurs dûs aux grands Hommes, & ordonnent de transférer au Panthéon François son corps, & sa Statue faite par le célèbre* Pajou.

1°. Du 2 Octobre.

LA Convention Nationale, après avoir entendu le rapport de son comité d'instruction publique, décrète ce qui suit :

ARTICLE PREMIER.

René Descartes a mérité les honneurs dûs aux grands hommes.

II.

Le corps de ce philosophe sera transféré au Panthéon François.

III.

Sur le tombeau de *Descartes*, seront gravés ces mots :

Au nom du Peuple François,
La Convention nationale
à RENÉ DESCARTES.
1793, l'an second de la république.

◀フランス・ハルスの筆によるとされるデカルト像
Frans Hals (c. 1582/83-1666)/SMK Foto/ Statens Museum for Kunst, Copenhagen

ポール・リシェによるデカルトの胸像▶
1913 年．およびその取り外した顔
Ecole Nationale Supérieure des Beaux-Arts, Paris

◀ルーヴルにあるよく知られたデカルト像．フランス・ハルスの手になるものとされてきた．
c. 1649(oil on canvas) by France Hals (c. 1582/83-1666) (after) © Louvre, Paris, France/ Lauros/Giraudon/The Bridgeman Art Library Nationality/copyright status: Dutch

SKETCH IDENTIFIES SKULL OF DESCARTES

Drawing Made from Franz Hals's Portrait Removes Doubt of Relic's Authenticity.

CURIOUS HISTORY OF SKULL

Kept by a Swedish Officer, It Changed Hands Nine Times Before Reaching a Paris Museum.

Special Cable to THE NEW YORK TIMES.

PARIS, Jan. 25.—Whether a skull can be identified from a portrait is the interesting question raised by what is regarded as the final solution of the mystery of Descartes's skull. Prof. Paul Richer of the Academy of Fine Arts, to whom was intrusted the task of inquiring whether the skull in the possession of the Museum of Natural History was really that of Descartes, has compared it with Franz Hals's portrait of the great philosopher and now gives an affirmative answer.

◀ポール・リシェによるデカルトの頭蓋骨の分析を報ずる〈ニューヨーク・タイムズ〉の記事.
1913 年 1 月 26 日

▼頭蓋骨に基づくデカルトの胸像. 東京における〈大「顔」展〉のために製作されたもの.
国立科学博物館、東京

立ち上がった。どんな分析にも、常識というものを働かさねばなりません。例えば、常識的に考えて、胸像を造るために死んだばかりの胴体から直ぐさま頭部を切断したりするようなことがありましょうか？　そんな気持ちの悪い仮定をせねばならぬ根拠がどこにありますか？　われらが尊敬すべき終身書記殿は、あまりにも複雑怪奇すぎるシナリオを書かれたようですな、とキュヴィエはたしなめた。科学の教義の一つである「節減の原理」によれば、入り組んだ説明よりも単純な説明が好まれる。当然ながら、このプランストレームなる人物が頭蓋骨を取得したと考える方が、誰かがデカルトの頭蓋骨を手に入れてもいないのに別人の頭蓋骨を使って法螺を吹いたと想像するより理に適っている。そもそも、何ゆえにこの研究が始まったのかを思い起こして戴きたい。二年前に柩を開けたら、そこに頭蓋骨がなかったからではありませんか。

さらに、頭蓋骨そのものに、それがいつ胴体と分離されたが書いてあります――一六六六年と。これはつまり、フランス大使公邸で儀式が行なわれた当時、ストックホルムにおいて遺骨が発掘された年であります。当然ながら「この頭部が分離された時とは、遺骨をフランスに送るために箱詰めにした時点であります」。誰がこれを取得したのかについても、やはり明確な証拠がありますーー決定的とは言えませんが、有力な証拠です。「プランストレーム」。この人物の正体を探りなさい。さすれば謎も解けましょう。

キュヴィエは内心、この終身書記に呆れ返っていたのかもしれない。確かにドランブルは、デカルトの頭蓋骨に関する見解を開陳した時点で、僅か数年前と比べても明らかに病み衰えていた。病は重く、既に遺産だの相続だのの手続きをしていたほどだ（そして翌年には帰らぬ人となる）。老衰か何かのために頭が呆けていたのか？ ドランブルの頑固さ、強情さはアカデミーのメンバー全員が知るところである。それは彼の幼児期の体験に由来するものらしい。非常に幼い頃に患った天然痘のために、彼は視力が不自由となり、睫毛まで失った。そのため、彼は終生、すぐにそれと判る異様な相貌を持つこととなった。視覚が不自由であったために、それを補うために過剰な努力をした。何とか視力を回復させようと猛烈に読書し、その甲斐あってある程度回復した。そして彼は、筋疾患の患者がプロのアスリートになると誓うかのように、望遠鏡の小さな穴を覗き込んだ。その藪睨みの目で何十万マイルも彼方の光の点を捉え、そこに何らかの新しいものを読み取ろうとした。彼は誰の目にも明らかな自らのハンディキャップを捻じ伏せ、当代随一の天文学者になろうとしたのである。科学に革命を起した標準単位の創設は彼の業績の一部に過ぎない。

だがその彼にして、既に頭が衰えているというのか？ キュヴィエは自問したに違いない。ドランブルはこの頭蓋骨の分析において、敢えて問題を複雑化することに力を注いでいるとしか思えない。だが、実は理由はもう一つあったのだ。ドランブルは何が何でも、状況証拠のようなものを拒絶したかった。科学研究であれ何であれ、少しでも曖昧なものは徹底して排除しようとしたのである。実はそれには、個人的かつ極めて異常な理由があった——キュヴィエも、また他のアカデミーのメンバーも誰一人としてそれを知らない。もしも知っていれば、騒ぎの一つも起きていたはずだ。

三十年前のこと。ドランブルは地球の円周の長さに基づくメートル法を算出するために、自らのチームを率いていた。当面の目的はダンケルクからバルセロナまでの距離の計測である。この時彼にはピエール＝フランソワ＝アンドレ＝メシャンという相棒がいた。二人の天文学者[*4]はそれぞれ仕事を分担し、ドランブルはパリを出て北へ、そしてメシャンは南へと向かった。何年にも及ぶ苦労、何千マイルにも及ぶ旅、数え切れないほどの計算の末、ようやく仕事は終り、最終的な結論が出た。だがその後、ドランブルはあり得ない事実に気づいてしまう。何と相棒が計算を間違え、しかもそれを隠蔽していたのだ。ドランブルがこの事実に気づいたのは一八一〇年、デカルトの骨に出逢う十一年前のことである。そこで彼は、ある一つの決断をした。『万物の尺度を求めて』（二〇〇二）のケン・オールダーに言わせれば、人間としても学者としても致命的な決断である。つまり彼は相棒の隠蔽を隠蔽したのだ。パリ天文台の文書庫で、オールダーはドランブルの手描きの手記を発見した。おそらく書かれて以来、誰の目にも触れていないと思われるものだ。「私は公衆に知らしめるべきことを語らなかった。この重大な任務において、その権威を揺るがせるであろう詳細の全てを握り潰したのだ……メシャン氏の名声をほんの少しでも傷付ける可能性のあるものを全て、入念に隠滅したのである」。一方でドランブルは、相棒の誤りと、彼がそれに気づいていたことを証明するこの手記を残していた。つまりかつて彼は真実と過誤と正確性の問題にさんざん苦悩した挙げ句、過誤と不正確を許容したのである。今、人生の終りを迎えたドランブルに与えられた仕事は、実用上の意味はほとんど無いが、象徴的な重要性を持つ任務だ。そこで彼は、絶対的な確実性が得られぬ限り「疑わしきは罰せよ」という欲求に取り憑かれたのである。この欲求と、彼が科学上の誤りを発見しておきながらその隠蔽を決意したという事実とを直接繋ぐものは何も無い。だがオールダーによれば、メシャンの誤りと、ドランブルがそれに気づいていたという事実は、科学史の上で極めて重要だ。なぜならこの二つの事実は、当時の「ハード」サイエンティストの側に、完璧な正確さなど不可能であり、自分たちの仕事には過誤と不正確が付き物であるという認識が兆しつつあったことを示しているからである。ドランブルが相棒の誤りを隠蔽しようとしたことが、もしも蓋然性や過誤は必然であるという極めて近代的な認識の目覚めを示しているのだとしたら、デカルトの頭蓋骨が本物であることを示す状況証拠を彼が拒否したのは、また別の方向への力――すなわち不確実性を根絶せんとする純化への、言わば反動的衝動だったのだ。

一方キュヴィエは、この頭蓋骨にまつわる証拠を見る限り、自分がこの仕事を引き継いでも大丈夫だと考えた。調べるべきは、ストックホルムにおける発掘の際の状況だ。彼はオートリーヴ伯アレクサンドル＝モーリス・ブラン・ド・ラノットなる人物に接触した。外務省公文書課に席を置く人物だ。このオートリーヴは特異な経歴の持ち主で、オスマン帝国への外交使節としてコンスタンティノープルを訪れ、ニューヨークでは建国間もないアメリカ合衆国領事を務めた後、現職に就いた。キュヴィエはデカルトの生前と死後の要点を掻い摘んで述べ、遺骨の移送に関わった役人の名を告げた。おそらく、当時の外交文書の中に何らかの答えがあるだろう。

キュヴィエ、ドランブル、そしてオートリーヴはいずれも、今日のわれわれと同じデカルト伝を手にしていた。一七世紀の司祭アドリアン・バイエの手になるものだ。キュヴィエは、バイエが同書の中で幾つかの手紙を参照したと仄めかしていることに気づいた。テルロンがフランスの財務大臣ダリベールに宛てた手紙、そしてポンポンヌ男爵シモン・アルノーによる手記である。アルノーはテルロンの後継としてスウェーデン大使に就任しようとしていたところで、一六六六年の発掘と、大使公邸での儀式に参加していた。

だがオートリーヴは政府関係書類の中にめぼしいものを見つけ出すことはできなかった。「在スウェーデン・フランス大使ル・シュヴァリエ・ド・テルロン殿の一六六六年および一六六七年の書簡には、デカルトの遺骨のフランス移送に関する言及は一言もありませんでした」とオートリーヴはキュヴィエに報告している。

だが、彼は面白いものを発見をした。「さまざまな出版物を調べてみればどうかと言われ、そうしてみたところ、問題の物品に関わる興味深い情報がありました」。オートリーヴは、一七〇〇年代半ばのスウェーデン語の作品の中に、デカルトの骨に関する記述を見つけたのだ。そこにはある人物の名前と、それにまつわる物語が記されていた。この資料によれば、頭蓋骨を取得した人物は、最初の発掘を巡る出来事に関係しているという。資料に記されたその人物の名は、「Is・プランストレーム」。

かくしてわれわれは始まりに戻る。それは言わば終りでもある——一六五〇年の真冬の真夜中。ストックホルム中心街のとある館の二階で、病んだ男が息を引き取る。一悶着あって、男は一マイル先、街外れの侘しい墓場に葬られることになる。それから十六回の夏が来て、その度に太陽は遺骨の眠る土を暖め、十六回の冬はそれを芯まで凍らせた。最初の百二十八日で——現代の法廷人類学の所見によれば、平均気温華氏五〇度においては——軟組織は腐敗した。最初の年に、骨の漂白が始まった。十年も経たぬ内に、骨は剝離し、罅割れが始まる。柩が脆弱なら（「穴だらけ」と記されている）植物の根、動物、虫の類がその崩壊を早める。

埋葬から十六年後、遺骨は掘り返され、その男が最後を過した同じ館へと運び込まれる。そのフランス大使公邸の礼拝堂で儀式が行なわれ、スウェーデンのカトリック教会のお歴々が集まる。骨——既にばらばらになっている——は長さ七十五センチの銅製の柩に移される。ちょうどデンマークで新たな任務に就こうとしていた聖ヨハネ騎士団員にして在スウェーデン・フランス大使ユーグ・ド・テルロンが、個人で所有するために右手の人差し指の骨を所望する。それから柩はそのままテルロンの公邸で、ストックホルム守備隊の警護の下で保管される。その後、骨はコペンハーゲン経由でパリに旅立つ。

イザーク・プランストレームはこの守備隊の隊長だった。オートリーヴの資料はその詳細を明らかにしていた。それによれば一七五〇年、スカーラ出身の校長スヴェン・ホフなる人物が、数年前にストックホルムの友人ヨナス・オロフソン・ボングを訪ねた。ボングは誇らしげにルネ・デカルトの頭蓋骨をホフに見せたという。ボングはその頭蓋骨を父親から譲り受けた。この父というのがビール醸造業者兼商人のオロフ・ボングである。子ボングは父がこれを手に入れた由来も聞かされていた。彼に借金をしていた人物が死に、父ボングは借金の代わりにその男の資産を手に入れた。その中にデカルトの頭蓋骨があったという。父ボングによれば、その死んだ男はプランストレームという名で、昔、デカルトの骨がフランスに渡る前にその警護に当たったことがあった。彼がその行為に及んだのは、スウェーデンが「これほど高名な人物の遺骨の全てを失うのは余りにも惜しい」と感じたからだ。ボング曰く、この衛兵はその後、死ぬまで「世にも貴重な哲学界の聖人の遺骨」としてこの頭蓋骨を保有していた。次にボングが同様に死ぬまでこれを保有し、そして息子に譲った。

子ボングは以上のような話を友人であるホフに話し、この骨に何か格好良い言葉を書きたいのだが、と相談した。そこでホフはラテン語で詩を書き与えた。後にボングはその詩を頭蓋骨の上に書き付けた。ホフの記録にはそのラテン語の詩も含まれており、それは今やアカデミーの手許にある頭蓋骨に書かれたものと一致していた。

ベルセーリウスはキュヴィエへの手紙の中で、頭蓋骨に書き込まれたさまざまな名前に言及していた。中には全く読めない、あるいは部分的にしか読めないものもあったが、いずれにせよそれを手掛かりに、スウェーデンにおける頭蓋骨の来歴が解けるかもしれないと示唆していた。実際にそれを行なったのはペーテル・リリエワルチという人物で、一八六〇年代から一八七〇年代にかけてのことだった。リリエワルチはスウェーデンのルンドに生まれ、医学博士となって、伝染病の専門家として軍隊に入った。デンマーク、ドイツ、ロシアを巡り、最終的に一八二九年から一八六〇年まで、スウェーデンとノルウェイの女王デシデリアの侍医を務めた。その後、リリエワルチはルンドに戻り、退職後の奇妙な計画として、ルネ・デカルトの頭蓋骨の所有者の系譜作りに没頭したのだった。

二〇〇六年夏、私はルンド大学図書館写本部を訪ねた。司書は私の前に「リリエワルチ」のタグの付いたコレクションをずらりと並べた。フォルダの中には繊細な紙が詰まっており、それぞれに優美な一九世紀の手書き文字がびっしり書かれている。リリエワルチは時間を遡り、何らかの理由でこの頭蓋骨を所有するに至った男たちの生涯と業績を調べていった。子ボングの次の所有者となったのはヨハン・アクセル・ヘーゲルフリクトという軍人で、一七四〇年に世を去るまでこれを持っていた。その後、彼の資産は散り散りとなり、頭蓋骨はアンデルス・アントン・スティールンマンという政府高官の手に渡った。彼の名は今でも、一七五一年という年号と共に右側に判読可能である。スティールンマンが死ぬと、女婿オロフ・セルシウスがこれを手に入れ、即座に自らの署名を後頭骨、すなわち後下部に書き込んだ。このセルシウスは聖職者で、ルンドの主教となった。彼はデカルトの頭を科学の御神体と考えて大事にしていたに違いない。科学には何かと縁の深い家柄だったからである。彼の父親は植物学者であり、その他にも親戚に天文学者や数学者らがいた。従兄弟のアンデルス・セルシウスもまた天文学者で、「セ氏」という温度の単位にその名を残している。

デカルトの頭蓋骨は、何らかの形で近代を体現する人々の手から手へと渡り歩いていくらしい。だとすれば一見、次の所有者であるストックホルムの「経済界の首領」ヨハン・フィシェルストレームはそれにはあてはまらないように見える。だがフィシェルストレームが情熱の人であったことは間違いない。彼の人生で注目すべきはその仕事ではなく、むしろ恋愛である。彼はスウェーデン初のフェミニストとも呼ばれるヘードヴィク・シャルロッタ・ノルデンフリュクトに一目惚れされるのだ。彼女は熱心な哲学の徒で、啓蒙主義時代のストックホルム随一の文学愛好会の大御所だった。〈精神建築家の会〉である。ノルデンフリュクトは常に哲学のこと——例えば倫理的決断における理性の役割とは何か、とか——と恋愛のことで悩んでいた。その詩才の誉れは高かったが、作品は専ら自然や喪失感を詠うものだった。一七六〇年代の初め、彼女は〈精神建築家の会〉の会合でフィシェルストレームと出逢った。彼女は四十代前半、彼は二十代後半。そして彼女は忽ち恋に落ちた。だが彼は彼女の年若い友人の方を選んだ。伝説によれば、この失恋の結果、彼女は入水自殺したという。だが女誑しのフィシェルストレームはその後も生き延び、デカルトの頭蓋骨を手に入れて、自らの珍奇陳列棚にそれを加えた。

フィシェルストレームは一七九六年に死ぬまでこれを持っていたが、死後彼の財産は競売に掛けられ、租税査定人アールグレンなる人物がこれを落札した。その署名は、かつて左耳があった辺りに今も微かに見える。

一七六〇年代、すなわちストックホルムでヘードヴィク・シャルロッタ・ノルデンフリュクトがフィシェルストレームに振られていた頃、同じくスウェーデン人の熱心な哲学の徒であるアンデルス・スパールマンは、偉大なる植物学者カルル・リンネウスの下で、望みうる最高の科学教育を受けていた。勉学の締めくくりとして、スパールマンはアジアへ行くために、とある船の船医となった。こうして二年間を支那で過ごした後、彼の地の動植物の標本を山のように抱えて帰国した。これが彼自身の珍奇陳列棚の出発点となった。一七七二年、自然界の標本を集めたいという情熱に突き動かされてアフリカに渡った彼は、怪我人を診たりケープ植民地の高官たちの子弟の勉強を見たりしながら日銭を稼ぎ、ひたすら己の蒐集癖を満たし続けた。同年のある日、テーブル湾に停泊中の船から、ジョン・フォースターと名乗る英国人がやって来た。フォースター自身も博物学者で、二人はすぐに深い友情で結ばれた。フォースターは言った、スパールマン君のような若い博物学者にとっては、今私の乗っている船ほど素敵な場所は無いね。その船長であるジェイムズ・クックは当時、二度目の冒険旅行の途上だったが、フォースターは彼に掛け合い、この若きスウェーデン人博物学者はなかなかの逸材ですよと推薦した。

歴史のヒッチハイカー・スパールマンは、その後の三年間をキャプテン・クックの船で過ごす。南極大陸の叢氷を掻い潜り、南極圏を巡り、ニュージーランドを周回し、タヒチを初めとする南太平洋の島々を探訪した。キャプテン・クックの使命はある意味では、既成の知識への挑戦だった。ちょうどウィリアム・ハーヴィの血液循環説が昔の体液説への挑戦であったように——そしてデカルトの哲学がスコラ哲学の提示する中世の知識体系への挑戦だったように。王立協会はキャプテン・クックに「テラ・アウストラリス」の発見を命じていた。これはアリストテレスと以後の著述家が想定した南極にある仮想の大陸である。古代人は、地球の北半球の陸地とバランスを取るために南半球にも巨大陸塊が存在しているはずだと考え、これを「テラ・アウストラリス」と呼んだ。王立協会のメンバーの多くもこの理屈を信じていた。キャプテン・クック自身は最初の航海の結果に基づいて、そんなものはないと述べていたのだが。

結果としてテラ・アウストラリスの存在を否定することになる航海――そしてこの航海は幾つかの点で世界に対する知識を拡大することとなるが――を手伝いながら、スパールマンは膨大なノートを取り、これに基づいて『喜望峰への旅』を著わした。同書は一八世紀における博物学の古典となり、キャプテン・クックの経歴の標準資料となった。その後、自ら南アフリカ内陸部を探険した後、スパールマンは山のような標本を持ってスウェーデンに帰還した。それからロンドンに赴き、当時世界最大とされた博物学標本のコレクションを見学した。

この頃には彼はストックホルムに落ち着き、既にスウェーデン最高の科学者という賞賛を浴びていた。一七九〇年代には外科学校の教授となり、一八〇二年には若きベルセーリウスが彼の無償の助手の地位を獲得する。三年後、スパールマンは引退し、最終的にはベルセーリウスがその後を継ぐことになるのは前述の通り。同じ頃、税吏アールグレンは友人のスパールマンに、ちょっと面白いものを手に入れたんですよと持ちかけたらしい。この手の話に飛び付かぬスパールマンではない。彼は世界中を回ってありとあらゆる生物の頭蓋骨や大腿骨、腓骨や化石を集めてきたのだ。近代哲学を生み出した頭蓋骨は、彼のコレクションの圧巻となるだろう。

つまりアレクサンドル・ルノワールがパリのフランス記念碑博物館の中庭でデカルトの遺骨と称するものの番をしていた時、その頭蓋骨はストックホルムで、ベルセーリウスの恩師のコレクションの一つとなっていたのだ。ベルセーリウスはこの遺骨が移送される時、たまたまパリにいた。このことが言わば、精神と身体を再び結びつけるきっかけとなったのである。

だが本当にそうなのか？　フランス科学アカデミーの賢人たちはこの頭蓋骨が本物だと結論できたのか？　彼らの中にスウェーデンでのこの頭蓋骨の来歴を知る者は誰もいない。だがホフの情報はそれを裏付けている。キュヴィエとドランブルは初めてこの頭蓋骨を見てから五ヶ月後に再びアカデミーで会合を持った。ドランブルはオートリーヴの新情報に関する追加の報告書を提出した。ドランブル曰く、確かにこの新情報には信憑性がある。だが自分としてはまだ疑念が残ると言わざるを得ない。なぜなら、学校長ホフの証言は新たな疑問を生ぜしむるからである。ホフによれば、「ストックホルム守備隊隊長イザーク・プランストレームがデカルトの棺台から頭蓋骨を取得した、そして別のものとすり替えた」という。もしそうなら、後にこの遺骨を見た者——例えば一六六六年にフランス国境で柩を開けた税官吏など——が特に異常を報告していないのも頷ける話だ。だが、逆に言えば新たな謎が生じることになる。この第二の頭蓋骨、偽のデカルトの頭はどうなったのか？

フランスの科学者がこうした問題に頭を悩ませていた頃、ベルセーリウスはたまたまスウェーデン人の友人に手紙を書いて、ルネ・デカルトの頭蓋骨を取り巻く奇妙な状況を説明し、願わくば本物だということに落ち着いて欲しいと述べた。それに対する返事を読んで、彼は歯軋りしただろう。非常に興味深い話だね、と手紙の主であるハンス・ガブリエル・トロール＝ワクトメイスターは言った。彼は貴族であり、政府高官であり、アマチュアながら化学に造詣が深かった。「けれども、本当にその頭蓋骨が本物だと思うのかい？」。トロール＝ワクトメイスターはベルセーリウスに告げた、実はルンドにはもう一つ、デカルトの頭蓋骨とされているものがあるんだ。「教区牧師も議会もそれを本物だと言っている」。そして彼は冷たく言い放った、物事の道理からして、かの偉大なるデカルトなら、頭が二つあったとしてもおかしくはないかもしれないね、なぜなら「われわれは頭が一つしかない連中がどれほど馬鹿か、嫌と言うほど見ているのだから」。

つまりこれが第二の頭蓋骨なのか？　実際にデカルトの頭蓋骨は二つも出回っていたのか？一つは本物で、もう一つはプランストレームが銅の柩に入れた影武者？　だがそうなら、なぜ両方ともスウェーデンにあったのか？　一つはテルロン一行と共にパリに来たのではないのか？

だが、これはまだ序の口に過ぎない。パリでは、賢人たちがもう一つの頭蓋骨を巡って鳩首している。スヴェン・ホフに関する情報は、ヨハン・アルケンホルツという人物が書いた四巻本の女王クリスティナ伝の中に出て来る。一七五一年に出版された第一巻で、ホフとデカルトの頭蓋骨の出逢いが述べられているのだ。一七六〇年に第四巻が出る頃には、アルケンホルツ自身がすっかりこの脇筋に夢中になっていた。一七五四年、彼は「この頭蓋骨の一部を購入した。これは本物であると証明されているもので、残りの部分は故ヘーゲルフリクト氏の陳列棚にある」。つまり、今やかつてデカルトのものだったとされる頭蓋骨もしくはその断片は、四つに増えたのである。この状況は、初期キリスト教の聖遺物取引にそっくりだ。聖人の骨がどんどん増殖して行き、ジャン・カルヴァンはそのプロテスタント的軽侮を以て、今やヨーロッパ全土には船の積み荷を一杯にできるほどの「本物の聖十字架」の断片が出回っていると述べている。

とは言うものの、この頭蓋骨の山の少なくとも一部を除外することは可能だ。トロール＝ワクトメイスターの言うとおり、ルンド大学にはデカルトの骨の一部と称されるものがある。これはたぶん、一八六〇年代にリリエワルチがその所有者の系譜を辿ろうと思い立ったきっかけとなったものだろう。実際、それはまだそこにある。ヨーロッパ中の歴史博物館に共通することだが、ルンドの歴史博物館《ヒストリスカ・ムゼート》もまた、遙か昔の誰かの珍品コレクションが元になったものだ。同博物館は二一世紀らしい設備――今風のラベリングやインタラクティヴィティ――を備えているが、概ね昔ながらの古風な雰囲気を残している。一七三五年、キリアン・ストベウスという科学者が自らのコレクションをルンド大学に寄贈し、これが後にヨーロッパ初の考古学博物館へと発展した。彼は世界各地の民芸品にとりわけ興味を抱いていた。スウェーデンのど真ん中で、アメリカ・インディアンの民芸品――矢、籠、装身具、樺材のカヌー――に出くわすと仰天する。職員である歴史家ハンプス・キンティオに案内して貰ったが、これらの品はアメリカ各地の博物館の羨望の的であるらしい。アメリカ独立革命よりも何十年も前のもので、ほとんどが申し分のない保存状態を保っているのだ。

アメリカ・インディアンのコレクションと同じ部屋にある一つのガラスケースには、人間の骨の欠片が収まっている。古い書体で「Cartesi döskalla 1691 N.6.」とある。その隣にあるのは、確実に意図的な配置だが、刺繍を施した紫のスリッパだ。余りにも小さいので、まるで人形用のようだが、かつて女王クリスティナが履いていたものである。骨の断片は湾曲しており、手を窄めたくらいの大きさだが、トロール＝ワクトメイスターが言っているのはこれのことだ。その六十年前にアルケンホルツが「残りの部分は故ヘーゲルフリクト氏の陳列棚にある」と述べたのもこれである。リリエンワルチの業績によって、この骨にもちゃんとした歴史があり、それはパリにある頭蓋骨の歴史に極めて近いということが判明した。ただ問題は、この断片——左頭頂骨——はパリの頭蓋骨の一部ではないということだ。両者が共にルネ・デカルトの遺骨であるということはあり得ない。

一九八三年、ルンドの陳列棚にある湾曲した頭頂骨が、同大学の病理学教授C・G・アールストレームの注意を惹いた。彼は二人の同僚と共に、詳細な科学的・歴史的調査を行なった。解剖学的特徴——計測、色彩、矢状縫合前部の僅かな欠刻——の報告の他、この骨は完全な部品であることに彼らは気づいた。これは重要な手掛かりである。人間の頭蓋骨は一つの塊ではなく、二十三個の骨が縫合線と呼ばれるぎざぎざの接合部で繋がっている。ルンドの骨は複雑な縫合線を備えた完全な一つの部品で、つまり切り取られたり割られたりした形跡がない。「この骨が完全に無傷であるという特徴は、これが極めて入念に頭蓋骨から取り外されたことを示している。おそらく〈ブラスト法〉という方法を用いたのだろう」。アールストレームは言う、「この方法では、頭蓋骨内部の空洞に乾燥豆もしくは穀物を詰める。そこに水を注ぐと、詰め物が膨らみ、その内圧によって、頭蓋骨同士が徐々に外れて行く。この方法は現在もなお使われているが、非常に長い歴史を持ち、一七世紀から一八世紀にかけて、人間や動物の骨を陳列用にするのに用いられていた」。

となると、奇妙な光景が目に浮かぶ。何者かが苦労して、方々にばらまくために頭蓋骨を分解している図だ――つまり聖遺物を増やしているのである。おそらくアルケンホルツが手に入れたのは同じ頭蓋骨の別の部分で、今では失われてしまったのだろう。同様に奇妙な事実だが、一七〇〇年代半ばのヘーゲルフリクトに始まって、代々の頭蓋骨の所有者は、同時にその断片の方もまた所有していたのだ。ルンド大学の記録に拠れば、件の頭頂骨がコレクションに加わったのは一七八〇年のことだが、旧姓をスティールンマンという女性から寄贈されたという。スティールンマンと言えば頭蓋骨の所有者の中に同名の人物がいた。そしてこの寄贈者はオロフ・セルシウス主教の妻で、アンデルス・アントン・スティールンマンの娘であった。このことと、アルケンホルツの情報——一七五四年にヘーゲルフリクトが頭蓋骨の断片を所有していた——を合せると、三代に亘る頭蓋骨の所有者（ヘーゲルフリクト、スティールンマン、セルシウス）が、同時に断片の方をも所有していたことになる。彼らが何を考えていたのかは全く不明だ。たぶん初代のヘーゲルフリクトがどちらかを手に入れ、これを本物と信じていたが、その後もう一方を発見し、面白半分に購入したのだろう。二つの内のどちらかは確実に偽物なのだから。もしくは、両方にきちんとした証明書が付いていたため、とりあえず危険を分散させるために両方を購入して、珍奇陳列棚に並べたのかもしれない。その後、デカルトの骨を含む彼のコレクションはそっくりそのままスティールンマンの手に渡り、それからセルシウスのものとなった。その後、セルシウスの妻が——こんなことから手を引きたいと考えたのか——頭頂骨を大学に寄贈し、一方頭蓋骨の方は優男のフィシェルストレームの手に渡ったという訳である。

一七八〇年の元来の収蔵記録では、ルンドの頭頂骨は本物で間違いないとされていたが、間もなく疑義が生じた。何年にも亘って土の下にあった骨が、何ゆえにこれほど白い光沢を持ち、全く汚損がないのか？　五十四歳近い男の頭蓋骨がこんな紙のように薄いことがあるのか？　ルンド・コレクションの管理人たちは、これが実際にデカルトの頭蓋骨の断片であるという主張をあまりしなくなっていった。私を案内してくれたハンプス・キンティオはただくすくす笑うだけだった。

近代が始まって一世紀半の間、どうやら一連のスウェーデン人たちは紛い物をつかまされていたらしい。それもまたプランストレームの仕業なのか？　それとも彼の罪は本物の頭を盗み出し、個人的な御神体にしたことだけなのか？　あの頭頂骨の破片が歴史上の記録に現れるのは、デカルトの死から一世紀後のことだ。本当に何が起ったのかを推測するのに、百年は長すぎる。

一八二一年、パリの科学アカデミー――この頃にはどの分野であれ、結論には評決が採用されていた――はかなり長い時間を掛けて一つの頭蓋骨を調べ、一応の決着を見た。この頭蓋骨に関する最初の会合の後、化学者クロード＝ルイ・ベルトレは友人であるストックホルムのベルセーリウスに手紙を書き、「科学アカデミーは先週の月曜日、宗教的崇敬と溌剌たる気分で貴殿の贈物を受け取りました。われわれはこの頭蓋骨とデカルトの肖像を比較し、両者の類似、及び貴殿がお送り下さった証拠も合せ、この頭蓋骨の主が誰であるかについては疑いの余地はないと判断しました」。

ベルセーリウスは礼状を書き、それからアルカリ硫黄に関する実験に関する長々とした話を始め、「アルカリ硫黄溶液に水を加える前後に硫酸は発生するか」を論じる。その返事として、ベルトレはアカデミーの次の会合の話を書き、ドランブルが何とかしてこのデカルトの頭蓋骨は偽物だと言おうとしたが「彼の見解は根拠があるとは思えません」と断じた。

世界最高の科学者集団は結論に達した。確実性の理想ではなく、近代的な蓋然性の観念に基づいて。知識の増進のために懐疑を導入したまさにその頭に対して、彼らは懐疑を適用したのだ。そして最終的に、彼らはこの頭を承認した。

5 頭蓋の容量

一七六七年頃、ドイツはバーデン州のティーフェンブロン村にいた一人の少年が気づいた。級友の中でも言葉に関する記憶に長けた者——たとえば聖書の長い一節を暗唱するのが一番上手い者——は、決まって団栗眼の持ち主なのだ。このことをその後、生涯に亘って追求したりすることがなければ、フランツ・ヨーゼフ・ガルが歴史に名を残すことはなかっただろう。二十年後、今やウィーンで医師となっていた彼は、自ら「器官学」と名付けた学問の公開講義を行なっていた。彼は脳を解剖する新たな方法を発明した——これまでの科学者はそれをハムのように輪切りにしていたが、彼は脳を各部分に分解し、分析したのだ。これに基づいて、彼は脳の各部がそれぞれ異なる精神活動を支配していると考えた。もしもここで止めていれば、ガルは偉大な科学の先駆者として称讃されていただろう。なぜなら神経科学は脳機能の局在性に基づいているのだから。だが、彼はさらにその先まで行ってしまった。脳の部位は肉体の筋肉と同じように働くと仮定し、機能の発達した部位は物理的にも発達すると考えたのだ——つまり膨らむと。脳のさまざまな部分、そしてその部分が司る精神機能を知れば、人間の頭蓋骨を「読み取り」、その精神傾向を判断することができる、と彼は推論した。

ガルの弟子の一人が「骨相学」という用語を考え出した。ガル自身はこの言葉を気に入っていなかったし、亜流が勝手に創った骨相学の教義にも賛同していなかったが、今日では「ガルと言えば骨相学」である。その理由の一つは、彼が自らの器官学を猛烈に唱道したからだ。ウィーンでの彼の講演や公開実験は大人気を博した。人々は争ってこの新しく「近代的」な人間理解の方法に殺到した。何しろこれを使えば他人のことも自分のことも手に取るように判るのだ。ガルは脳の部位とその機能との関係を保証した。脳には特定の機能や性癖を司る部位が二十七箇所以上もある——狡猾、勇気、殺人衝動、比率の感覚、建築の才、諷刺の才、慈悲心、強情、言語能力(ガルは実際にこれを眼球の背後にあると考えていた)。百六十年前、デカルトは科学こそ人間の秘密の全てを解くだろうと宣言した。そして今、ガルは自分こそがそれを成し遂げたと宣言したのだ。

そしてデカルトと同様、ガルもまた既存の秩序を覆す教義を唱道しているとして、国の最高権力と対立することとなった。オーストリア皇帝フランツは、ガルの器官学の研究を禁ずる布告の中でこう言う、「頭部に関するこれなる学説、現在非常に流行していると聞くが、これは民心を混乱させ、物質主義へと導くものである。ゆえに倫理と宗教の第一原則に反している」。この理屈は、まさに一六三〇年代にレギウスがユトレヒト大学でデカルト主義の最初の公開講義を行なった時に言われたのと全く同じものだ。「物質主義」とは、人間を創り上げている全ては物質的な力によって説明され、そこに神学の入る余地は無いとする哲学である。善良さや性悪さが脳の中に予めプログラムされているのなら、人間の行動を支配する教会の役割とは何だというのか？ そしてヨーロッパのほとんどにおいて、教会と国家は固く結びついていたので（フランツはフランス革命政府に対抗するために軍を派遣していた）、宗教に対するこのようなあからさまな脅威は、同時に政治権力に対する脅威でもあったのだ。

自己宣伝の上手い者がなべてそうであるように、ガルもまたこの論争を利用した。彼は同僚のヨハン・シュプルツハイムと共にウィーンを去り、三十の都市で頭蓋の巡業を行ない、ヨーロッパ中で大人気を博した。一八〇七年にパリに到達した時、民衆は歓呼して彼を迎えた。「頭の科学」はマスコミで戯画化され、パーティでは若者たちがお互いの頭を面白半分に触診していた。ガルは二兎を追おうとした。注目されるのは大歓迎だが、正統性も必要だ。そして科学的正統性を保証してくれる科学の総本山と言えば、言わずと知れた科学アカデミーである。一八〇八年、彼は自らの業績の梗概をアカデミーに提出した。最初の反応は慎重で、賛否両論だった。十五ページに亘ってびっしり書込まれた報告書において、委員会はガルの解剖学的業績に興味を示しつつも、骨相を読むという点に関しては慎重に判断を保留していた。

ガルはパリに落ち着き、何とか公式の認可を勝ち取ろうとさらに研究を進めた。彼の器官学理論の欠点は、それが脳の解剖とほとんど関係が無かったことだ。とはいえ、ガルの依拠していた原理はジョルジュ・キュヴィエの歓心を買いそうなものではあった。アカデミーの終身書記であるキュヴィエなら、ガルの業績に正統性を与えることができた。キュヴィエは比較解剖学の草分けの一人であるが、ガルの主張の根拠もまた比較解剖学だったのだ。ウィーンの癲狂院に務めていた頃、ガルはさまざまな偏執狂の患者を診て、脳機能の局在性を思いついた。特定のものや行動に異常に執着するのは、脳の特定の部位と関係があると類推したのだ。その後、監獄に仕事場を移した彼は、囚人たちの頭部を研究し、そのほとんどに共通する頭蓋の異常があることを発見した、と思い込んだ。この部位（耳のすぐ上）こそ、犯罪や反社会的行動と関係していると。

解剖学的特徴の比較は、ガルの理論の基盤となる。ウィーンで彼は警察と癲狂院に手を回し、死んだ囚人や「狂人」たちの頭蓋骨を集めてこれを比較分析した。それと同様に重要なのが、立派な業績を上げた有能な人物の頭蓋骨を調べることだ、と彼は信じた。とはいえ、偉大な思想家や芸術家、政治家などの頭蓋骨の入手は容易ではない。だが彼は粘り強く努力を続け、いつの間にか蒐集した頭蓋骨や石膏像は三百に上っていた。何よりもガルの策略と情熱を物語るのが、ゲーテの話だ。ガルがゲーテの頭蓋骨を手に入れようとした時、ゲーテはまだ存命中だった。だがこの類い稀な天才の頭蓋骨を確実に手に入れたかったガルは、親切なゲーテが頭部の石膏型取りの許可をくれただけでは飽きたらず、その胸像を製作した彫刻家に手紙を書き、この大詩人の死去の暁には「遺族に贈賄して」彼の頭蓋骨をコレクションに加える許可を貰ってくれ、と嘆願した。

ガルはコレクションの大半をウィーンに置いてきたが、パリでもまた即座に新たなコレクションを開始し、熱心に有名人の骨を集めた。こうして一八二一年、事象の糸が奇妙に交錯する。いよいよガルが科学アカデミーの栄えある認定を受けるに十分なまでに証拠が揃い、業績も積んだと判断したその年、偉大な思想家の真打ちとも言うべき人物の頭蓋骨——文字通りガル垂涎の逸品——がアカデミーにやって来たのだ。

ガルがこの逸品を手にできるチャンスは低かった。メンバーのほとんど全員が器官学や「頭骨検査《クラニスコピー》」（頭蓋骨の触診によって患者の気質や欠陥を診ること）を見下している。特にキュヴィエは、ガルの学説は臨床に基づかない机上の空論だと見なしていた。さらに重要なことに、器官学は人間の知性や感情や性癖を生物学の領域に割り当てる。これはキュヴィエにとっては進化論と同様、知性ある創造主がその被造物に自由意志を与えたという神聖不可侵の観念に対する冒瀆と思えたのだ。

そして実際、ガルのアカデミーへの入会に賛成票を投じたのはたった一人、友人である博物学者エティエンヌ・ジョフロワ・サン゠ティレールだけだった。だがこの程度のことでアカデミーを諦めるガルではない。彼がアカデミー入会を賭けた研究を提出したのは一八二一年一〇月一五日。つまりドランブルがデカルトの骨に関する最終報告書を出したちょうど一週間後である。ガルはたぶん、五ヶ月前にその頭蓋骨がベルセーリウスの小包で到着したことを知っていた。彼はその石膏型取りの許可を求めた。キュヴィエはこれを承諾し、かくしてデカルトはヴォルテールやゲーテと並んでガルのコレクションに入った。

七年後にガルは死んだ（しかも脳溢血で）。遺言書には、彼自身の頭蓋骨もコレクションに加える旨が明記されていた。キュヴィエがこのコレクションに基づく研究を断固として拒絶していたことからすると奇妙な話だが、ガルの死後、キュヴィエはこのコレクションを買い取って自然史博物館に収めた。だが当時の学者たちはたとえ骨相学には反対しても、脳と頭蓋骨の比較研究自体は有用であり、脳に関する知識を進歩させると信じていたのである。アカデミーのメンバーは、デカルトの頭蓋骨の真贋論争が一段落すると、この同じ博物館にそれを収蔵することに決めた。つまり本物のデカルトの頭蓋骨とその石膏像、それにガルの頭蓋骨が、さまざまな霊長類やヒト科の生物の骨と共に、同じ博物館に仲良く並ぶこととなったのである。

一八二一年、ガルを入会させるかどうかを諮問する委員会にいたキュヴィエは、同時にまた、当時の脳研究の分野における新進気鋭の若き研究者ジャン＝ピエール・フルーランスの提出した論文を監査する委員会にも属していた。フルーランスは元来はガルの路線で研究していたのだが、その後きっぱりと袂を分かった。毒を食らわば皿までとばかり、その後のフルーランスは執拗にガルと骨相学を攻撃し続けた。だがそのガルも去り、その頭は徐々に熾烈さを増しつつある脳研究という分野の標本の一つとなった。彼の後継者とも言うべきフルーランスによれば、ガルはそもそも実験に基づかずに理論を建てたという点で根本的に誤っていた。だがガルはガルで、実験は実験者が対象に関与するがゆえに、誤った結論に結びつき易いと考えていたのだ。ガルのアプローチの特徴は観察にあった。彼はただじっと座ったまま、迷宮のような脳の構造を観察し、そして頭蓋骨を比較していた。一方、フルーランスは脳の秘密を解明するにはむしろ積極的な関与が必要だと信じた。彼はさまざまな生きた動物（家鴨、鳩、蛙、猫、犬）の脳を用いた夥しい実験を行ない、その部位を体系的に特定し（大脳、小脳、延髄等々）、ある部位の役割を知るためにそれを切除したり、特定の部位を刺戟するために探査針を挿入したりして（その過程で、彼はクロロフォルムを麻酔薬として使う方法を編み出した）、その動物の行動の変化を観察した。生体解剖反対の主張を別とすれば、こうしたアプローチは今日では科学研究の手法としては論理的に思える。だがフルーランスは自らこの実験的手法に関して、特にガルの手法との対比という点で、自己弁護に努めている。彼によれば、観察だけでは「真実に至るのに制限が多すぎる」。確かに実験が誤った結論に導く可能性もあるが、それは実験者が自らの手法を完璧に把握し、また追試によって結論を変えることを厭わなければよいというだけのことだ、と。

よく知られたフルーランスの業績は——脳の基本部位の機能に関する先駆的研究、および実験的手法それ自体の重要性の認識以外では——その哲学的基盤である。と言うのも、フルーランスは一九世紀の科学者としては、ある意味で先祖返りを起していた——完璧にして頑固一徹なデカルト主義者だったのである。その多くの著書はデカルトの引用で満ち満ちている。曰く「私は頻繁にデカルトを引用する。それだけではない。私は自らの業績を彼の思い出に捧げる。私は過てる哲学を廃し、完璧なる哲学を思い起こすために書いている」。

フルーランスの言う「過てる哲学」とはガルのそれだ。頭蓋骨の隆起に対するガルの執着ぶりのみならず、そもそも器官学そのものが根本的に過っているというのである。もしも人間の行動と思考と気質の全てがガルの言うように脳の特定の部位に対応しているのなら、脳こそが精神であるということになる。それがどうしたと言われるかもしれないが、まさにこれこそ、今日に至るまで「近代性」が抱え込む最も厄介な問題なのだ。かつてオーストリアの皇帝が恐れたように、このような哲学はつまり、人間の行動の全てを物質レベルに、脳内の些細な現象にまで還元する。そうなれば人間はただの精密機械であり、その機能は理論上、完全に理解し図示することができるということになる。この観点を採るならば、比較的簡単に、魂のみならず人類の文化と文明のほとんど全てを一蹴する——あるいは無価値なものとする、さもなくば定義し直す——ことができるのだ。芸術、宗教、愛、結婚、家族の紐帯、政治的・社会的関係、その他諸々を。人間の思考と行動を生物学のレベルに割り当てるなら、これら全てはその基盤を奪われ、単に人生に対処するためのその場凌ぎの道具となってしまう。そしてその道具自体もまた別の基準に従って変えられ、抛棄される。例えば個人にとって心地よいか否かが全ての価値の基準となるだろう。社会の基盤が覆される可能性に、一九世紀の人々は慄《おのの》いた――かつて一七世紀に、最初の近代哲学が世に現れた時と同様に――社会は大混乱に陥ると。

その大本はおそらく、他ならぬデカルトである。彼は人体を一つのモノとして、自然界にある他の全てと同様に分析することを選んだ。だがデカルトは「無神論者」(物質主義とその意味するところの一切合切に使える便利な言葉)という誹りに対しては断固として反論した。なぜなら彼の哲学は精神と身体の峻別の上に建てられていたからだ。彼は魂を精神という概念の中に含めていた。ゆえに彼の哲学は人間性の意味を枯渇させるどころか、むしろ実際には精神=魂の無欠性を維持しつつ、科学が万物の物質的側面を受け持つことを可能としたのだ、と彼は確信していた。

フルーランスは、脳と精神の同一視に対して、デカルトに拠って反論した。彼の理屈は少々おかしく思える。脳の解剖学的研究を行なう者の論理的な結論は、精神を脳に帰すことではないのか。この神経を刺すと、あの筋肉が収縮する。別のをいじくると、言語、色彩感覚、判断力が影響を受ける。となれば最終的には、頭蓋骨の中の物理的な塊の中に、全ての精神機能を割り当てることができると考えるようになるのは必然だ。だがデカルトと同様、フルーランスもまた、あれほど徹底して脳を研究していながら、精神と脳とは別物だと信じていた。フルーランスに言わせれば、ガルの器官学などというものはさまざまな脳の部位に機能を割り当てることも含めて、単に客を喜ばせるためのネタに過ぎない。客は彼の講義を聴き、彼が被験者の頭に指を這わせるのを見て拍手喝采するのである。ガルの言う独立機能、すなわち身体機能《ファキュルテ》とは、実際には物理的に明らかなものではない。フルーランスはレトリックによって彼を嘲る。「あなたの能力《ファキュルテ》は、言葉だけだ」。

ガルの理論は大衆に大人気を博している。それはフルーランスにも解っていた。だが彼の目から見れば骨相学は誤った科学であり、アカデミーを背負う彼としては、断固としてこれを阻止せねばならぬ。「それぞれの時代に、それぞれの哲学があるのです。一七世紀にはデカルトの哲学が奉られた。一八世紀にはロックとコンディヤック。では果たして、一九世紀を代表する哲学がガルで良いのですかな？」。また、次のような比較によってこの二重の悲劇を嘆いてもいる。「デカルトはフランスを去ってスウェーデンで死去し、ガルがフランスにやって来てこの国を支配した」。

フルーランスによれば、精神とは機能の集合体ではなく、唯一の、全体的な、分割不能な実体である。この点でもまた彼はデカルトを追っている。デカルトによれば、精神と身体の主たる違いは「身体は、その性質として、常に分割可能であり、精神は全く分割不可能である」。この結論は、デカルトによる自己省察の結果である。「自分自身を省察し、これを一つの思考体として見た時、私自身の中には如何なる部分も存在せず、私は絶対的に一つの完全なものであることをはっきりと知ったのである」。

この認識は明らかに心理学の登場以前のもののように思われる。近代世界の特徴の一つは、自己もしくはプシケもしくは人格というものを、さまざまな異なる部分の集合体と見なしているということだ。それぞれの部分の名称は、時代によって異なる——エゴとイド、インナーチャイルド、フラワーチャイルド、ファーザーフィギュア、大地母神、エディプス・コンプレックス。そんなわけである意味では、確かに骨相学は荒唐無稽なものではあったが、ガルの方が思想家としては近代的だったと見なすこともできる。彼の器官学は心理学的体系であった。フロイトよりも一世紀も前に、個人を分析しようとした科学的試みだったのだ。

だがフルーランスも当時の科学のお歴々も、ガルの示す方向へ歩み出す準備は整っていなかった。その理由は科学的でもあり、また非科学的でもある。科学史家ロバート・M・ヤングは、フルーランスの科学と哲学との分断を強調する。「フルーランスによる生理学実験の推進は、精神現象の研究に科学的方法を適用することを拒否したことによって相殺される」。ヤングは言う、脳の生理機能の解明に科学的手法を用いながら、「フルーランスは人間の人格、精神、あるいはその機構を分析の対象にすることができなかった。それらの統合性こそ、人間の尊厳と自由に関する彼の信念に不可欠の基盤であったのだ」。フルーランスは脳を切り刻むことには熱心であったが、精神についてはその限りではなかった。なぜならそんなことをすれば、やがては文明の崩壊に繋がると信じていたからだ。

だが、精神と脳の同一視によって政治的・社会的・宗教的破局が到来するなら、その両者を分けたままにしておくことにはさらに重大な問題がある。デカルトもまたこの両者を完全に峻別し、物質と精神は全く別の実体であると述べた。そこで直ちに彼の前に投げかけられた問題とは、もしも身体と精神が言うなれば別の宇宙に存在しているならば、両者はどのように相互作用しているのかということだ。あなたの胃は如何にしてあなたの精神に対して空腹を訴えるのか？　そしてあなたの精神は如何にしてあなたの両脚に命じて冷蔵庫に向かわせ、あなたの手に命じてそれを開けさせ、あなたの目に命じて棚を眺めさせ、あなたの指に命じて食べ残しのピザを採らせるのか？　簡単に言えば、人は如何にして行動するのか？　この基本的な疑問が「心身二元論」に終止符を打つなら、この理論は重大な欠陥を抱え込んでいるに違いない。

デカルトはこれに対して、彼自身の解剖作業に基づき、脳の中心にある小さな胡桃型の構造体、すなわち「松果体」こそこの両者を繋ぐものだと答えた。「魂の第一の座」と彼はそれを呼んだ。「そしてわれわれの思考の全てが形成される場」と。彼がそう考えた根拠は、拍子抜けするほど単純だ。それはシンメトリの原理に基づいている。曰く、私がそう考える理由は――

ここ以外に、脳の中に二重構造でない部分は存在しないからである。われわれは一つのものを二つの目で見、一つの音を二つの耳で聞く。そして詰まるところ、一度に一つ以上のことを考えない。であれば当然ながら、二つの目や二つの耳等から入った印象は、身体のどこかで一つとなり、それから魂が思考するということになる。頭脳のどこを見ても、この松果体以外そのような場を見出すことはできない。さらに、それはこの目的のために最も適した位置にある。すなわち全ての凹部の中心である。そしてそれは脳に生気を注ぎ込む頸動脈の支脈によって支えられている。

これを発表するや否や、批判者たちは待ってましたとばかりに猛禽のようにデカルトに襲いかかった。もしも「精神」と「身体」が本当に別のものであるのなら、身体の器官が精神エネルギーの導管となるというのはどういうことなのか？　これは現在に至るもなお続く批判である。そしてこの批判は実際、精神と身体を繋ごうとしたデカルトの努力の愚かさを暴いている。だが、デカルト自身がこの謎を解き明かしたと明確に宣言したわけではないという点には留意する必要がある。事実、スウェーデンへの船出の直前、彼はこの問題は余りにも大きすぎて手に余るものであることを認めている。「魂と身体の分離、及びその結合の双方を解決する明瞭な概念を形成することは、人間の精神にとって可能なことであるとは思えない。なぜならそのためにはその両者を一つのものとして考えつつ、同時にまた別のものとして考えなければならないからだ。これは馬鹿げたことである」。

この、全然彼らしくない謙遜の表明はともかく、デカルトは二元論に近代的な形を与え、これを主張した。そして彼の時代以後の西欧哲学と西欧の伝統——すなわち「近代性」——は、言わばそのDNAの中に精神＝身体問題を内包することとなった。これは極めて基本的であり、かつ包括的な問題である。だから今日、これを解こうとする努力はコンピュータ・サイエンスから神経科学、心理学に至る、さまざまな学問分野に及んでいる。オーストリア皇帝フランツと、デカルトに反対したユトレヒト大学の神学者ヴォエティウスの懸念は的中した。西欧世界のほとんどは、この等号の物質主義の側に立つことによって二元論の問題を解決したのである。現在では、物質界こそが現実の世界である——それ以外の世界など存在しない——とする考え方を「物理学主義」と呼ぶ。多くの科学者や哲学者が、何らかの形でこれに属している。無神論者を自称し、自分が信ずるのは科学だ、あるいは物質界だ、あるいは今ここにあるものだと言う人々は、つまりは物理学主義者の立場を取っているのだ。

ジャン＝ピエール・フルーランスは、デカルト主義——遙か昔に消え去っていた——を一九世紀の科学の最前線に復活させることによって、物理学主義者との間に一線を画そうとした。その努力はまるで、彼の世界観にとって不都合なものを視界から隠そうとするかのような、ただの欺瞞に見えるかもしれない。だが彼の試みには確かな叡智があった。多くの思想家が指摘してきたように、物理学主義的世界観には基本的な問題があるからだ。ごくごく簡単に、乱暴に言ってしまえば、物理学主義は「私」の存在を疎外する。現代の哲学者トマス・ネイゲルは言う――

多くの哲学者にとって、リアリティの典型例は、物理学が描き出す世界である。この物理学という科学においてわれわれは人間的な世界観からの超脱を達成した。だがまさにその理由のゆえに、物理学は意識の心理作用という、これ以上もなく主観的な性質を持つものを記述し得ないのだ。それが脳の物質的機能にどれほど密接な関係を持っているとしても。意識の主観性は、リアリティの最大の特徴であり――それなしにはわれわれは物理学であれ、他の何であれ、為すことはできない――それは如何なる世界観においても、物質、エネルギー、空間、時間、数字などに匹敵する基本的な位置を占めていることは間違いないというのに。

すなわち、人間の意識とは泉のようなもので、われわれにとって最も意義深いものは全てそこから生じている。ゆえに、意識を――そして人間の意識に伴う全てを――死者を弔う、仔猫を可愛がる、メッカに跪拝する、色褪せた恋文を愛おしむ、誰かを救うために自分の命を賭ける、無意識に母を嫌う、意識して上司を憎む、それら全てを――考慮に入れない学問は何であれ、欠陥品である。過去の体系を（通常は宗教を）否定し、その代りにより良い、堅実な、「科学的」な理解の方法を採用することによって近代の難問を解こうとする人は、必ずこの問題に陥る。古典科学の観点とは客観的観点である。ネイゲルは言う、「客観性とリアリティの間に繋がりはあるにしても……より客観的に見れば見るほど、必ずしも全てのリアリティをより良く理解できるというわけではない」。われわれ自身――われわれ各自の意識、客観的な視点を求め、そして一旦それを見出したなら、思考や苦痛や欲望によってそれがずたずたにされようとも、ともかくそれにしがみつこうとする、われわれの精神それ自体――もまた、その中に組み込まれねばならないのだ。

デカルトが精神と脳を峻別して以来、現在に至るまで誰一人としてこの両者を再統合する決定的かつ普遍的な方法を見出した者はいない。一六四六年にデカルトはそれは不可能かも知れないと宣言した。一九九八年、トマス・ネイゲルは鰾膠《にべ》もなく言った、「精神＝身体問題に関しては、誰一人納得できる答えを持つ者はいない」。一八〇八年、科学アカデミーの認可を求めるガルの最初の努力を査定する委員会を率いていたキュヴィエは、その報告書に全く同じことを書いている。ガルの学問に対する批判として、驚くべき洗練優美な筆致で、キュヴィエらは言う、脳は根本的な点で肉体の他の部分とは異なっている、ゆえに――

われわれは他の器官に比して、生物の生命における脳の活動を生理学的に説明することを期待することはできない。これら他の器官においては、同一の因果関係が作用している。心臓が血液の循環を起こす時、その一つの動きが、他の動きを引き起こす……脳の機能は、全く異なる秩序のものである。神経を通じて感覚の印象を受け取り、それを直ちに精神へと届ける。またこの印象の痕跡を保存し、……精神の要求に応じてこれを再生する……そして最後に、神経を通じて、意志の欲求を筋肉に伝達する。だがこれら三つの機能は分割可能な物質と分割不能な自己との不可解な相互作用を前提としている。われわれの観念の体系とわれわれの全ての哲学における永遠の躓きの石の間には、決して埋めることのできない懸隔が存在するということだ。

当時は、そして現在も、この問題を解くには「リベラルと保守の壁」とでも言うべきものがある。言い換えれば、二元論に対する深遠なる挑戦と、新聞やTVのトークショーのネタとなる現実世界のさまざまな闘争の間には繋がりがあるということだ。左派陣営は、精神と脳を同一視したがる。そしてその線に沿うことが社会の基盤——自己、宗教、婚姻、倫理——を変える必要を意味するなら、そのようにしようとする。そのような価値観の変化の実例を挙げれば、女性やマイノリティに対する平等、中絶合法化、同性婚や同性愛者の養子縁組の推進、異文化や宗教の尊重などがこれに当たる。とはいうものの、「精神＝脳」という考え自体が、すなわちこれらの問題において特定の立場に立つことを意味するわけではない。ただその考えは、倫理というものに広い幅を持たせるのだ。これに対する「保守派」は、「精神」と「身体」とを峻別するために戦ってきた――宗教であれ家族であれ自己であれ、ともかく現状を維持し、永遠不変の価値観の基盤の存在を守ろうとする立場である。デカルトに関して言えば、皮肉なことに、かつては近代の先駆者、全てのイコンと伝統の破壊者と目された人物が、一九世紀には保守派の中に取り込まれ、近代という圧倒的な力から永遠の真理を守る壁を築いた男にされてしまっていたのである。

一九世紀版カルチャーウォーズの舞台となったのは科学の世界である。まず第一に、顕微鏡の進歩によって擡頭した細胞説。全ての生物は基本的な構造単位、すなわち細胞から成り、それが自ら分裂して新たな細胞を生み出す。物質主義的傾向のある科学者や哲学者にとって生命の構成要素の発見は、形而上学的な支柱を無用とするものだった。生命とは複雑な物理的相互作用の産物なのだ。一九世紀の文化的騒乱の戦端を開いた第二の戦場――ダーウィニズム、殊に人間が猿の子孫であるという説――は未曾有の騒乱を引き起こした。そして細胞説やダーウィニズムと同様に基本的で、かつ論争の的となったのは脳研究の分野である。フランス科学アカデミーでは、ジョルジュ・キュヴィエ――終身書記としては科学と既成秩序の守護者であり、信仰者としては進化論に反対していた――にとって、ジャン＝ピエール・フルーランスの登場は福音だったようだ。フルーランスは才気煥発、明敏怜悧な科学者であり、にもかかわらず、精神の統合、すなわち既成の社会システムの墨守に深い関心を抱いていた。キュヴィエは彼を子分とし、自分の後継者として育て始めた。一八三二年、死の床にあったキュヴィエは、フルーランスを次の終身書記に指名し、メンバーはそれを了承した。

キュヴィエは同年五月一三日に死んだ。三日後、やはりキュヴィエの遺言に従って、フルーランスは一つの手術を監督した。それは今日なら異様なものと思われただろうが、当時はまだそうではなかった。アカデミーのキュヴィエの同僚たちが、彼の遺体を解剖したのだ。一九世紀初頭の科学者の間では、友人を指名して死後の解剖を依頼するのが流行りとなっていたのだ。死後にすら、科学の進歩に貢献しようとしたのである――その頂点が、一八七五年にパリに創設された「相互献体解剖協会」だ。キュヴィエの友人たちは恙《つつが》なく彼の胸と腹を開き、重要臓器を見た。それから、本番の演物が始まった。五月一六日付の〈議論日報《ジュルナル・デ・デバ》〉紙の一面に曰く、「頭蓋を切開するや、一同、その大脳の見事なる発達ぶりに仰天すること頻り、殊にその巨大なる頭脳の表面に現れたる脳回の数たるや、まさに故人をして天才たらしめたる所以なり」。

実際、キュヴィエの脳――その生前においては科学の進歩に多大なる役割を果たし、またデカルトの頭蓋骨が本物であると証明した――は間もなく、文字通り脳科学における次の論争に巻き込まれることになる。比較解剖学の生みの親である男が、比較のために解剖を受けることとなるのだ。

一八五七年秋、チャールズ・ダーウィンがロンドンで『種の起源』の草稿に熱中していた頃、ピエール＝ポール・ブローカという男がフランス西部の街アングレームの農園を訪れた。彼が引き起こす科学上の嵐はダーウィンのそれに比べれば小型だが、同じような世界観の崩壊をもたらすことになる。彼が会いに来たのはルーという農民——というより、その家畜だった。ルーは少し前から野兎と家兎を掛け合わせ、地元の肉屋に売っていた。この二つの種を番《つが》わせるには工夫が必要だった——雄の野兎は繊細で、前戯に時間を掛ける。雌の家兎はもっと素っ気なく直接的な行為に慣れているので、これを受け付けない——だが一旦、そのロマンティックな習性の違いが解ってしまえば、繁殖は軌道に乗り、その肉の味は地元で大人気となった。

ブローカはこの合いの子の話を聞きつけ、その目で見に来たのである。ルーは既に六代目か七代目を育てていた。すっかり魅了されたブローカは、科学的研究に着手した。この合いの子はある点では野兎の、ある点では家兎の、そしてまた全く独自の特徴を併せ持っている。しかも繁殖しているのだ。ブローカは論文を書いた。これは明らかに新たな種である。すなわち科学者は、「種の永続性という古典的な学説は完全に誤っていた」ということを認めねばならぬ。ブローカはこの結論をパリの生物学協会に提出した。だがその論文はどういうわけか黙殺されてしまう。近い将来、ダーウィンの書物——及び同時期に出現するアルフレッド・ラッセル・ウォレスの論文——が、地球上の生命の無数の多様性は何千何万年にも及ぶ進化の結果であると説いて学界を大混乱に陥れることになる。だがこの時点でブローカは既に、それと同様の革命的な思想の変革を説くのみならず、新種の生物は僅か数ヶ月というスパンで出現すると述べているのだ。無論、畜産業は既に何世紀も前からあり、家畜の選択的な飼育も行なわれてきた。だがブローカは、明瞭な科学的言語を用いて、古典理論——キュヴィエの「種の永続性」——はナンセンスだと宣言していたのである。彼が明け透けに性および性行動について語っていることもまた、生物学協会のお歴々にとっては面白くなかったのだろう。

協会は論文を取り下げるようブローカに圧力を掛けた。そこで彼は、自らの団体の創設を決意する。彼はこれまでにも何人かの知識人と共に科学に対する新たなアプローチ、というよりもむしろ科学の新たな応用を求めて運動を続けて来た。さまざまな学問分野を束ね、人類と人類社会を研究しようという運動である。人間を他の動物と同様に客観的に研究対象とし、個人と集団、そして環境を理解しようというのだ。ブローカ自身は既に医学を修めていたが、その異常なまでのエネルギーと好奇心のために、ほとんど同時にさまざまな分野に手を伸すこととなった。かくして彼は外科医にして解剖学者、脳の専門家にして癌研究家、進化論の唱道者にして化石研究家、脊髄損傷の専門医にして輸血技術の先駆者、そして言語メカニズムの理論家となった。兎の混血の話から始まった彼の活動は、これらさまざまな分野を統合する新たな団体――そして新たな学問分野――を生み出した。人類に対するこの多面的なアプローチは、「人類学」と呼ばれることとなる。

ブローカの人類学協会は、早速暗礁に乗り上げた。学会設立のためには政府の承認が必要だったのだが、当局にとって人間を動物のように扱うというこの新学問はあまりにも侮辱的に思えたのである。だが不撓不屈の精神力とさまざまな関係各方面への働きかけが功を奏し、遂にブローカはやっとのことで、人類学協会の会合を開く許可を得た。彼らが破壊活動分子ではないという証明のために、会合には必ず警官の立合を求められたが（二年に亘ってその警官は晦渋極まりない討論に参加し、その後、突如として一切顔を見せなくなった）。かくして、晴れて認証を得た彼は、圧倒的なまでに種々雑多な主題を――主として彼自身の意志によって――統一せんとするその会合の監督の仕事に就いた。兎の混血の話も全く無関係ではない。ブローカは極めて真面目に、人間同士の交流を交合と繁殖というレベルに至るまで徹底的かつ観察しようとしていた。このアプローチは依然として科学者仲間の一部にとってもスキャンダラスなものであったが、ブローカは例えばキュヴィエやフルーランスなどとは違い、政治的にも性向的にも体制に対する叛逆者であり、権威だの絶対だのを憎む男だった。宗教と迷信に対抗し、そして新たな学問領域の先駆者となった彼は、後の科学者から英雄視されることとなる。

同時に彼は、全く別の面においてもまた先駆者となる。そしてそちらの方には余り英雄的な要素はない。つまりこの新たな人類学という分野はあまりにも人間の集団、およびその違いに注視しすぎていた。ゆえにそれは登場するや否や、人種主義の原理を科学的に認定することとなったのである。確かにこの新たな学会が扱っていた仕事の多くは今日の人類学のそれと大差ない。一八六一年の会合では、「ニューカレドニアにおける仮面祭ピルピル」についての活発な論議が行なわれた。そこで使われる仮面は奇怪でありながら、同時にどこか古代ギリシアの仮面を思い起こさせるという、実に興味深いものだ。同じ会合では、オハイオ州の近親結婚に関する分析発表も行なわれている。同地では最近、従兄弟同士の結婚を禁ずる法律が制定された。フランスの人類学者が「極めて興味深い」と感じたデータによれば、同州において判明している従兄弟婚八七三例の結果、三九〇〇人の子供が生まれたが、その内の二四〇〇人は「深刻な畸形もしくは完全な痴愚」であったという。このような結婚は昔から習慣や倫理によって禁じられてきた。人類学協会は、この禁忌の裏にある遺伝学的理由を探ろうとしたのである。

一八六一年の会合では、ニューカレドニア原住民の頭蓋骨、ニューヘブリデス原住民の頭蓋骨、異なる人種の頭蓋骨を比較する一覧表、『さまざまな人種の頭の形』と題する書物の仏訳手稿が提出された。この生まれたばかりの学問分野にとっては、文化の違いを比較するのは当然のことだ。だが比較は仮面のみに留まるものではなかったし、彼らはその比較に非常な重みを加えた。人種の起源と国家的・文化的アイデンティティに関する議論は、自分の民族が何らかの点で優れていると信じたい――むしろそれが事実であると知りたい――という願望を反映している。言い換えれば一九世紀の科学は、昔からの自己イメージを確認することを求められたのだ。フランスの場合、焦眉の問題はこれだった――元来のフランス人とは何か、そして彼らの独自の点とは？　ブローカの人類学協会のメンバーは、古代ガリア人について、そして彼らとケルト系諸民族の関係について熱弁を揮った。ユリウス・カエサルの『ガリア戦記』を論じ、言語的な手掛かりからフランス人をフランス人たらしめた原人種を突き止めようとした。そしてその過程で、科学者たちは種々雑多な人種の分類法をいくつも創り出した。ある学者は人類を五つの人種に分けた――白人、黄色人、赤色人、褐色人、黒人。また別の者は、人類を十五種に分類した。

実に興味深いことに、一方では人類学という学問分野は科学の客観性を最も明瞭に示すものである。研究者は公平無私な研究態度を誓う。個人も社会も、それこそが科学の専売特許だと思っている。そこで最大限に活用されるのがデカルト的方法だ。伝統を雄々しく断ち切り、社会、国家、身分という因襲を堂々と無視する。だがもう一方で、人類学者は本質的に人種主義者である。

何しろ彼らは自ら、人間の類型を巡るややこしい問題に飛び込んだのだから。

とは言うものの、彼らがヨーロッパ白人の優越性を描き出すために他の人種に不利なイカサマをしたと考えるのは早計だろう。実際には彼らは、仮初めにも「一体どの人種が優れているのだろう」などという問題を立ててこれを解こうとしたことはない。白人様こそが優越人種であることなど最初から解り切っていたからである。彼らにとっては、それは証明の必要がないほど明らかなことだった。正しい科学の使い方とは、なぜそうなのかを解明することだ。当然ながら人種主義は一九世紀のほとんど全ての文化に組み込まれていた。ほんの少し人類学を擁護しておくなら、そのような思い込みと折り合いを付けることによって——一世紀の間に、その思い込みの下にある優越感の存在が徐々に表面化し、それに対する疑問が生じ始め——人類学は人種の平等という全く新しい概念をもたらす一助となったのだ。

一九世紀の科学者たちが、如何に白人は優越しているのかという疑問を解明するためにむしろ言語的・歴史的手掛かり以上に注目したのが肉体的特徴である。髪の色、肌の色、歯の大きさと形、鼻孔の大きさ、唇の厚さ、顎の輪郭、胸毛、乳房の大きさ、ペニスの長さ、性欲——彼らの興味は微に入り細に穿ち、そして網羅的だった。

身体のあらゆる部分が精査されたが、特に重視されたのが顔と頭だった。一八世紀スイスの詩人ヨハン・ラファテルが考案した「相貌学」は、一九世紀の多くの著名な学者に採用された。これは各人種の頭と顔の特徴が、知性や性向と関係しているという概念に基づいている。この相貌学を洗練させ、科学的正統性を与えたのが、誰あろうジョルジュ・キュヴィエその人なのだ。比較解剖学におけるキュヴィエの研究の幾つかは、今読むとうんざりする代物である。教科書として使われた『比較解剖学教程』では、彼は顔面角というもの——額から歯の前までの角度——を測定しているが、これがさまざまな類人猿のみならず、またさまざまな人種にも及んでいるのだ。マカク属の猿の顔面角は四五度である——額から唇まで、かなりの傾斜がある。通常の猿は六〇度で、オランウータンは六七度である。これはキュヴィエにとっては、「ニグロ」の七〇度に極めて近いものであり、そしてヨーロッパ人の八〇度とは全く懸け離れたものだった。ニグロとオランウータンで同じような角度が付いているのは、前頭骨が平坦で、脳の前頭葉が萎縮しているからだとキュヴィエは考えた。つまりこの角度が狭ければ狭いほど知性が乏しく、その脳はより「動物的」な衝動に支配されていると彼は推論した。他の比較データにこの顔面角を加えることで、より包括的な像が得られる。キュヴィエは明快に言いきる。「ニグロ人種の居住地域は世界地図の南の方に限定されている。その肌の色は黒く、髪は縮れ、頭蓋は扁平で、鼻は潰れている。その突出した鼻面と巨大な唇は、明らかに類人猿に近いものである。その人種を構成する部族は、常に野蛮状態に留まっている」。

人類学という科学による人間という動物の研究は、当初はこのようなデータと結論を基盤としたものだった。もう一つ、大々的に採り入れられた比較解剖学上の概念——ある意味でその進歩が頂点を迎えたのは、まさにブローカが人類学協会を創設した時なのだが——が、頭蓋の容量である。ガルの業績の中で、アカデミーに比較的すんなりと受け容れられたのが、脳の大きさ（すなわち頭蓋骨の大きさ）が知性と相関しているという説だった。言わば、脳が大きければ大きいほど、その分、賢いというのである。

骨相学はフランス科学アカデミーによって否定されたが、他の国では依然として人気を博していた。イギリスやアメリカでは、一九世紀を通じて大人気だったのだ。殊にそれはアメリカ人の個人主義と上昇志向にはぴったりだった。ガルによる精神機能の脳内局在説は、つまり人間の中には生まれながらに愛や知性や叡智に優れた人がいるということを意味する。だがそんなことは誰だって知っている。大事なのは、それが社会的な地位とは無関係らしいということだ。そんなわけで一九世紀のアメリカでは、親や医者や教師の間で、骨相学は自己啓発の道具となった。曰く、誰にでも生まれつき長所と短所があり、努力によってそれを補うことができると。

同じ頃、骨相学はガルが最初にその考えをまとめたウィーンからドイツに伝わり、そこで全く異なる発展の道を辿る。ドイツにおける文化闘争の武器となったのだ。政治的には、一九世紀初頭のドイツは半封建的な国家の複雑な集合体だった。それが一八四〇年代に、君主制を廃し、民主主義を導入し、連邦制を導入しようという機運が階級を超えて高まった。骨相学はグスタフ・

フォン・シュトルーフェという法曹の政治的主張の土台となった。彼はこの運動の主導者の一人であり、一八四八年の革命を煽動した。アメリカと同様、フォン・シュトルーフェらは骨相学を土台に——個人の相違の多様性は一先ず措いて——人間の脳は、すなわち精神は基本的に同一だと考えたのである。つまり万人が同じ地位と処遇を受ける権利があると。

この革命が残した政治的混乱は、伝統主義者の観点から見れば苛立たしいものでしかなかった。科学と物質主義がますます人口に膾炙するようになったのである。世紀も半ばとなると、ドイツの科学者たちはおおっぴらに、自分たちの信仰は無神論だと公言するようになっていた。一八五四年以後、この状況は二人の著名なドイツ科学者の対決を引き起す——生理学者ルドルフ・ヴァグナーと、動物学者カルル・フォクトである。両者は、聖書の説く生命の起源と矛盾する科学的データが山積しているという事実について公開討論を行なった。ヴァグナーは断固として保守派の側に立った——如何なる科学的事実も、いずれは『創世記』の記述と一致することが判明すると言うのである。それだけではない。宗教と宗教倫理は社会の基盤であり、科学の研究領域はキリスト教が許可する範囲に限定されるのだ。彼は言う、もしも物質主義的な哲学を促進させるならば、科学は「社会の倫理的基盤を破壊していると疑われることになるだろう」。ヴァグナーは物質主義の根源は脳科学にあるとし、ドイツの科学者は精神と脳を分離することこそが「お国のため」の愛国的義務である、とまで主張した。一方、傲岸不遜な物質主義者であったフォクトはそうした考えを嘲笑し、脳が思考の器官であることは明らかだと主張した。そして彼は精神と脳が同一であることを、とりわけ写実的な比喩によって示す。「脳は思考を分泌する。それは胃が胃液を、肝臓が胆汁を、そして腎臓が尿を分泌するのと全く同じだ」。後にフォクトは非物質である魂と精神を同一視するデカルト的観念をコテンパンにしてしまう。「魂の働きなど、要は脳の機能に過ぎない。独立した魂など存在しないのだ」。

ヴァグナーはそういう考え方は危険なナンセンスだと見なしたが、奇妙なことに、なぜか彼は晩年を脳の容量の研究に費やしている。物質主義の最も根本的な規定に挑むことによって、これを粉砕しようとしたのだ。確かに物質である脳と非物質な思考との間に繋がりがあるというのが事実なら、その大きさもまた重要な要素となるだろう――つまり、もしも脳が精神であるのなら、より大きな精神はより大きな脳を伴うだろう。そこで彼は傑出した思想家の脳と頭蓋を徹底的に調べ、一般人のそれと比較したのである。

ヴァグナーは実に気持ちの悪いやり方でこの研究を始めた。実に運の良いことに、彼はカルル・フリードリヒ・ガウスが死にかけているという話を聞いた。ガウスと言えば人類史上最高の数学者であり、そしてヴァグナーと同じゲッティンゲン大学に勤めている。両者の間にはほとんど親交はなかったが、突如ヴァグナーはガウスの病床に四六時中貼り付くようになった。そしてガウスが死ぬと、家族は科学のためにその遺体を使うことを諒承した。かくしてヴァグナーはまんまとガウスの脳を手に入れた。

その後もヴァグナーは他の有名人の脳や頭蓋骨を蒐集し続けた（ちょうどその頃、ゲッティンゲン大学ではまとまった数の老思想家たちが死んだのだが、ヴァグナーはその全員の頭をかっさらった）。それに普通の人や殺人鬼、強姦魔、精神病者などの脳も集め、その重量や特徴を比較する論文を書いた。ヴァグナーは、天才の脳は表面の脳回が多いという事実を認めざるを得なかった。だが脳とその重量を一覧表にしてみたところ、実際にはその大きさは余り関係がないと彼は結論した。彼が調べた九六四個の脳の中で、重量一四九二グラムであったガウスのそれは一二五位に過ぎなかった。そして重量で上位を占めた脳の中にはごく普通の労働者や「痴愚」とされる人々のものが含まれていたのだ。

一八六一年二月、ヴァグナーによる脳重量の研究の詳細がパリに届くと、それは直ちにピエール＝ポール・ブローカの人類学協会の議題となった。ブローカ自身、頭蓋と脳の計測技術の先駆者であり、脳の大きさと知性には相関関係があると考えていた。だがヴァグナーの論文を見て考えを変えるどころか、彼はこれこそ自分の理論を証明するものに他ならないと考えた。「これまで人類学協会の議題に上った数多の問題の中で、これほど興味深く、また重要なものは他にない」。彼にとって脳容量の問題は単に物質主義を巡る論争と関わるのみならず、人種間のヒエラルキーを確立しようとする努力とも繋がっているのだ。「頭蓋学の重要性はわが人類学者たちにとっては余りにも衝撃的なものであり、多くの者がわれわれの科学の他の分野を抛棄して、頭蓋骨の研究に専心しようとしたのだ……彼らがこれほど興味を持ったのも無理からぬことだ。もしも頭蓋骨の研究が純然たる解剖学的意味しか持ち得ぬとか、さまざまな人種の知的容量に関するデータが得られぬとならば、そうはならなかったはずだから」。

一八六一年三月から数ヶ月間、ブローカはヴァグナーと彼自身が集めた証拠を会員たちの前に並べ続けた。先ずヴァグナーが行なった前人未踏の業績とその価値を讃えつつも、その方法論が誤っているため、ヴァグナーの結論は全く信用できないとブローカは言う。「ヴァグナー氏は、全く別の観察結果をごっちゃにしてしまっている。性別も年齢も無視して、白痴や癲癇持ち、狂人、脳水腫患者、卒中患者、精神障害のある麻痺患者も無い麻痺患者も全部一緒くたにしているのだ。これほど種々雑多な要素を混ぜ合わせてしまうなど、信じがたいことだ」。

女性の脳が男性に比べて小さいことはよく知られていたし、子供の脳が大人よりも小さいのは当然のことだ。ブローカが挙げた疾患の多くは、脳が異常に大きい、もしくは小さいことに由来すると考えられていた。ゆえにブローカは、彼の基準による健康な成人男性に限ってヴァグナーのデータを見直すことにした。これによってデータの母数は九六四から三四七へと減った。さらにヴァグナーに倣ってブローカはデータベースを補うために歴史上の記録も参照した。中には状況証拠も混じっていると彼は認めている。話によれば、パスカルの死後に検屍が行なわれ、その脳が「並外れて巨大」であったことが確認されたという。オリヴァー・クロムウェルの検屍報告では「護国卿の脳は六ポンドと四分の一以上もあった」とされている。ブローカはこの数字を異常に大きすぎるとして退けているが、古いイングランドの度量衡では一ポンドは一二オンスだったので、それを前提に計算し直すと、確かに清教徒革命を開始した人物として不自然ではない大きさと言えるとブローカは言う。さらに別の分野の天才で言うなら、バイロン卿の脳は一八〇七グラムもあり、通常の成人男性よりも四〇〇グラムも重かった。

では、フランスの天才はどうか？　身近にそのものズバリの実例があるではないかとブローカは言う。かの偉大なるキュヴィエその人だ。「キュヴィエの検屍に当たった著名な解剖学者は誰もが口を揃えて、これほど複雑で深い脳回の刻まれた脳は見たことがないと言っているではないか」。幸いなことに、この解剖学者たちはキュヴィエの脳を摘出して計量していた。ブローカは鼻高々でその数値――一八三〇グラム――を一覧表のトップに置いた。つまりヴァグナーの一覧表は――ブローカ自身による補強・修正を経て――頭の大きさと知性の関係を裏付ける有力な証拠となったのである。ブローカは簡潔に言う。「一般に、男性の脳は女性よりも大きく、著名人の脳は凡人よりも大きく、優越人種の脳は劣等人種よりも大きい。他の条件を揃えると、知性の発達と脳の容量との間には注目すべき関係がある」。

キュヴィエ自身は草葉の陰で複雑な気持ちだっただろう。まず、死後に厳密な科学研究の材料にされたこと自体は間違いなく嬉しかったはずである。だが、彼にとってはブローカの物質主義的テーゼは見過ごすことができなかったに違いない――ましてや、その証拠として使われることは。

そしてたまたま、ブローカの盟友である人類学協会員の中に、ブローカに反論する者がいた。科学者としても解剖学者としてもブローカと並び称されるルイ＝ピエール・グラシオレである。大脳の両半球が、身体の反対側の運動を司っていることを発見した人物だ。また、大脳の四つの葉を確定してそれぞれに名前を付け（後頭葉、側頭葉、頭頂葉、前頭葉）、時に第五の葉と呼ばれる大脳中心の領域である島《インスラ》を発見した人物でもある。グラシオレはたまたまピエール＝ポール・ブローカと同じ小さな街の出身で（その街、すなわちサント＝フォワ＝ラ・グランドには今もブローカ広場とグラシオレ通りがある）、だから両者は子供の頃から知り合いだった。だがグラシオレの方が遙かに苦労人だった。幼い頃から出世を期待されたが、家はいつも貧しく、その教養や業績に相応しい社会的地位を手にする術も知らず、彼は終生貧しいままだった。ブローカが情熱的で大胆不敵であったのに対して、グラシオレは物静かで忍耐力があった。ブローカが常に人の注目を集めたのに対して、グラシオレは陰気で寂しげで、存在感が無かった。

だがグラシオレは、脳に関する知識においては当代随一だった（彼の代表作である『人類及び霊長類の大脳襞』の中身と言わず、表題を見るだけでもよく解る）。そしてヴァグナーの業績を調べた彼は、ブローカによる再計算には説得力がなく、脳の重量や頭蓋の大きさと知性の間に繋がりを見出すことはできないと結論した。確かにヴァグナーは誤っていたのかも知れない――おそらく、全く異なる種類の脳を手術台の上で一緒くたにすることで、意図的に結果を捏造したのだ――が、グラシオレに言わせれば、ブローカもまた自説に合せてデータをいじくり回したのである。ブローカがあまりにもキュヴィエの脳の話を強調していたので、グラシオレはその現物を見に自然史博物館まで足を運んだ。すると何と、キュヴィエの脳など保存されてはいないというのである。それどころか、頭蓋骨すらないという。

六月六日、グラシオレはこれらの情報を携えて会合に臨んだ。彼は先ず、慎重に、ヴァグナーの数字から始めた。ガウスはおそらく当代最高の天才であろう。だがデータは正直である。「彼の脳は特別大きかったわけではありません。例外的な重さというわけではないのです」。さらにもう一つ、ヴァグナーのゲッティンゲン・コレクションから例を出す。鉱物学者ヨハン・ハウスマンの脳である。ヴァグナーのリストではそれほど高いランクにはいなかったので、ブローカはこの人物を知性の低い部類に入れていたが、これはデータにも忠実ではないし、ハウスマンにも失礼千万な話である。ハウスマンの業績を知るドイツ人は誰もが彼を桁外れの科学者だと認めているし、フランスの科学者たちも同様に言っている。「誰もが断言できるでしょう、彼の頭脳を陳腐と呼ぶなどあり得ないということを……にも関わらず、ここで繰り返させていただきます。

彼の脳は小さかったと」。

いよいよ核心である。グラシオレはキュヴィエの脳の大きさについてブローカに問い質した。「[ブローカの]御説明を文字通りに受け取るならば、キュヴィエの脳の大きさは、人間離れしているとは言わぬまでも、少なくとも並外れて大きかったということであります」。だがいずれにせよ、一八三〇グラムという数字を裏付ける――あるいは覆す――ものは何も無い。だがグラシオレは持ち前の粘り強さで、全く別の方策を考えていた。そもそも脳の重さなどを量る人は普通はいない。だが、頭のサイズなら計ることもあるだろう。例えば帽子屋とか。グラシオレはキュヴィエの友人たちを訪ねて回った。そして何と、ルソーと言う名の医者を見つけ出したのだ。この人物は、元科学アカデミー終身書記の帽子を持っていたのである。グラシオレはこの帽子を、パリで一番の帽子屋のところに持って行った。帽子屋曰く、確かにこりゃあ大きい方ですが、特別ってほどじゃございません。さらにグラシオレは留めの一撃を放った。「キュヴィエは特別に髪の毛が多かったのです」。多いだけではなく、もじゃもじゃだったと言うのである。だからその帽子のサイズもまた、実際の頭蓋骨よりもかなり大きくなったのだ。「今、御覧いただいた計測によって、確かにキュヴィエの頭蓋骨はかなりの大きさであったとしても、例外的なまでの大きさでなかったことは明らかであります」。

だがグラシオレの発表――頭蓋容量説を解体しようとする試み――には、さらに続きがあった。

頭蓋容量説によれば、偉大な知性は巨大な脳と頭蓋を意味する。究極の知性は超巨大な脳と頭蓋に宿るということになるだろう。ガウスの知的業績はまさに巨大なものだったが、その脳はかなり普通の大きさだった。まあやむを得ない。一つの反例としよう。彼に匹敵するほどの、あるいは上回るほどの天才の脳もしくは頭蓋骨はあるだろうか？　グラシオレは件の博物館のコレクションをよく知っていた。そこで、まさにそれを出して見せたのである。頭蓋容量説の信者がガウスの例にたじろぐならば、そしてキュヴィエの例に少し安心するならば、果たしてルネ・デカルトの頭に対しては何と言うだろう？　デカルトは遙か昔から近代の父、そして知的な意味でフランスという国の国父であるとされてきた。彼の精神から――というか、ブローカとその一派なら彼の脳からと言うだろうが――二世紀もの長きに亘って持ちこたえる、特定の謎に対する（理論上の）解の枠組みが生まれてきたのだ。例えば心臓の鼓動、虹の色彩、日没、そしてまさに精神とは何かという謎である。そして過去百九十年以上に亘ってそれに触れたことのある人間なら誰でもすぐに気づいたことだが、デカルトの頭蓋は小さく、非常に繊細な物体なのだ。その頭頂部に書かれたラテン語の詩がいみじくも語っている。Parvula calvaria――小さき髑髏、と。

「かの博物館に、デカルトのものと思しき頭蓋骨が収蔵されております」とグラシオレは始めた。「この頭蓋骨は、スウェーデンのデカルト主義者たちの間で厳粛に守られ、その起源を証明する銘が書かれましたが、最終的に無知なる者たちの手に渡り、その結果、ある日、公開競売において端金で売られてしまいました。しかし幸運にも、ベルセーリウスがその入札に参加しており、この貴重なる遺骨を買い取って、フランスに帰国させてくれたのであります」。グラシオレによる遺骨の来歴説明はその細部が間違っているが、重要なのはそれが博物館にあるということだ。「既にデカルトの肖像との類似が確認され、書込まれた銘も解読されました。それを行なったのはアカデミー自身であります。それによってこれを本物と認めたわけです……そしてさらに、この頭蓋骨は、もしも天才というものが脳の容量に依存するのであれば、一見してそれと解るほど大きくて然るべきであるというのに、それどころか《オ・コントレール》、極めて小さいのであります」。だがグラシオレにとって極めて有力だと思われたのはもう一つの点だ。曰く、この頭蓋骨は「極めて美しい形をしております。そして実際、これはコーカソイドの頭蓋骨としては、目にしうるものの中で最も美しいものと言って良いでしょう。簡単に言えば、大脳に尊厳を与えるのはその容量ではなく、その形なのであります」。

グラシオレは被告を完璧に論破したと確信する検察官のような態度でその発表を締めくくった。直ちに反論があった——解剖学者でブローカと仲の良いエルネスト・オーベルタンから——それはいずれにせよ、「そうだったらそうなんだよ」「ちがうったらちがうんだもん」という程度の論争に過ぎなかったのだが。

グラシオレ氏は……もしも私の理解が正しいのなら、脳の容量と重量は、個人間においてもまた人種間においても、ほとんど意味はないのであり、知性の発達と頭蓋の容量との間には何の繋がりもないと仰ったとお見受け致します。私見では、このご意見は誤りのように思われます。私は何も、知性が脳の容量のみに依存すると申し上げているわけではございません。ただそれが重要な指標となると申しているのです。デカルトの例に関しましても、いくつもの反例を出すことができるでしょう。これまでにも天才に恵まれた者が巨大な脳の持ち主であった事例がいくつもあるのではありませんか？

「巨大脳」論議は人類学協会全体を巻き込み、数ヶ月に亘って続いた。デカルトの頭蓋骨は議論の試金石となり、メンバーは何度も何度もそれに立ち返った。これは言わば、近代精神の風景を描き出した精神である。もしも脳が精神に等しいのなら、あの偉大な精神がこの小さな容器の中に入っていたということになる。あり得ない。グラシオレがデカルトの骨を振りかざした一ヶ月後、ブローカは次のような所感を書いた。

われらが協会員グラシオレ氏はこれらの著名な脳の歴史を御存知です。にも関わらず氏は、脳の重量と知性の発達には繋がりはないと仰る。なぜなら、天才なのに脳容量はごく普通だった人物がいるからと。この説の裏付けとして、彼はまずデカルトの頭蓋骨の事例を出し、それからヴァグナー氏による著名人の脳の研究を引き合いに出しました……デカルトの頭蓋骨が貴重な遺骨であることは間違いありませんが、もう少しきちんと本物であることが証明されていたならば宜しかったものを……最後になりましたが、頭蓋骨の研究は、どれほど完璧に行なったとしても、結局はその容量を推定するだけであり、特に脳の重量に関しては推定に頼るしかありません。デカルトの脳はきちんと検査を受けたわけではなく、その価値を正しく評価することは今後もできますまい。この例は無価値であると言わざるを得ません。

ブローカによれば、脳の無い頭蓋骨は決定的なものではない。つまり空虚な抜け殻に過ぎない。だが議論が迷走する中、ブローカと側近たちはデカルトの件で頭を悩ませたらしい。四月四日、ペリエ氏というメンバーがグラシオレに対する、言わばデカルトの頭蓋骨に対する攻撃に加わった。つまり〈精神＝頭脳〉陣営は一種の宿題をして来たのだ。ペリエは言う、グラシオレ氏はデカルトを引き合いに出してこられましたが――

この平凡な容量しかない頭蓋骨は、確かに彼のものだったかも知れませんが、とは言うものの、それが確かに『方法序説』の著者のものであったという確たる証拠は出されませんでした。著名人の遺骨とは得てして大いに疑いの余地があるものです。私はチュレンヌ［フランスの英雄的軍人］の命を奪ったと称する砲弾を二つ知っておりますが、その一つはザースバッハに、もう一つは廃兵院に、厳重に保管されております。そしてスイスに行った人なら誰でも知っていることですが、ウィリアム・テルがゲスラーを撃つのに使用した本物の洋弓銃と称されるものが一体いくつあるのか、見当も付きません。

次にペリエは歴史の講義に移る。「ストックホルム宮廷におけるデカルトの死の状況」を語り、クリスティナが彼を祖先の霊廟に埋葬しようとしていたと述べ、これほど王族の注目を集めていたことを考えると、「この著名な哲学者の遺骨の最も高貴な部分がこの時点で既に無かったとは考えがたいことであります」と言う。つまり頭部は、「デカルトの遺骨をパリに移送する際、八ヶ月以上に及んだこの危険な旅の途中で奪われたものに相違ありません」。

さらに重要なことに、ペリエはこの頭蓋骨と、デカルトの最も正確な肖像と考えられているフランス・ハルスの絵とを比較する。ペリエ曰く、ここには明らかに「大きな頭、大きく張り出した額が見て取れます」。さらにペリエは、一七世紀の伝記作家アドリアン・バイエの記述を読み上げる。彼によればデカルトの「頭部は胴体と比較してやや大きく」、額も大きかったと。この二つの記録は互いに一致しており、一方、頭蓋骨の方はこれと矛盾しております。さらに、この二つの歴史記録――肖像画と伝記――は、この部屋におられる学識深い方々が信じておられること、すなわち「偉大にして崇高なる人物には脳の著しい発達、その結果としての容量と重量が見られる、という事実とも一致しているのであります」。そしてペリエは、キュヴィエに対するグラシオレの侮辱を当人に投げ返す。「このような特別な人物の髪型というものは、その兜や帽子もですが、得てして一風変ったものになりがちなのです」。

疲れを知らぬグラシオレは、一八六一年四月一八日の会合に律儀に顔を出し、執拗でありながらも寛容な調子で話をした。つい先日、私は知性は必ずしも脳の大きさに比例するわけではないと申しましたが――「しかしながら、この見解を皆様の前で披露させて戴きますと、あまり皆様のご好評を得ることはできませんでした。私の見解は非凡なる腕前によってさんざんに批判され、そして敢えて申しておきますが、私にご反論戴きました方々にはこの場をお借り致しまして深甚な感謝を申し述べる次第でございます。皆様は善意から私に反対して下さったわけですが、だからといって私は考えを変える訳には参りません。残念ながら、私は納得したわけではないのです。私は今も最初の考えに固執しており、それが正しいと信じているのです。よってこれを擁護し、弁明しようと思います」。

彼は忍耐強く自分の仮説の欠陥を一つ一つ潰していき、再びデカルトの頭蓋骨に舞い戻った。ペリエ氏はバイエを誤読されておられます。バイエは確かにデカルトの頭は「胴体と比較してやや大きい」と述べてはおりますが、同時にまた、デカルトの身体は「平均よりも小柄」だったとも述べております。つまり総合的に考えれば、頭蓋骨は小さかったということは容易に解ります。ハルスの肖像画について言えば、これは優れた肖像画であり、身体と比べて頭部の大きい人物が描かれております。とはいうものの、その頭が他人の頭と比べてどうであったかまでは描かれておりません。「もしもこれがデカルトの頭部ではないのなら」とグラシオレは論敵たちの伝聞に基づく議論を牽制しながら言う、「頭の良くなかった兄のものかも知れませんな」。

全くの偶然ではない。グラシオレが人類学協会で頭蓋容量説のメンバーたちに反論したまさにその週、サウスキャロライナ沖でアメリカ軍の砲台が自軍の基地、サムター要塞に発砲した。植民地時代には、奴隷制、人種、そして人種間の固有の相違という概念は、まさにアメリカ社会の核を形成していた。同じ頃、人種の平等という近代主義者の観念もまたぐつぐつと煮立っていた。その緊張がクライマックスに達したのが、サムター要塞への攻撃である。これが南北戦争の発端となった。人種主義がアメリカ社会の一部であるなら、それはヨーロッパの知的風土にも、それが育んだ科学のプログラムの中にも織込まれていた。だが近代性は——一七世紀、初めて理性と社会的平等の間の繋がりを創り上げた「啓蒙主義過激派」の時代から——自らの中にこのような暗黒から脱する可能性を蔵してもいたのだ。

念のために言っておくが、今日の科学の主流派は人種と知性の間にも、また脳の大きさと知性との間にも、有意な相関関係を認めていない。それどころか、人種という観念自体に遺伝学上の基盤はほとんどないとされている。人類の分散と分化は進化論の時間軸で言えばごく最近のことであり、人種の差など皮一枚の問題に過ぎないのだ。目に見える以上の差、例えば知性の容量などに差が生じるためには、遺伝子総数の中の遥かに多いパーセンテージが必要であり、そのためには遥かに長い時の流れが必要だ。ヒトゲノム計画の向こうを張ったセレラ・ジェノミクス社の遺伝学者J・クレイグ・ヴェンターは〈ニューヨーク・タイムズ〉でこう述べている。「人種は社会的概念であり、科学的概念ではない」。

にも関わらず、「頭蓋容量」や「顔面角」、その他の人種的プロファイリングの背後にある衝動は、依然としてわれわれの中にある。一九九四年にベストセラーとなった『ベル曲線』は、知性と経済状況の関係を研究する過程で知性と人種の関係に踏み込んだ。この本が売れたというのは、このような議論に親近感を持つ人が潜在的に大量に存在しているということを示している。人種と知性に関する最新理論を推進している心理学者J・フィリップ・ラシュトンのウェブサイトにはこのように書かれている。「新たな研究、及び世界中の文献の見直しによって、私は常に東アジア人及びその子孫が、平均してより大きな脳、優れた知性、性的自制力、成熟の遅さ、遵法精神、優れた社会組織などを持っていることを見出してきた。ヨーロッパ人及びその子孫はそれに次ぎ、アフリカ人及びその子孫はそれに次ぐ」。

ラシュトンは科学の主流派ではないが、ジェイムズ・ワトソン――DNA構造の共同発見者としてノーベル賞を獲得した――は、まさにど真ん中の主流派だ。二〇〇七年、ワトソンは人種と知性の間には明確な関係があると断言した。ポリティカル・コレクトネスを恐れるあまり、社会はそれを認めようとしないのだと。ワトソン曰く、彼は「生来、アフリカの将来について暗澹たる思いを抱いていた」。なぜなら「われわれの社会政策の全ては、彼らの知性がわれわれと同等であるという事実に基盤を置いている。あらゆる試験が、それが事実ではないということを示しているのに」。彼はまた次のように述べている。「その進化において地理的に隔たった諸民族の知的容量が独自に進化したと信ずる理由はない。理性の力を何らかの人類共通の財産としておきたいという希望は解るが、だからといってそれは理由にはならない」。

これに対して科学界の権威者たちは、七十九歳のワトソンを譴責もしくは嘲笑した。ある科学者によれば、彼の見解は「社会的あるいは政治的な意味においてのみならず、科学的にも誤っている」。『知性とは何か』（二〇〇七）の著者である社会学者ジェイムズ・フリンは、知能テストを分析した結果、テストのスコアに現れる人種的・民族的差違――例えばアフリカ人は西欧人よりも低い傾向があるなど――は、社会と抽象性の原理との親和性に関連していると結論した。言い換えればこのようなテストが計測しているのは必ずしも純粋な知性ではなく、近代的な知性なのだ。つまり、製品のレーベルや政治的スピーチ――さらに言うなら、テストの点数――等を批判的に分析するような類の知性である。徐々に、一世紀以上の時間をかけて、人種と知性を結びつける方法論はテストを受け、その欠陥が顕わになってきた。このプロセスは言わばブローカに対するグラシオレの反論から始まったのだ。小さいながらも、デカルトの頭蓋骨は誤った科学を暴く手助けとなったのである。

ブローカとグラシオレの論争には当面、決着は付かなかった――双方とも、自分たちが正しいと信じていたのである。だが論争の最中に――実際にはグラシオレがペリエに反論したまさにその会合において――ブローカは別のものを机上に上げていた。彼の関心は既に巨大な脳という主題から離れ、一週間前の回診で見た驚くべき患者の方に移っていたのだ。間もなくその患者は五十一歳で死んだが、この男は死に至るまでの二十一年間、言葉を話すことができなかった。その理由が梅毒であると判明したのだ。ブローカは直ちにこの患者の症例に没頭した。言葉は人間の精神機能の基本部分であり、これほど完全にその機能が失われたからには、必ずや脳にその痕跡が残されているはずだと考えたのである。彼は検屍解剖を行ない、脳を摘出し、左前頭葉の下前頭回と呼ばれる部分に損傷を発見した。そして直ちに、この領域こそが言語を司っていると結論した。

後の研究により、彼は基本的には正しかったことが明らかとなる。「タン」（ブローカがこの患者に与えた仮名。彼が唯一発音することのできた音節をそのまま使用した）の症例研究は、科学における試金石となった。ブローカが特定した脳の領域――現在では「ブローカ中枢」と呼ばれる――は、多くの神経科学と言語障害研究の中心テーマとなっている。

あえて言っておくが、一九世紀においては、例えば問題に対する有益なアプローチと有害なアプローチ――正しい科学と誤った科学――は常に同時に起っていた。ガルは脳機能の局在説を唱えたが、また同時に頭骨の形を読み取ることで運命が解ると約束した。キュヴィエは近代生物学の基礎を築いたが、同時にまた黒人はオランウータンの同類であることを示そうという、空恐ろしい研究をしていた。ブローカは幸いなことに、脳の容量と知性を関連づけようとしたことよりも、言語を司る脳の領域を発見したことで知られるようになった。のみならず、ブローカ中枢の発見は脳機能の局在説の最初の明瞭な証拠となった。一夜にしてガルの名誉は回復され、科学は進歩し、物質主義者は点数を稼いだ。当然ながら、そのゲームでは常にルールが改定され続けている。

一八八〇年にブローカが死ぬと、その遺体は仲間たちの手で解剖されることとなった。斬新な仲間の一人が、彼の名前――P・BROCA――をその脳の下前頭回、つまりブローカ中枢に刻もうじゃないかと思いついた。それから彼の脳は、彼自身が集めていたコレクションに加えられた。そのコレクションは結局のところ、フランス人類学博物館の骨のコレクションと合併された。ブローカの脳はデカルトの頭蓋骨と仲良く並ぶこととなったのだ。

6 身柄提出令状

二〇世紀初頭のクリーヴランド、あるいはロンドン、はたまたシュトゥットガルトの住民に、世界で最も近代的な都市はどこかと訊ねたならば、たぶんパリだと答えただろう。その理由の一つが人々の物腰や感受性だ。パリにはカフェの文化があり、議論、芸術、文学、食道楽にワインを嗜み、そして無論、性に対する開放的で垢抜けた態度があった。だが人々の物腰とはインフラの上に築かれるものである。パリでは、世界のどの都市よりも早く鋼鉄とコンクリート、それに電気が導入され、その基盤の上に近代的な生活——これまでの世代が望んだ以上に、より長く、健康で、快適で、発展的で、思慮深い生活——が築かれたのだ。一九〇〇年のオリンピックは、より広い世界に、近代都市の何たるかを知らしめた。観光客は、古代と未来が同居する都市を見た。二世代前にオースマン男爵が強引に造った広い大通りは、この都市に開放的で現代的な雰囲気を与えた。パリには地下鉄があり、電気仕掛けの街灯があり、エレベータがあり、そして極めて近代的で効率的な下水システムがあった。あまりにも清潔なので、その内部をボートで見学するツアーがあったほどだ。

この都市の近代性の象徴が、大きな辻ごとに立っていた。派手な鋳鉄の柱の上に取り付けられた大時計だ。上に付いているランプのお陰で、夜でもそのローマ数字を読むことができる。一九世紀末と二〇世紀初頭にとっての時間の正確さは、一八世紀末と一九世紀初頭にとっての標準化された度量衡に、そして二〇世紀末にとってのコンピュータに等しいものだった。つまり人々を同列に並べるものだ。生活は規則化し、より規律正しいものとなった。この時計は世界中の至る所で近代世界の驚異とされた。何しろ、サン＝シュルピス広場のそれが正確に昼の十二時を指した時、トロカデロのそれも、ヴァンドーム広場のそれも、イル・デ・ラ・シテのそれも、正確に同じ時間を指すのである。この魔術の背後にあるメカニズムは空気だった。中央時計は、何百発分もの空気を圧縮している機械に繋がっている。この時計の針が一分進むと、空気が押し出され、何マイルもの管を通って、それぞれ対応する時計端末に届く。そこでその空気圧によって、端末の針が一分進むのだ。

一九一〇年一月二一日午前一一時の少し前、このパリの時計が一つ残らず静止した。既に何週間にも亘って降り続いていた激しい雨は遂に昨夜セーヌ川を決壊させ、街路と地下室に水が溢れたのだ。中央時計管理室は水浸しとなった。時計の静止と時を同じくして電気街灯は消え、地下鉄も停止した。雨は続いた。東部の貧民街は水没し、水圧は何百という建物を破壊した。街路という街路はその重量ゆえに陥没した。サン＝ラザール駅構外では、地下鉄トンネルを満たした水が街路を持ち上げ、通行人を吹き飛ばした。総計百万からの人間が家を追われた。患者は病院を追われ、裁判所《パレ・ド・ジュスティス》と警視庁《プレフェクチュール・ド・ポリス》までが水浸しとなって、この大災害に立ち向かう機能を喪失した。ルーヴルの地下までもが浸水し、管理者たちは作品を守るために奔走した。

二年以上の間、パリはこの水害から立ち直るべく苦闘を続けていた。最新の蒸気ポンプが要所に配置され、将来の洪水に備えて排水渠が造られた。だが一九一二年一月、今も一九一〇年の大洪水の爪痕がまだまだ深く残るこの都市に、さらに激しい豪雨が襲った。新設された排水渠はたちまち破壊され、市の全域が再び水没した。デカルトの言うように近代性の力とは自然を克服するためにあるとするなら、一九一〇年と一九一二年の洪水は自然による決定的な逆襲だった。あたかも近代性それ自体が破壊されたかのような。

一九一〇年の洪水の間、セーヌ南岸の水はオーステルリッツ河岸を呑み込み、ビュフォン通りを激流に変え、自然史博物館の人類学展示室に流れ込んで、一メートル半の高さまで浸水した。水はジョルジュ・キュヴィエ、ピエール＝ポール・ブローカ、フランツ・ヨーゼフ・ガルらが集めたコレクションを巻き込み、頭蓋骨や大腿骨や胸郭は為す術もなく流された。多くの施設と同様、博物館の復旧には長い年月を要した。一九一二年秋、展示室と貯蔵室は依然として工事中で、収蔵品の多くが山積みとなっていた。

一方、他の場所ではいつも通りに仕事が進んでいた。九月二三日は科学アカデミーにとってはごく普通の日だった。メンバーの議題はタンガニーカ湖に棲息する淡水エビ、古生物学に関する論文、恒星の位置確定に役立つ天文器具の説明。当然ながら議題の中で最も注目すべきものは過去二年における豪雨と水害の分析の公表だと思われるだろう。だが実際に注目を受けたのは――議場のみならず、マスコミ、そしてパリの街全体で――最近スウェーデンで上梓された無名の本だった。その一冊を、その日、アカデミーが公式に受け取ったのだ。『ベルセーリウスとC＝L・ベルトレの往復書簡（一八一〇―一八二二）』。一世紀も前の二人の化学者の往復書簡を丹念に読んでいる内に、メンバーの一人は一つの手紙に釘付けとなった。ベルセーリウスが最近ルネ・デカルトの頭蓋骨を発見し、アカデミーに送ったという記述である。

「去る九月二三日、科学アカデミーにて大いなる騒乱！」、自然史博物館の職員で人類学者ルネ・ヴェルノーの報告書はそんな調子で始まり、この謎の情報がもたらされた後の大騒ぎを書き留めている。時が経つ内に、キュヴィエがその頭蓋骨を同僚たちに見せたという事実はどういうわけか学界の記憶から消えていたらしい。メンバーは色めき立った。かの偉大なるデカルトの頭蓋骨がアカデミーに託されたというのは事実なのか？　もしそうなら、それは今どこにある？

探せ探せと矢のような催促。そしてアカデミー傘下のさまざまな施設が徹底的に捜索された。

そして数日後、ようやく自然史博物館から朗報が届く。件の頭蓋骨はキュヴィエ自身の手で同博物館に委託されたという。その情報の後、何とも気まずい告白。実は当館は現時点において、その物品の在処を確定することはできません。

この時点で事態はニュースのネタとなった。記者が博物館に押しかけると、そこには山と積まれた骨。洪水以後はラベルも無く放置されているという。原因と結果を総合して記事を書く。たぶんフランスの知的国父の頭蓋骨は、かの無情なるセーヌの水によって流されてしまったのであろうと。さらに酷いことに、博物館はその骨が無くなっているということ自体知らなかった。「このニュースはかなりの反響を呼んだ」と〈政治文芸新聞《ジュルナル・デ・デバ・ポリティーク・エ・リテレール》〉はいう。〈ガゼット・ド・フランス〉は、その歴史をこう説明した。

> 周知の如く、かの大哲学者は一六五〇年にストックホルムにて客死し、その遺体は埋葬のためにパリに運ばれた。だが一般には知られていないが、何とその遺体には頭部がなかったのだ。この頭部はどうやら、その理由は不明ではあるが、スウェーデンの将校が保管していたらしい。デカルトの頭蓋骨は、そのようにラベルを貼られ、この将校の子々孫々に伝えられ、後にスウェーデンのアカデミーに寄贈され、そこからフランスに送られた。今日、この遺骨を見ることができるのか？　件の博物館に保管されていたとされるが、これに関しては確た

る情報はない。

このニュースが広まって、ヴェルノーはプレッシャーを感じた。曰く「どんな仮説も言いたい放題で、多くの出版社はともかく何でも良いからセンセーショナルなことを書いて一刻も早く出せばいいと思っている。そこで出来た記事には荒唐無稽なることとこの上も無いようなことが堂々と載っている」。博物館職員はコレクションを総点検した。ヴェルノーは頭蓋骨に関する文書を集めた。ドランブルの報告書も、一八二一年の出来事に関するそれ以外の文書も全て。こうしてヴェルノーと職員たちは、何百もの頭蓋骨の中からたった一つを同定するための情報という情報をことごとく集めた。そして遂に、古い報告書と一致しそうな物品――下顎がなく、消えかけた文字に覆われた頭蓋骨――が見つかった。たぶんガルのコレクションと混じって収拾のつかなくなった古い人骨の山の中から。

フランスの博物館にルネ・デカルトの頭蓋骨なるものがある、という第一報が出てから一週間もしない内に、それらしき物品が同博物館館長エドモン・ペリエのデスクに届けられた。同日、ペリエはこれをアカデミーに持って行き、メンバーは九月三〇日の会合でこれを自らの眼で見た。「一八二一年以来、これがわが国立博物館の門外に出たのは初めてのことです」とヴェルノーは言った。そしてさらにやましさからか、こう付け加える。「そして二時間後には然るべき場所に戻しました」。

そんなわけで、アカデミーの錚々たる面々の前でキュヴィエがどうだとばかりにこの頭蓋骨を見せつけてから実に九十一年後に、ペリエはそれを同じ部屋で披露したのである——「この貴重な遺骨に対して相応しい敬意を以て」。次に彼はその来歴を簡単に説明した。どうやらそれは何年かの間は一般公開されていたらしいのだが、「一般展示室での公開は中止しました」。子孫が存命中である人物の頭部を展示するのは宜しくないと判断されたらしい。ペリエはその頭蓋骨が一時的に行方不明となり、人骨の山の中から発見されたという事実には上手く茶を濁し、そのかわりあの洪水以来、何であれまともに展示できる部屋が一つもないのですと訴えた。

だが科学アカデミーにおけるこの二度目のお披露目も、最初の時と同様、すんなりとは終らなかった。それどころか新たな論争の火花が舞い散ることとなったのだ。何しろ件の頭蓋骨は今やパリの街中で、カフェや客間の一番の話題となっている。「誰もがそれを話題にしていた……パリでも地方でも、それどころか地球の両極、両半球においてもだ。二十四時間の間、これ以外の話題を聞くことはない」と述べているのはカバネス博士なる人物。一ヶ月後の〈パリ医学日報〉《ガゼット・メディカル・ド・パリ》の記事だ。決して扇情的な新聞ではない。「そしてこの激しい議論、この大嵐を引き起こしたのが……頭蓋骨？　だがそれはありきたりな頭蓋骨ではない。これが何と、わがフランス最高の哲学者……『方法序説』の著者デカルトの頭蓋骨なのだ！」。

話題はまたしても真贋論争だった。専門家たちは前世紀の先輩たちの手法と結論に疑問を表明し、ごく普通のパリジャンもまた真剣に論じ合った。もしもこれが実際にルネ・デカルトの頭蓋骨であるのなら――〈ル・タン〉紙の表現を借りるなら――まさに「貴重なる聖遺物《ラ・プレシューズ・ルリク》」である。だが高級紙〈エスキュラープ〉の編集長は問う、「時を経て黒ずんだこの器にかつて人類最高の思考が宿っていたのか、それともその辺の卑しいビール屋程度のつまらぬ脳が入っていたのか」を誰が確信を以て断言できるだろうと。専門の委員会のようなものが必要だ。歴史から法医学まで、幅広い学者の参加する委員会が。

だが結局のところ、その「委員会」の仕事を任されたのはたった一人の男、ポール・リシェだった。有名なジャン＝マルタン・シャルコーの下で働いていた医者で、師のヒステリー理論の研究に大いに貢献した。解剖学者にして医学アカデミーのメンバーであるのみならず、素晴らしい腕前を持った彫刻家・画家でもあった。しかもその上、リシェは美術史家でもあり、特に解剖学的観点から見たルネサンス絵画の正確性を専門分野としていた――つまりはミケランジェロの『最後の審判』に登場する筋骨隆々たる人物や、ラファエロの肉付きの良い聖母たちの皮膚の下の筋肉である。奇遇にも、当時リシェは国立美術学校《エコール・デ・ボザール》の住み込み指導員だった。この学校はセーヌ河畔の元修道院にある。一世紀以上前、アレクサンドル・ルノワールのフランス記念碑博物館があった場所だ。

アカデミーの終身書記である数学者ジャン＝ガストン・ダルブーが、この問題でリシェの協力を仰いだ。リシェは二つの言語を流暢に操る――芸術と科学だ。彼ならその両方の原理を上手く適用することができるだろう。リシェはまず、この頭蓋骨が本物であることを証明するところから始めることにした。もし本物なら、この頭蓋骨の特徴はデカルトの正式な肖像と一致するのではないか？　巨匠が実物を前にして描いた肖像画――デカルトの肖像としては、史上最高の肖像画家の一人であるオランダの画家フランス・ハルスが描いたものが知られている。この絵のイメージはまさに偶像的だ――暗闇の中に浮かび上がる挑発的な人物、世事に通じ、哲学者でありながらほとんどゴロツキのような男。この絵は当時ルーヴルにあり、今もそこにある。リシェによれば、これこそ「最も正確なデカルトの肖像である」。さらに「人間の頭骨には、特定の数の非常に明確な参照点があるが、それはこのオランダの巨匠の作品では特に明快に描かれている」。

リシェはまず、優れた技巧を持つ製図職人を使い、ハルスの肖像画から肉を削ぎ落とした図を描かせた。もちろんこの職人には問題の頭蓋骨は見せずにである。その上で職人は肖像画の極めて精密な拡大写真を元に、カメラ・ルシダ（鏡を用いて像をカンヴァスや紙に投影する装置）を用いて、ハルスの肖像画の人物の内部にあると思われる極めて精密な頭蓋骨の図を描いた。ありとあらゆる凹凸、頬骨の高さ、額の幅、顎の具合に至るまで。そしてリシェ自身は、ルーヴルの肖像と同じ角度――僅かに向かって右を向く角度――になるように、そして職人の素描と同じ大きさになるように注意しつつ、デカルトの頭蓋骨の素描を描いた。

物々しいドラマのような雰囲気の中、アカデミーのメンバーとマスコミの前で、リシェはこの二つの素描を持ち寄り、重ね合わせた。細部に至るまで――「後退した額、堂々たる眉弓から少し離れた眼窩弓の突起……顔の幅……鼻骨の突起、これが終端で割れているのは、険しい鼻梁を意味します……最後に、鼻前庭の短さ、これは上唇の薄さと合致します」――両者はほとんど同一だった。この比較をさらに鮮鋭なものとするため、リシェは同じ角度から見た任意の頭蓋骨の素描を用意していた。これらは最初の二つほどには似ておらず、実際、聴衆にも「明らかに違う」と解るほどだった。リシェは熱意を込めてまとめた。「この博物館に保管されていた頭蓋骨は、フランス・ハルスの肖像画に示されたものと、考え得る限り究極の類似性を示しております」。

過去数ヶ月間に生じた個々ばらばらな事象が、ここに融合した。奇怪な、しかし聖像的な物品が失われ、そして発見されたというニュースは、冬の間に誰知らぬものとなっていた。そしてパリを襲った災害は、たぶんフランスの過去に関する関心に火を点けていた。科学アカデミーはリシェの論証を期待していたし、実際にその論証は期待を裏切ることなく、極めて高度かつ説得力があり、動かしがたいものだった。その結果は格好のニュース記事となり、世界を駆け巡った。「素描が突き止めたデカルトの頭蓋骨」の見出しは、〈ニューヨーク・タイムズ〉の一面トップ。「デカルトの頭蓋骨は本物」と〈ル・フィガロ〉。さらに続けて、「賢明なる解剖学者の手法は科学的見地から見て驚くべきものだった」「その結果は決定的である。博物館の収蔵品は実際にデカルトの頭蓋骨であり、アカデミーに提出された論文と図像に疑いの余地はない」。そしてポール・リシェについては、「彼の極めて科学的な手法の成功はただ彼だけのものではなく」将来における人類学上の復元作業の手法を著しく発展せしめるものである、という。

〈ニューヨーク・タイムズ〉は「リシェ教授の研究成果は歴史上の大いなる謎に最終的な決着を付けた」と述べ、「この頭蓋骨をデカルトの胴体と合せようという動きがある。胴体の方はサン＝ジェルマン＝デ＝プレにあるが、両者を共にパンテオンに納めようというのだ」と続けている。だが〈ル・フィガロ〉は別の計画を伝えている。一つの箱を「造り、その中に偉大な思想家を納めて公開する。もはや疑い得ぬものとなった、それが本物であることを示す文書と共に」。

誰もが喝采した。謎は解かれた。一件落着。この地球上に住む人の中で、ルネ・デカルト、あるいは哲学、あるいはフランス史、あるいは頭蓋骨に興味を持つ人は誰もが満足した。そう思えた。

だが、例外が一人だけいた。リシェの成功を誉め称える記事の幾つかが、一つの興味深い事実を指摘していた――リシェの探求はある意味でデカルト自身の探求と重なるものであると。リシェ、もじゃもじゃの髭に、活き活きした優しい目を持つ六十三歳。エコール・デ・ボザールの彼のアトリエには、粘土模型やスケッチと共に、実験観察の器具がずらりと並んでいる。彼の生涯は正確さの、根本的方法の探求に捧げられてきた。彼を突き動かしていたもの、彼の医業と芸術と美術史研究とを結びつけていたものとは、表面の下を、殊に皮膚の表面の下を見たいという渇望だった。デカルト自身と同様、リシェもまた、人体の内的な機能を理解したいと願った。そしてデカルトと同様、彼もまた懐疑の愛好家だった。アカデミーでの大成功の後、だらだらと数週間を過した彼は、何も自分の結論が間違っていたのだと感じたわけではない。ただそれとは別に、またしても別のデカルト的な懐疑に悩まされることとなったのだ。デカルト自身の方法――〈方法《ラ・メトッド》〉――は元来、無闇矢鱈に何でも疑えばよいというものではない。伝統的な叡智に疑問を呈し、思考者の個々の精神にとって明瞭ではない全てのものを疑うということなのだ。リシェの精神を蚕食したデカルト的観念、むしろ祝福とでもいうべきものは、次の通りである。自分はアカデミーで聴衆に対して、「デカルトの肖像の中で最も信頼しうるものは間違いなくフランス・ハルスの筆になるものであり、これは今現在ルーヴルに所蔵されております」と宣言した。だが、それが真実であるとどうして言えるのか？　美術史家であるリシェは、何世紀も前の作品の帰属など実にいい加減なものだったということを知っている。ハルスの肖像画が実物を元に描かれたという証拠はどこにあるというのか？

　そして偶然にも、リシェの懐疑はある意味では誤りではなかった。デカルト伝にもハルス伝にも、お互いに相手に対する言及は全く無いのだ。この二人が出逢ったことを示す記録は何も無いのである。しかもルーヴルの肖像画の来歴は確実と言うには程遠い。一七八五年、ルイ一六世が妻であるマリ・アントワネットのためにパリ西方に城をひとつ買った時、デカルトの肖像画も一緒に付いてきたのである。それ以前は代々その城の城主、すなわち歴代オルレアン公のものだった。だがそれ以前の記録となると途端にあやふやとなる。この絵には一六四九年という年が関連づけられるようになり、ゆえに一般にハルスはその年にデカルトを描いたとされていた——彼の死の前年だ。だがリシェは、これらは全て推測に過ぎないと信ずるに至った。

リシェの懐疑は後世、多くの美術史家に取り上げられた。一九六〇年代には、二〇世紀の偉大な美術史家の一人であり、フランス・ハルスの権威であるシーモア・スライヴがこの問題に取り組んでいる。彼によれば、互いに似通った多くのデカルト像が、同じ時期に製作されている。曰く、「デカルトの死は全世界で悼まれた。それは彼の死の直後に大量の肖像画が描かれたことを裏付ける事実である。その後の数十年の間における製作数から判断するに、その需要は減るどころか、むしろ増えていた」。そのスライヴはルーヴルの肖像画——極めて滑らかで穏やかで洗練されている——を、ハルスの活き活きした筆致や人格的な深みに欠けると評している。

では、ハルスとデカルトは会ったことがないのか？　ルーヴルの肖像画は別人の筆によるものなのか？　むしろ後に、恐らくはデカルトの死後に描かれたものなのか？　そもそもあれは本当にルネ・デカルトの肖像なのか？

ポール・リシェには決定的な答えは持ち得なかった。というか、そもそも美術史には確実なことなどほとんどないのである。だが、解明の光は別の方面から投げかけられていた。一七世紀にデカルト伝を書いたバイエによれば、デカルトは生前最後の旅、すなわちオランダからスウェーデンへの渡航の直前、とある友人――ブルーマールトというオランダ人司祭――の誘いを受けていた。ハールレム在住のブルーマールト神父は、この偉大な哲学者の滞在中に肖像画を描かせてくれと頼んだのだ。そしてフランス・ハルスはその人生のほとんどをハールレムで過し、デカルトがこの街を訪れた当時は街一番の画家だった。一方、現存する多くのデカルトの肖像画の中で、シーモア・スライヴがこれこそハルスの筆致であると強く感じたものが一つある。それは現在、コペンハーゲン国立美術館の収蔵品となっている。この絵の問題点は――歴史上の著名人の決定的かつ聖像的な図像を求める人にとっては――極めてラフで、完成作品とはほど遠い、単なる油彩による素描に過ぎないということだ。像もかなりぼやけて不明瞭である。だがスライヴやその後の専門家の見立てによれば、この溌剌たる筆致はまさにハルスのものであり、しかもこの絵はルーヴルのものよりも遙かに深くモデルの人格を捉えているという。この小さな絵の中の人物はポーズを取ってはいるが、動いている瞬間を射止めたように見える。だがその両眼はじっとこちらを見詰めている。この絵はまた写実的でもあり、絵の中の人にしてはだらしない。顔の皮膚には腫脹があり、髪は汚い。そして悲しげだ。

ルーヴルの肖像画は今も一般的にはフランス・ハルスの名と関連づけられている――美術の教科書では、だいたいハルス作となっている――が、ルーヴル自身は今では「ハルス派」というラベルを貼っている。一方コペンハーゲン国立美術館は、そのデカルト像をハルス自身の手になるものと考えている。

このような帰属の問題は、ポール・リシェの時代以後に取沙汰されるようになったものだ。ならばそれは彼による頭蓋骨の鑑定とどう関係するのか？　スライヴらが正しいのなら、ハルスは実際にこの哲学者を見て描いたということになる――場所はハールレム。この時のデカルトはキリスト教にとっての彼の哲学の意味を巡る、神学者相手の論争に疲れ切っていた。そしてこれから女王クリスティナに会うために船に乗るところだ。行き先は「岩と氷の間を熊がうろつく国」、そこで待ち受けているのは彼自身の死。そしてもしも彼らが正しいなら、実物を前にして描かれたのはルーヴルのものではなく――つまりリシェが準拠したものではなく――コペンハーゲンのほうだ。他の肖像画はいずれも、ルーヴルのものを含めて、この小さな油彩スケッチか、あるいは他のデカルト像に基づいて描かれたということになる。他のデカルト像もどれ一つとして確かな来歴を持つものはない。だが中には実物に基づいて描かれたものもあるかもしれない。それを調べるため、リシェは幾つかの他の肖像についても、同じ手順を繰り返した――職人を雇い、皮膚の下の骨を描かせたのだ。全てのケースにおいて、彼の見立てでは肖像画の特徴は頭蓋骨と一致した――つまり、たとえこれらの幾つかが模写であったとしても、そこには実物の顔の骨の構造が正確に反映されており、そしてその構造は件の頭蓋骨と一致している。かくしてリシェは自分自身の仕事を裏付けた。再び一件落着。

だがそんなことをしている内に、リシェはこの頭蓋骨自体に愛着を感じ始めた。そこで彼はもう一つの計画を思いついた。デカルトの死の直後、友人だったピエール・シャニュはデスマスクの製造を注文した。この鋳型はすぐに失われてしまったが、その前にクリスティナは宮廷画家であるオランダ人ダフィド・ベイクに命じて、その鋳型から死後の肖像を描かせていた。こうして出来た絵はとても活き活きしたものとは言えなかったが、リシェはこれを使うことを思いついた。この新たな計画はまさに偏執狂的というべきものだった。地球上の誰一人、もはや何の関心も払わないだろう。そもそも目前には世界大戦が迫りつつあり、他に大事なことは目白押しである。何より、誰がどう見ても、リシェ自身が既にその頭蓋骨が本物であることを証明したではないか。だがリシェは今度はその彫刻家としての優れた腕前を用いて、実物大のルネ・デカルトの胸像を制作した――形には気品があり、様式は古典的だ。だがこれは実は極めて斬新な、言わば二重の胸像だった。ベイクの肖像に基づき、まずは外側――皮膚――から初めて、その下層の骨までを造る。同時に彼は件の頭蓋骨の石膏型取りを造り、それに肉付けをしていった。筋肉と組織を付け、最後に皮膚を被せる。こうして完成した胸像は取り外し可能で、皮膚の部分を外すと、永遠に病的な微笑を浮かべる髑髏が出現するという趣向である。

この胸像は今もエコール・デ・ボザールにある。象徴もしくは隠喩としては、哲学や芸術や人体云々よりも、むしろ近代人の心に取り憑いた偏執狂を表すものだ。この不確実な世界の中で確実なものを欲する渇望。逆に見れば、ポール・リシェによる不気味なデカルトの胸像は〈懐疑〉そのものの顕現なのだ。

心身二元論についてまわる問題点の一つは、少なからぬ批評家に言わせれば、得てして精神のほうが贔屓されがちだということだ。自分自身のことを考えてみる。当然ながらこの身体は——その痛みも生理的欲求も——自分自身、つまり「私」の一部だ。だが九分九厘、身体以外の層——夢、希望、罪悪感、記憶、偽りの記憶、人間関係、知識、気違いじみた策略、妄想、送信済みメール、見た映画、稼ぐための戦い、噛みしめる慚愧——のほうが、自己イメージの中では身体よりも大きな部分を形成している。精神すなわち思考する実体が、身体に対する優越的な役割を主張していることの証左である。

興味深いことに、デカルトの骨を巡る物語にもこの同じ不均衡がある。頭蓋骨——言わば「精神」の具現化――のほうがその他の部分よりも多くの人々を惹き付け、多くの思索を生み、多くの精力がそこに注ぎ込まれたのだ。頭蓋骨は科学史上に名を残す偉大な人物を巻き込む探偵物語の主題となり、芸術的・科学的分析の対象となった。一方、「身体」のほうは忘れ去られている。フランス革命が最高潮に達した時、それを無宗教主義の大神殿、すなわちパンテオンに奉献せよという大号令が下されたが、その後の〈恐怖時代〉とそれに伴う流血の嵐によって事実上、それはお流れとなり、それっきりとなった。

だが、完全に流されたわけではない。一九二七年――ジャズ・エイジ、ロスト・ジェネレーションのパリ。ヘミングウェイが、フィッツジェラルドが、ピカソが、そしてストラヴィンスキーがこの都と世界に、「近代」の新たな理解の方法を提供していた。そんな時、二人の政府高官がたまたま、デカルトをパンテオンに奉献するという革命時の指令がまだ実行されていなかったことに気づく。二人はこの問題を総領事に報告した。調査が行なわれ、興味が掻き立てられ……そして問題が発覚した。またしても、今や二百七十七歳となったこの哲学者の遺骨が世界のニュースとなった。「一七世紀の哲学者ルネ・デカルトの遺灰のパンテオンへの移送が、二人の政府高官、ロベール・ボス氏とアンドレ・ガイヨ氏から提案された。これには多くの反対が予想される。フランスの報道によれば、その理由の第一は、遺灰の正確な場所が不明確であるとのことだ」と〈ニューヨーク・ヘラルド〉紙は言う。

「デカルトの遺骨はどこにあるのか？」と〈ル・タン〉は問う。「昨日、議論が戦わされた……この哲学者の理論についてではなく、その遺骨の場所、状態、真贋についてである」。記事は冷たく言い放つ。「サン＝ジェルマン＝デ＝プレ教会の銘板によれば、それは同教会にあるという。だが、銘板が絶対的な証拠になるわけではない」。

高官は既に、この骨にまつわる全ての歴史事象及び人物の連鎖を解明していた。シャニュとクリスティナから、ポール・リシェとその奇怪な胸像に至るまで。だがどこかでこの連鎖は途切れている。最後の埋葬に先だってこの柩が開かれた時、なぜその中身はほとんどが骨片と骨粉だったのか？　それでは遺骨とすら呼べない。今さら柩を発掘してもこれ以上の手掛かりは得られそうにない。一八一九年の再埋葬に立ち会ったドランブルらの報告を疑う理由は無いからだ。何かがあったとしたら、それ以前に違いない。六つの国、三つの世紀、三度の埋葬のどこかで、ルネ・デカルトの遺骨の扱いに何らかの問題が生じたのだ。だがそうなると、話はそれで終りである——何だかよく判らない少しの粉のために、古い教会をわざわざカネと手を掛けて掘り返したいという奇特な人など誰もいない。そんなわけで、以来、この問題はほとんど放置されている。[*1]

もちろん、大した問題ではない。私がこれを書いている時点で、地球上では三十一に及ぶ戦争が進行中だ。環境破壊はもはや取り返しの付かない地点まで行きつつあるか、あるいはもう既にその地点すら越えた。国境を越える大規模な緊張があり、そこには宗教的・経済的・政治的システムの衝突が絡んでいる。パリのとある教会の地下に眠る少量の骨粉のことなど――それが誰の骨であろうとなかろうと――全くどうでもいいことだ。

だがデカルトの骨に対する私の探求は、むしろメタファーなのだ。大袈裟に言えば、期せずしてこの骨は〈近代〉それ自体の背骨を形作っているのである。デカルトの死の十六年後、ユーグ・ド・テルロンは、デカルトを自然の神秘の中枢を射貫いた人物と見なし、その人差し指の骨を聖遺物として取得した。物質界と霊的世界との懸隔を橋渡しする聖なる物品として。フランス革命の頃には、コンドルセらはこの骨を全く逆のものと見なしていた。無宗教主義の聖遺物、人心と社会を現実へ向かわせ、個人の自由、平等、民主主義の原理を擡頭させる力の象徴であると。ベルセーリウスやキュヴィエら一九世紀の科学者たちにとって、この頭蓋骨は科学の御神体だった。デカルトの骨――というか、人々がそれに与えた意味――とはまさにわれわれとは何なのかを語るものなのだ。われわれと他者とを隔てる信念、混乱、対立まで含めて。

それ以上に、私が本書で展開してきたような答えの探求は、それ自体が全くデカルト的だ。そうですよね？　デカルトの〈方法〉は、科学の基盤となっているだけではない。科学以外の探求もまた〈方法〉に基づいているのだ。われわれの文化は探求と分析の文化だ。もちろん、そこには短所もある。アメリカの哲学者ジョン・デューイによれば、デカルト以来の近代精神の特徴とは、絶望的な「確実性の追究」にがんじがらめに縛られていることである――それが絶望的なのは、確実性などこの現実世界には存在しないからだ。デカルトの心身二元論を吸収することで、われわれは「知るということ」を次のように理解した。「外」には確固たる物質の世界があり、「内」には精神がある。知るとは、精神がその確固たる世界に届いた時に生ずる事象だと。デューイはこれを「知の観客説」と呼ぶ。何かが目に見え、手に触れられる時、特定の時間と場所に結びつけられる時、歴史上で起った出来事である時、われわれはそれを現実と見なす。だが現在の哲学と科学の考え方によれば、リアリティとはそのようなものではない。どれほど堅固で明瞭で確実に見えるものも、実際には蓋然性の海に漂っているのである。不確実性――核物理学でも、倫理でも、人間関係でも――こそが主要原理なのだ。子供たちが空想から脱却するように、われわれもまた、確実性などというものは無いのだという事実に気づかねばならないのである。

しかし、何にせよわれわれはそれを欲するのだ。われわれは世界を、そして過去を探索する。アメリカの〈建国の父〉たちは英雄だったのか、それとも奴隷屋だったのか？　イエスとは何者なのか、そして知的なキリスト教徒は如何にして彼のいわゆる奇蹟と、物質界に関するわれわれの理解に折り合いを付けているのか？　われわれは誰もが素人歴史学者であり、系図学者であり、医者であり、探求者だ。子供の病気に関する情報は必要だし、配偶者の素行を調べるために探偵を雇う。ご先祖様から伝わる古い家具の値打ちを知るために鑑定士のところまで引きずっていく。自分の誕生の状況を知るために、親と気まずい話もする。近代人の元型とは、デカルトでもガリレオでもアインシュタインでもなく、シャーロック・ホームズだ。アーサー・コナン・ドイルの小説の成功は、探求することの魅力を捉えたことに拠っている。それはヴィクトリア時代の社会の特色でもある——観察と分析を現実世界に適用し、物事の隠れた構造を明らかにすること。われわれは誰もが探偵なのだ。手掛かりを篩に掛け、推理することは、われわれの血肉に——というか、脳髄に染み込んでいる。

そしてわれわれはとかく結末を求める。デカルトの骨の「胴体」が結局どうなったかは謎のままだ。だがわれわれは、謎に答えは付き物だと思っている。そこで、私なりの結論を記しておくことにしよう。

私はとある広場——パリで一番高い場所——に立ち、一つの教会を眺めながら二つの教会を見ている。手にした絵葉書に描かれているのは、四世紀前のこの場所の様子だ。目の前には現実の教会。ゴシックとルネサンスの要素が入り混じった、陰鬱でけばけばしいファサード。絵葉書に描かれたものとほとんど同じ。だが絵葉書の方は、その教会のすぐ右隣に——というか、壁を接して——落ち着いたゴシック煉瓦のファサードのある教会が建っている。今はそこはただの隙間、というか狭い通りで、この広場つまりプラス・デュ・パンテオンとその後ろの通り（何と「デカルト通り」）、そしてセーヌへと続くカルティエ・ラタンの雑踏を繋いでいる。葉書を半分に折って横目で見ると、今は無きこの教会を再現し、現存する教会のすぐ横に置くことができる。

右側の教会――既に存在しないもの――とはサント＝ジュヌヴィエーヴ教会だ。一六六七年の初夏の夜。まさにこの場所で、デカルトの友人や信奉者たちがストックホルムで掘り出して運んできた彼の遺骨を、祖国フランスの土に、この都の守護聖人ジュヌヴィエーヴの直ぐ傍に眠らせた。そしてデカルトの骨はこの地に一世紀以上の間、すなわち一七九二年まで眠っていた。この年、反カトリックの群衆が教会を脅かしたため、修道院長は革命政府の遺物保管庫《デポ・デ・モニュマン》の管理人を呼び、できる限りのものを保管してくれるよう要請した。

アレクサンドル・ルノワール――あの陰鬱で強引な遺物保管人――が公式に要請を受け、仕事に向かった。彼は彫像、柱、銘板、記念碑などを採取した。聖櫃、柩、石棺、遺骨も採取した。だが彼はルネ・デカルトの遺骨には手を触れなかった。混乱と暴力の時代である。盗賊団がうろつき、路上にはバリケードが築かれ、家々は燃えていた。ルノワールにとって、仕事の忙しさは頂点に達していた。物品を回収する少人数のチームを、彼はパリの至る所に派遣していた。彼がルネ・デカルトの遺骨をサント＝ジュヌヴィエーヴから回収したとされている時期の様子を、彼は四年後に次のように記している。「あの頃の状況は私にとって楽ではありませんでした」。何がどう楽ではなかったのかは知りようがないが、とりあえず彼は取り乱していたらしい。

彼は画家として修練を積んだが、芸術の才能はなかった。建築学で身を立てたいとも思ったが、建物やその特徴の記述の基本を間違えたりしていた。だがそれでも、彼の伝記作家によれば、ルノワールは記録者としては第一級だった。その所有財産の記録はまさに空前のものであり、フランスの芸術作品および建築の重要なデータベースとなっている。サント＝ジュヌヴィエーヴ教会の墓に関する記述はこの上なく綿密である。にも関わらず、彼はデカルトの遺骨の回収に関しては何も記録していないのだ。

数十年の時が流れ、ルノワールの愛したフランス記念碑博物館も閉館した。ベルセーリウスはストックホルムのオークションでデカルトのものと称する頭蓋骨を発見した。そしてジョルジュ・キュヴィエは、デカルトの骨を巡ってもつれた糸を解くため、パリのルノワールに書簡を送った。両者の間にはかなりの懸隔があった。ルノワールはこの時点で既に無名の人であり、一方のキュヴィエは科学アカデミーの終身書記として、フランスを代表する知的巨人の一人となっていた。その書簡には科学アカデミーの封印が捺され、その権威を担っていた。

謹んでお願い申し上げます。ご多忙の折、甚だ恐縮では御座いますが、先日、ストックホルムよりパリ迄送付されて参りました頭蓋骨の真贋について、何が御存知のことがありましたら、何卒ご教示下さいますようお願い申し上げます。この頭蓋骨は、スウェーデンにおきましては、デカルトのそれと言われていたもので御座います。

私どもは、この哲学者の遺骨がプティ＝ゾーギュスタン［ルノワールがフランス記念碑博物館に改装したセーヌ河畔の修道院］に運ばれました際、そこにその頭部もしくはその一部があったのかどうかを確認したいと存じます。

ベルセーリウス氏は、この遺骨がサン＝ジェルマン＝デ＝プレに再埋葬される際にパリに滞在されておりましたが、その儀式の参加者の一人から、そこに頭部は無く、それはスウェーデンにあるとされていると聞かされたということです。そして遺骨を見、また調査されたドランブル氏によれば、そこに頭部の骨は断片すら存在しなかったということです。

そして駐スウェーデン・フランス大使ド・テルロン氏は、一六六六年にこの遺骨をフランスに返還する際、自らこれを保有しておられましたが、その状態を保つため、この上も無い用心をされていたようです。確かに氏は、その荷造りの際に雇った人物に欺されていた可能性はありますが……

キュヴィエの関心はあくまでも頭蓋骨にあり、その語調も形式上は丁寧だ。だが彼は明らかに、テルロンがスウェーデンで荷造りしてからドランブルらがそれを見るまでの間に、この遺骨の扱いに何らかの手違いがあったと示唆している。そしてその間、この遺骨に最も関係していた人物――これをサント＝ジュヌヴィエーヴから回収し、二十七年間に亘って保管したとされている人物――は、ルノワールなのだ。

ルノワールは直ちに返事をしたためた。新しい紙を用意することすらなく、キュヴィエの書簡の裏に返事を殴り書きした。

パリ、一八二一年五月一六日

キュヴィエ男爵閣下

拝復

恐悦至極にも小生に賜りました貴簡に取り急ぎ御返事申し上げます。ルネ・デカルトの遺骨に関するもので御座います……サン＝レジェ師、ル・ブロン氏、及び小生が、件の教会に赴き、デカルトの遺骨の捜索を行ないました。そしてわれわれは、入口右の柱周辺を発掘致しました。そこにはテラコッタのメダイヨンがあり、白い大理石の銘にデカルトの霊廟であることが記されていました。地中の非常に浅いところに穴だらけの木製の柩があり、そこには極めて少量の、期待外れの骨が入っていました。すなわち脛骨の一部、大腿骨の一部、及び橈骨と尺骨の断片であります。

これらの断片は、もしもその遺体が完全な形でそこに横たえられておりましたならばその二倍はあったで御座いましょうが、見出されたのはまさにそれだけであり、閣下におかれましては、それ以外の部分は既に存在しなかったということを御理解賜りたいと存じます……

彼はまた、小さな骨板を見つけたが、それは頭蓋骨の破片かも知れないとも述べていた。彼はこれを円環の形に切り、指輪として友人に配った。

だがキュヴィエの手紙の二年前にも、ルノワールはデカルトの遺骨の移送について訊ねられ、この時には少し違う答えをしている。サン＝ジェルマン＝デ＝プレ教会への三度目の埋葬の直後、おそらくはドランブルの質問に答えてのことだろう。パリ公共遺物管理官であった彼はルノワールが遺骨を発掘した時の記録を見たいと申し入れたのだ。だが彼は具体的な場所を答えられなかった。「閣下、デカルトの発掘記録は博物館の文書庫のどこを探しても無いでしょう」とルノワールは言う。「なぜなら記録は最初から付けていなかったからです……この作業は革命的に行なわれましたので」――つまり、フランス革命の混乱の最中だったと言いたいのである。この仕事は、「同地区《カルティエ》の警察本部長の立合の下に」そして「サン＝レジェ師とル・ブロン氏の要請によって行なわれました」。後者二人はいずれも記念碑委員会のメンバーである。「お二方は共に鬼籍に入られました」と彼は続ける。「遺骨は……私が雇った助手の手でプティ＝ゾーギュスタンに運ばれました」。

どうやらルノワールは、遺骨を掘り出した時、自分はその場にいなかったと遠回しに述べているようだ。「彼らが博物館に来ると、私は［遺骨を］古い斑岩の墓に納めました」と彼は続ける。教会で発掘したのも他人なら、これを博物館に持って来たのも他人であり、そこで彼はそれを受け取って古い石棺に入れた、という絵を描いているのだ。サン＝レジェとル・ブロンは既に死んだ――したがって証言はできない――というのは明らかに過剰な付け足しであり、何か気まずい事実を隠すために、反射的に言ってしまったように聞こえる。

その気まずい事実とは、ルノワールは実際にはデカルトの遺骨を回収していなかったということではないのだろうか。何しろ「楽ではない」時期である。革命の混乱は続いている。彼はいつものように――代理人を派遣していた。そして証拠がある。ルノワールによれば、彼――もしくは助手たち――が見たものは「穴だらけの木製の柩の残骸」と僅かな骨片だったという。だが、木製の柩などというものは無かった。一六六七年の埋葬式は盛大なものだった――思い起こしていただきたい、デカルト主義者はあらゆるつてを辿って彼らの偉大なる英雄の移送と再埋葬を公式のイベントとして認めさせたのだ――そしてテルロンが遺骨を詰めた銅の柩には銅剣が添えられており、そこにデカルトの文書の編集者であるクロード・クレルセリエがこの移送とそれに関わった人々の名前を彫った。これはバイエによれば「友人たちの前で行なわれた」。

ならば、この銅の柩はどうなったのか？　銅剣は？　さらに、ルノワールは比較的大きな骨片――指輪の材料――は頭蓋骨の一部だと信じていた。頭蓋骨の一部だけが見つかるというのはありそうもない話だ。頭蓋骨というものは骨格の中でも一繫がりになっており、それが断片化していたならまず真っ先に記録されていただろう。

だがルノワールにとって最も不利な証拠は、キュヴィエへの手紙の中にある。彼は他の二人を伴って「件の教会に赴き、デカルトの遺骨の捜索を行ないました。そしてわれわれは、入口右の柱周辺を発掘致しました。そこにはテラコッタのメダイヨンが」あったと述べている。そのような銘板が、デカルトを記念して教会入口右の柱に付いていた可能性はある。だがそこに墓があったわけではないのだ。参加者の記録によれば、祈りと聖歌が終った後、「柩は身廊の南端に運ばれ、大きな壁の前、二つの告解場の間から、彼のために用意された地下納骨堂に入れられた。それはこの教会の名の元となったサント＝ジュヌヴィエーヴの礼拝堂と、サン＝フランソワの礼拝堂の間だった」。デカルトの眠る場所は、ルノワール／助手たちが掘ったと主張する教会の床下ではなく、南壁に添った地下納骨堂だったのである。

これらを総合すると、ルノワールこそが歴史上の連鎖を断ちきった男に違いない――彼が骨を見失ったのだ。当初、彼は本物のデカルトの骨を教会から取得したと信じていたのだろう。彼は偉人たちの骨を無宗教の聖遺物としてそれはそれは大切にしていたし、さらには特定の骨を指輪に加工したりまでしている。だがある時点で彼は真実を知り、弁明を始めたようだ。もしかしたら遺骨は――たぶん頭蓋骨が無いだけでその他はかなり完全な骨格だったのだろう――既に革命時の略奪者の手に渡っていたのかもしれない。もしも賊がなぜかデカルトの骨を見逃していたなら、この廃墟となった教会が一八〇七年に道路建設のために取り壊された時、骨も一緒に出て来たはずだ。

物質よりも精神――そして身体より精神――を好むデカルト的傾向のメタファーは、ここに極まる。頭蓋骨――精神の象徴――は何度も何度も、その度に精密化していく科学的調査を受け、その結果本物と判断され、科学の博物館である人類博物館《ミュゼ・ド・ロム》に保管されている。この博物館は一九三七年、昔の人類学コレクションを元に創られたものだ。実際、本稿執筆の時点で人類博物館では「人間の開示」と題された企画展が開催されており、そこではデカルトの頭蓋骨がクロマニョン人のそれと並べて置かれている。それは数万年の間の人間の思想の広がりと達成を表している。ここでもまたデカルトの頭蓋骨は、まさに「近代」の象徴とされているのである。胴体の方は突然その道が途絶え、行方不明となった。そしてたぶん、それは当然だったのだ。塵に過ぎないものは塵に返る。何時ノ世モ常ニ《イン・セクラ・セクロルム》。

7 近代の顔

時は一九八五年頃。日本の通信工学者・原島博は、TV電話の開発に取り組んでいた。そんなある時、突如として彼の思考は技術的な次元から哲学的な次元へと飛躍する。彼の通常の業務は「電話機のような端末の間をどのように線で繋ぐか」を考えることである。だがこの時彼は「本当の意味での端末とは電話機ではなく、むしろ人間ではないのか?」と考えるようになった。実はTV電話の最大の問題は技術的なことではなかったのである。TV電話は人間の顔を映す。だが「顔」は、実用的な情報よりもむしろ感性的な情報を伝えるものだと原島は悟ったのだ。人間は電話で交流する際には、通常よりも感性の幅を狭めたコミュニケーションに慣れている。ゆえにTV電話を通じて相手に顔を見せ、交流を深めることに抵抗を覚えるのである。原島はこの発見を実用化しようと研究を続けたが、それによって彼の仕事仲間のネットワークはどんどん拡大していった。間もなく彼は心理学者や法医科学者、メイクアップ・アーティスト、人類学者、それに仮面のコレクターといった人々との人脈を得た。そして彼は、これまで自分がやってきたことの全てが、彼の言う「線人類」の発達に寄与するものだった、と認識した。「線人類」は情報をフラット化し、極度に高率化されたハイテク・コミュニケーションの上に築かれた社会を好む。これに対して顔は最古のコミュニケーション技術だ。だがそれは極めて洗練されたものであり、幅広い意味を担うことができる。顔を見せることは安心感と信頼関係の元となり、ひいては文化を編み上げる基盤となる。彼は言う、顔は「社会的秩序の元だったと言っても過言ではない」と。だが現代では、顔のない社会が拡大しつつある。彼は危機感を抱いた。

一九九五年、原島は人類学者兼解剖学者で、国立科学博物館の館長でもあった馬場悠男と共に、〈日本顔学会〉を立ち上げた。彼らの狙いは、歯科矯正学から美容、生物学、歯学、演劇に至るさまざまな分野の専門家を一同に集め、人類の最も基本的なコミュニケーション技術をデジタル世界に役立てるために研究することだった。〈日本顔学界〉のプロジェクトには、例えば皺とエイジングの分析、人間は顔の表情を如何に記憶するのかという研究、顔文字に対する脳の反応の記述などがあった。

一九九九年、同学会と博物館は、〈大「顔」展――カオが見える、「あなた」が見える〉と題する大規模な展覧会を企画した。この企画ができる前、パリにいた馬場は、世界に名だたる人類博物館《ミュゼ・ド・ロム》のネアンデルタール人の頭蓋骨のコレクションを見に行った。彼を案内した同博物館保存部長フィリップ・メヌシエが、たまたま同館に保管されているデカルトの頭蓋骨の話をした。馬場はこの奇妙な物品を見て「ゾクゾクした」。そして顔展の企画が出た時、彼は一つのアイデアを出した。

数ヶ月後、メヌシエの博物館に、アンドレ・シュニュ社の社員がやってきた。この会社は一七六〇年、マリ・アントワネットの私物運搬係として創業し、現在ではヨーロッパ随一の美術品運搬業者となっている。社員は特注の箱を持って来た。きめ細かい白木の箱で、優美な留め金がついている。人間の頭より少し大きい程度だ。そして社員は、その箱を携えたまま——荷物として梱包して——博物館を出た。同博物館の生物人類学研究所所長アンドレ・ランガネも同行していた。後にランガネは東京行きのビジネス・クラスに搭乗する。機内持ち込み荷物はあの箱だった。

一九一〇年の大洪水の記憶は未だに生きていた。デカルトの頭蓋骨を東京に送る条件は——この頭蓋骨が同博物館の外へ出るのは一九一二年、科学アカデミーで二時間に亘って展示された時以来だ——国宝級の価値のあるものとして扱うこと。「この頭蓋骨を飛行機の貨物室に放置するなど、まあ問題外でしたな」とメヌシエは言う。

当時の馬場は、この頭蓋骨の歴史など何も知らなかった。真贋論争には興味がなかったのだ。東京での展覧会では、ファッションモデルやパプア・ニューギニアの部族の画像、歯科手術の実演、レンブラントの肖像、能面、コンピュータによる復顔、エイブラハム・リンカーンのデスマスク、マンガ、一九五〇年代の日本の女優の映像、フォトショップ加工で眉を顰めたり歯を剥き出したりするモナリザなどが展示された。それは顔に関するデータの目録であると共に、ヒューマン・テクノロジーの、そして科学における最新のトレンドである学際的なアプローチの展示でもあった。馬場によれば、今回の展覧会は今後、その歴史的・知的特色を積み重ねていくための第一歩である。彼自身も解剖学者として多くの死体解剖に従事した。その技術をデカルトの頭蓋骨に適用し、〈大「顔」展〉の顔にしたいと考えた。この頭蓋骨は展覧会の目玉であり、「ホモ・サピエンスの象徴、人間の知性の象徴、近代人の象徴的な顔なのです」。

第一段階は、頭蓋骨の徹底的な法医学的分析である。その歯——特に親知らず——はこれが成人のものであることを示している。側頭筋の「ラフな」付き方は、中高年の特徴である。馬場の分析に、ルイ＝ピエール・グラシオレも草葉の陰で喜んでいただろう。彼は頭蓋の容量を巡ってピエール＝ポール・ブローカとやり合ったが、馬場によれば「脳頭蓋は今日のヨーロッパ人男性の平均より大きい」ものの、「首の骨と筋肉はヨーロッパ人男性の平均より小さかったことは間違いない。確かにデカルトは小柄で知られていた」。

馬場の研究によって得られた新情報は食習慣に関するものだ。歯と顎の筋肉からして、この人物は「健康な歯を持ち、質素な食事をしていた」。そして馬場博士はこう結論する。「この頭蓋骨の持ち主は、小柄で痩せ形の中高年のヨーロッパ人男性である。中世後期、もしくは近代初期の人物であると思われる」。

馬場は彫刻家と共同で頭蓋骨の型を取り、筋肉、軟骨、最後に皮膚を付けた。そしてそれを、実物を元に描かれた最も正確な肖像であると彼が思っていたもの——すなわちルーヴルの肖像と比較した。「この骨の形態は、肖像の人物の顔の特徴を正確に反映している」と彼は書いている。「この頭蓋骨はデカルトの肖像と類似する特徴を示している。今回、頭蓋骨のレプリカに筋肉と皮膚を付加し、頭部を復元した。この復元された頭部とデカルトの肖像画には寸分の違いもない」。

さらにこの人類学者と彫刻家は、肖像画に基づいて実物大の胸像を製作した。この胸像と頭蓋骨が〈大「顔」展〉の入口に並べて置かれた。一九九九年七月三一日の開幕から二〇〇〇年五月の終幕まで、三十万人の見学者が集まった。

興味深いことに、馬場はリシェの仕事については何も知らないと私に語った。それとは知らぬ内に彼はリシェの実験を、ルーヴルの肖像と比較するところまでそっくりそのまま再現していたのだ。と同時に馬場は、デカルトの骨をコンピュータ解析と学際的研究の時代に持ち込んだ。リシェと同様、馬場はこの頭蓋骨を用いて実物大の胸像を造り、この骨に顔を与えた。日本の人類学者と芸術家の手になるこの胸像は、リシェのものほど大胆でも勇ましくもない。むしろ簡素で平穏な印象だ。馬場はその複製をフィリップ・メヌシエに贈呈した。私はそれを人類博物館の地下工房で見せて貰ったが、その時メヌシエは冷たく言い放った（私もある程度は同意したが）。「かなりよく似ていますな。目元がちょっと日本人ぽいですが」。

近代、及びその問題点を誰か一人の人物に体現させるなら、その筆頭候補に挙がるのはデカルトだろう。アメリカの哲学者でデカルト伝を書いたこともあるリチャード・ワトソンは、彼の圧倒的な重要さを強調している。

> デカルトは科学と人事における理性の支配の基盤を創った。自然から聖性を剥ぎ取り、個人を教会や国家の上に置いた。デカルトの個人主義がなければ、民主主義はなかった。物質を要素に還元するデカルトの分析方法がなければ、原子爆弾は開発できなかった。一七世紀における近代科学の擡頭、一八世紀の啓蒙思想、一九世紀の産業革命、二〇世紀のパーソナル・コンピュータ、二一世紀における脳の解明――全てがデカルト的なものだ。近代世界はその芯までデカルト的なのだ。

無論、これら全ての成果と共に、現在の世界を脅かす政治闘争や世界観の衝突もまたもたらされることとなったわけだ。

奇しくも二〇世紀の初めと終りに、ポール・リシェと馬場悠男はデカルトに人間の顔を与えた。馬場は言った、彼はこの骨を元に「近代人の象徴的な顔」を創りたいのだと。では、この二一世紀初頭の世界での近代人の顔とは何だろうか？　その特徴とは？　それはどちらを向いているのか？　こうした疑問こそ、私をデカルトの骨の物語の調査に駆り立てたものだ。

二〇〇七年のよく晴れた冬の日、私はニューヨークの小洒落たホテルのレストランで、アヤーン・ヒルシ・アリと昼食を共にしていた。ソマリア生まれの彼女は、ムスリム女性の権利推進運動家として世界的に有名だ。二一世紀初頭の世界で最も尊敬され、また罵倒されている女性の一人でもある。とある雑誌のためのインタヴューだったのだが、話を聞く内に——話題は全ての宗教、特にイスラムに内包される危険な不合理のこと、そして西欧は政教分離によってこの不合理を封じ込めたということ——私は彼女の顔こそ、近代の顔の一つだと思いついた。彼女の半生には、デカルトの骨の遺産が深く関わっていたのだ。幼い頃、彼女は祖母と二人、ソマリアの砂漠でタラルの木陰に座っていた。五歳の時、彼女は台所のテーブルに押え付けられ「鍛冶屋の組合から派遣された、巡回割礼師」と思われる男が彼女の陰核と内陰唇を鋏で切除した。彼女はイスラム復興の中で成長し、遂にはヨーロッパに逃亡、アムステルダムに亡命した。この時、ようやく「私の自由」が始まったと彼女は言う。ライデン大学（デカルトはライデンの印刷業者が『方法序説』を刷るのを待つ間、ここで過した）に入学し、ヴォルテール、ルソー、マルクス、フロイトを読み、信仰と伝統に背を向けた。「フロイトとの出逢いは」と彼女は二〇〇六年の自伝の中で控えめに述べている、「それまでとは違う倫理体系との出逢いでした」。

彼女は宗教ファンダメンタリズムから、口さがない者たちの言う「啓蒙主義ファンダメンタリズム」へと方向を変えた。オランダの下院議員となり、宗教全般、特にイスラムの批判者として注目を集めた。ある時、彼女と共同して反イスラム映画を作った映画監督のテオ・ファン・ゴッホがアムステルダムのムスリム青年に殺されるという事件が起った。その胸にはナイフでメモが突き刺してあり、そこには次の標的が彼女である旨が書かれていた。この事件によってヒルシ・アリは世界にその名を知られるようになった。ヨーロッパから合衆国へ移った彼女は、その名声を利用して移民や文化的アイデンティティ、ムスリムと無宗教の西洋との間の交流などに関する自分の見解を広めている。

ヒルシ・アリの信念はまさにナイフのように鋭利だ。理性は人類を照らす偉大な光であり、宗教は混沌と暗黒の力である。「西洋は」と彼女は私に言った、「信仰と理性を分割することに成功したという事実によって救われました。政教分離の国家が出来たからです。政教分離の国家は人間の理性の上に築かれています。理性が過ちを犯すということも込みで。信仰は無謬を謳いますが、それは危険なことです。預言者ムハンマドは過ちを犯すことがありません。ですから信者は彼に忠実なのです」。ヒルシ・アリが立っている断層線は、数世紀に及ぶ近代の歴史そのものだ。常に彼女を取り巻く緊迫は（昼食中も、二十四時間の警備が貼り付いていた）、一六三〇年代のユトレヒト大学でデカルトの一番弟子たるレギウスが畏まる聴衆にデカルト主義を授けた時の緊迫を思わせる。あるいはまた、フランス革命を推進した人々が常にまとっていたそれを。このような緊迫が全世界に広まったのは現代だけだ。多くの点で、イスラムは何世紀にも及ぶ近代を体験していない文化――デカルトの骨を持たなかった文化である。

ヒルシ・アリと出逢うまで、私は二年に亘って本書に取り組んできた。そしてしばしば本書のテーマとその時々の事象とが共鳴するのを感じた。〈ニューヨーク・タイムズ・マガジン〉の特集で、教皇ベネディクトゥス一六世と、彼による西欧カトリック教会の改革についての記事を書いたことがある。その時私が出逢い、インタヴューした人々――聖職者、カトリック信者、ヨーロッパのムスリム等々――は、全員、無信仰のヨーロッパとキリスト教、そしてイスラムの間の緊張に頭を悩ませていた。そしてその全員が、この近代という断層線の上に生きる人々だった。

また別の雑誌の仕事で、私はメリーランド郊外のランチハウスの居間で六人の人々と食事を共にしていた。州法で同性婚を禁ずるよう求める草の根運動家たちである。彼らの感情は同性愛に対する宗教的教義に由来している。同性愛は罪であり、病であると教えられているのだ。その病気の実体は個人の中にはなく、むしろ社会の中にあると。世界保健機構や米国医師会をはじめ、あらゆる医療機関、心理学協会は彼らと見解を異にしているが、そんなことは彼らにとっては馬耳東風である。なぜならそうした機関は何であれ、聖書という盤石な基盤とは無縁なのだから。西欧社会の周縁には、常に啓蒙思想から受け継がれた基本的な理想――個人に関する見方、理性の優越等々――を拒む人々がいた。だが私がメリーランドで出逢った信仰は、アメリカにおいては遙かに広まっている。この国では、キリスト教絶対主義が大きな勢力となっているのだ。彼らは人間のセクシュアリティのみならず、バイオテクノロジー、教育、社会福祉、子供の発育、さらには事実上、人生のあらゆる側面に口を挟む。彼らは今や世界で唯一となった超大国の外交政策にまで影響を及ぼしているのである。この信仰体系においては、近代史とは一連の堕落の歴史に他ならない。メリーランドのグループは、その堕落を逐一、見取り図でもあるかのように淀みなく話してくれた。女権運動。避妊用ピル。政教分離。ダーウィン。最後に、聖職者である男が、私の心を占めている人物の名を告げた。「そう考えると、全ての始まりは、デカルトだったのですよ」。そして彼は、デカルトの理性による変革に端を発する変化の数々を雄弁に語り始めた。「人間の精神には迷いが付き物です」と彼は言った。「神以外に、基盤となるものなど何も無いのです」。

これらの世界観の衝突が歴史に根差すものであることは明らかであり、世間の話題にもなっている。いつの時代にも、人は自らの必要性に応じて過去を解釈するものだ。近年では――近代の非宗教的な社会に対する挑戦に直面し——再び啓蒙思想が人気を盛り返している。二〇世紀にそれが息を吹き返したのは第二次世界大戦の頃だった。ナチス支配の脅威の時代に成人した一握りの学者たちが、その暗黒の時代を照らす灯台として一八世紀の歴史と啓蒙思想の大思想家たちの業績を援用したのだ。エルンスト・カッシーラーの『啓蒙主義の哲学』(一九三二)は戦時中と戦後を通じて熱心に読まれた。一八世紀後期という時代を、混沌の力に対して理性が反撃する時代と捉える二〇世紀的な見方は、同書が創り上げたものだ。カッシーラーはユダヤ系ドイツ人で、戦時中に合衆国に移民した。彼の目標は、歴史を道具として用いることだった。彼は正直に述べている。「理性と科学を人間の最高の能力として尊重した時代は、現代においても滅び得ぬ、滅ぼしてはならぬものである。われわれはその時代をその形のままに見るのみならず、それを形作った元来の力を再び解放する道を探求せねばならない」。

同じ頃、アメリカの歴史学者カール・ベッカーは、二〇世紀という時代が近代初期から受け継いだものを簡潔にまとめた。「(一)人は生まれついての悪ではない、(二)人生の目的は生きることそれ自体である。死後に天国へ行くことではなく、地上で良き人生を送ることである、(三)人間は理性と経験の導きのみによって、地上で良き人生を全うすることができる、そして(四)地上での良き人生の第一にして最重要な条件とは、人間の精神を無知と迷信の束縛から解放し、身体を社会権力の専断的な抑圧から解放することである」。

これこそが近代の信条である――あるいは、一世代前まではそうだった。それが変ったのは一九六〇年代と一九七〇年代だ。ヴェトナム戦争とその後の混乱の中で、このような仰々しい歴史観は今時珍しい、陳腐なものと見なされるようになった。一八世紀の人々は本当にそんな模範的な人ばかりだったのか？　歴史は本当にそんな風に動くのか？　本当に世代を経るごとに人は進歩し続け、輝かしい未来に向かって進んでいくのか？　もしも近代西欧史がそんなに御立派なものであるのなら、何ゆえに植民地主義やらナチスやら、ソヴィエト流の共産主義、奴隷制だの強制収容所だのが出て来たのか？　ポストモダニズムは進歩を懐疑で置き換えた。

そして新たな千年紀――正確に言えば二〇〇一年九月一一日――は、全く唐突に思想の流れを変えた。その脅威はまるで、遙か太古からの攻撃のように思われた。あたかも、先史時代の恐竜が突如として甦ったかのように。その表明の一つが、二〇〇六年にイランの首相マフムード・アフマディネジャードがアメリカ大統領ジョージ・W・ブッシュに宛てた親書である。「リベラリズムと西洋型の民主主義は、人類の理想を実現する手助けにはなりませんでした。今日では、この二つの概念は既に失敗しています。耳聡い者は既に、リベラルな民主主義のシステムのイデオロギー、思想が崩壊する音を聞いています」。アフマディネジャードは予言する、民主主義に代って「神の意志こそが万物を支配するでしょう」と。

近代性の遺産の一つは、その核となる価値観である民主主義と個人の自由は必然だという考えだ。その考えは歴史のある時点で現出し、今やわれわれは、誰もがそれを普遍的な価値として認めると思い込むまでになっている。だが、どうもそうではないらしいのだ。ニュースクール・フォー・ソーシャルリサーチの宗教社会学者ホセ・カサノヴァは私に言った、「かつて西洋文明の進歩は世界の規範であり、他の社会のモデルであり、ゆえに他の社会もまた無宗教の道を辿ると考えられていました。しかし今、世界中で宗教の復興が起きています。われわれは今、より近代的な社会が、必ずしもより無宗教的とは限らないということを学びつつあります」。そして西洋であろうとそれ以外であろうと、神権政治は民主主義や個人の自由などの概念と容易には並び立たない。

これらの近代の理想は、必ずしも全世界に広まるわけではない――それは必然などではなく、むしろ世界史の中では脆弱で儚い徒花に過ぎないのかもしれない――という冷厳な事実。これを突きつけられたわれわれは、自分自身の過去を振返り、もう一度自己を確認したいと願った。それは良いことであり、必要なことだ。例えばドイツの学者ハインツ・シュラッファーは言う、「西洋文明もまたファンダメンタリストなのだ。その根本信条は、啓蒙思想と呼ばれる」「逆説的なのは、この根本信条こそがわれわれの現在の社会の基盤であるのに、社会はそれを半ば忘れているということだ」。同感である。ヒルシ・アリはこう語った。「ラディカルなイスラムに対抗する唯一の方法は、啓蒙思想を、啓蒙思想のメッセージを復活させること、これを受け継ぐ人々に」

──ここで彼女は窓外のマンハッタンの摩天楼を指した──「この全てがいきなり空から降ってきたわけではないということを理解させることです。この社会の発展の背後には、長い苦闘の歴史がありました。そして宗教は、キリスト教も含め、その障害にしかなっていません」。

概ね正しい、と私は思う──デカルトの骨の歴史は、独自の奇妙な形でその長い苦闘の旅路を語っている。誤った出発点や見通しの利かない隘路を踏み越えつつ、その旅路はともかく近代の社会へと至ったのだ──だが同時に偏狭でもある。この種の考え方は結局は頑迷固陋に行き着くのだ。西欧の伝統に価値を見出す言説のほとんどは、残忍な「敵か味方か」という衝動を取り繕うものに過ぎないのではないか、という気がするのである。先に、近代が成熟する際に三つ巴の争いが生じたというジョナサン・イスラエルの説に触れた。まずは「神学陣営」。宗教的伝統に基づく世界観を固持する一派だ。次に「啓蒙主義過激派」。彼らは「新哲学」の到来に際して、古い秩序の全てを、その権力中枢である教会と君主ごとまとめて覆し、民主主義と科学が支配する社会を作ろうとした。そして最後に「啓蒙主義穏健派」。多くの党派に分れはするが、基本的には中道であり、科学と宗教の世界観は矛盾するわけではなく、どこかに歩み寄れるところがあるとする陣営だ。この三者はいずれも、今もなお存在する。それぞれの陣営の支持者はＴＶのトークショーやブログ、オピニオン記事、裁判沙汰などで自らの意見を宣伝する。「インテリジェント・デザイン」仮説を掲げて進化論に対抗しようとする人々は現代版の「神学陣営」であり、「穏健派」への侵蝕を図っている。ベストセラーとなった『神は偉大ならず』の著者クリストファー・ヒッチンスは二一世紀における「啓蒙主義過激派」の旗手だ。だが言っていることは三世紀前の自由思想家と変らない。「われわれは科学に矛盾するもの、理性を蹂躙するものは何であれ信じない……何かを確信し、その確信を保証するのは神であると言う人物は、今や人類という種の中では幼年期にある連中だ」。

ヒルシ・アリは単なる無宗教ではなく、その過激派へと「改宗」した。たぶんフランス革命の頃なら居心地が良かっただろう。実際、彼女の考えはあの頃と同様の極端へと走る傾向がある。「私たちはイスラムを相手に戦争をしているんです」。そして理性の名において、イスラムのテロリズムのみならずイスラムそのものが、その十五億人の信者をひっくるめて「敗北」し、「もっと平和的な何かに変らねばなりません」と。

これは心底恐ろしい言葉である。ここにこそ、無宗教過激派の欠陥が露呈していると思う。確かにこれまで、そして今もなお、宗教の名の下に数限りない醜行が行なわれている。宗教的不寛容に対して寛容にならないよう、知恵を絞るべきだとは思う。だが歴史を見る限り、無宗教過激派には致命的な誤りが——それも二つも——あると思うのだ。まず第一に、それは理性やそれを使う人間の能力を高く評価しすぎる。近代の歴史を御覧戴きたい。デカルトの骨の物語を形作る逸話——進歩の陰で増殖し続けた科学的な愚かしさ——的なものでもいい。理性に従おうとすることは常に正しいというわけではないということが解るだろう。そして二〇世紀の世界を動かしたデマゴーグの数々を見れば、理性を操り、真実どころかその反対へ向かわせることが如何に容易であるかが解るだろう。

そうならないようにするには、要は理性は誤りやすいということを念頭に置いて常に修正を試みればよいのだ、と反論されるかもしれない。だがそれは第二の誤りを無視している。実はこちらの方がさらに甚大なのだ。自分たちの確実性を追求することに夢中になりすぎて、無宗教過激派はリアリティというものの幅を狭めすぎてしまった。自分で自分に遮眼帯を付けたのである。宗教は芸術と同様、リアリティの複雑さに対処する一つの方法なのだ。二元論という哲学的難問、そしてそれを解決しようとするあらゆる試みが、リアリティの複雑さを認めている。宗教の完全否定は、理性を唱道してラッパを吹く人を反理性的——すなわち、不寛容——の罪で裁くことに他ならない。

近代の矛盾を解決する策があるとしたら、それは左右の両翼を共に真ん中に持ってくることだろう。ほとんどの人は真ん中にいるのだから。ドイツの偉大な哲学者ユルゲン・ハーバーマス（彼自身は信仰者ではない）は、「ポスト無宗教」という言葉を使った。それこそが西洋社会の進歩の次の段階だというのである。この段階では、「宗教的・反宗教的メンタリティの双方が互いに人のふりを見て我がふりを直し、同化吸収する」という。

このような変容を起すには、過激派のパルチザン――神学者と無宗教過激派――を説得し、説教し、おだて、あるいは捻じ伏せて、そのリアリティを広げ、どちらの陣営にも真実などないことと、この世界は人間の小賢しい知恵で飼い慣らせるほど温和《おとな》しいものではないということを認めさせる必要があるだろう。それと同時に、この翼の一方――デカルトの骨の遺産を知らない文化の中で育った数十億の人々――にも理解してもらう必要がある。われわれが過去数世紀の間にこの世界を理解し人類を進歩させるためのかなり包括的な方法を手に入れたこと、そしてこれこそ万人が基盤とすべきものであるということを。

この課題（達成は不可能かもしれない、だがやってみる以外に選択肢はあるか？）は、原島博の術語に置き換えられるかもしれない。「線人類」から脱却し、最古のコミュニケーション技術を信頼するのだ。そうすれば、敵対する陣営の人も見方を変え、相手の顔の中に信頼の印を探そうとしてくれるかもしれない。

エピローグ

二〇〇〇年二月一一日。ストックホルムの極寒の夜にルネ・デカルトが息を引き取ってからちょうど三百五十年後、二十人ほどの男女の一団が、パリはサン＝ジェルマン＝デ＝プレの凍てつく教会に集まっていた。かの哲学者の魂の永遠の憩いを祈るためのミサである。儀式を執り行う司祭はジャン＝ロベール・アルモガト神父。現時点でのデカルトの頭蓋骨の管理人であるフィリップ・メヌシエが「デカルト愛好家《アムルー・ド・デカルト》」と呼ぶ小さな集団があって、彼らはこの哲学者に対する興味が昂じてその骨にまで関心を抱くようになった人々なのだが、その中でアルモガト神父は、私が最後までお会いするのを保留しておいた人物である。いや、何も本書の掉尾を飾るのに相応しいからというのではない。単に怖じ気づいていたのだ。かつてノートルダム大聖堂の司祭を務めたパリ教区の偉い人というだけではなく、アルモガトは世界最高のデカルト研究家の一人であり、ソルボンヌのエコール・プラティーク・デ・オート・ゼテュードの〈近代ヨーロッパにおける宗教・科学思想史研究プログラム〉の指導教官でもある。デカルトの科学、聖書と一七世紀の科学の関連、そしてデカルト的二元論の中心課題であるカトリックの化体など、著書も豊富だ。

本書の調査でお世話になった方々——彼らもまた傑出した哲学者たちだが——に彼について訊ねると、アルモガト神父に会わないなんてモグリもいいところだと言われた。でも何しろ怖い人だからね、と脅されもした。「なしのつぶてでも驚かないように」と言ってくれたのは、たぶんアメリカ最高のデカルト学者であるリチャード・ワトソンだ。そして遂に私は腹をくくり、このフランスの哲学者兼神父にメールを送った。自分の計画を説明し、近々パリを訪ねる予定です、もし宜しければお会いしていただけませんでしょうかと訊ねてみた。驚いたことに、すぐに返事があった。話したいという。さらに驚いたのは、その返事のメールの末尾——「お会いできるのを楽しみにしています :-)」——である。聞いていた話と全然違うではないか。

数週間後、私はジャルダン・デュ・リュクサンブールの真向かいにある一九七〇年代の小汚いビルの前にいた。カトリックの寄宿学校アンスティテュ・ボシュエ。アルモガトはここの学長である。一階のオフィスに通された。窓の外は公園。高い鉄の塀の上には黄金の槍先。ベンチには恋人たち。スケッチブックを手にした画学生のクラスが、身悶えするバロック彫刻の周囲に陣取っている。待っている間にオフィスを観察する。デスクには書類の山。壁にはデカルトと、一七世紀に彼の伝記を書いたバイエの版画。書棚にはラテン語によるガリレオ全集。その前に、教皇ヨハネ・パウロ二世とアルモガトのツーショット。

そしていきなり、その本人が飛び込んで来た。小柄で、太り気味で、みっちりしている。髪は灰色。こんな偉い人にしては、コミカルなまでに精力的だ。常にサッとかぴょいとかいう感じで、小刻みに動いている。彼の過去について訊ねると、まるで『ダ・ヴィンチ・コード』みたいな話をしてくれた。「一九八〇年代にはノートルダムの司祭をしていたんだけど、そこで寝泊まりしていたね。大聖堂にね」と彼は言う。「一九世紀に門衛の宿泊所が出来てね。まあロフトだね。中世風の螺旋階段があってだね。まあこんな凄い宿泊所は他にはないね。もうダイニングルームなんて凄くてね。広い上に、壁三面からセーヌが見渡せる。調理場の窓の外はもう南の薔薇窓。そこがプライヴェートなテラスでね。もうあの部屋は取り壊されたけれど。僕は五年もいた。本当、良い所だったよ」。アルモガトはそのテラスでバーベキュー大会を開き、一九八〇年代のパリではこの司祭の夜会に招かれるのが大変な事になっていたという。

それから彼は話題を変えて仕事のことを語り始めた。ここ五年ほどの間、彼は一七世紀から現代までのヴィジョンと光学について研究している。彼によれば、そもそもの初めから科学はヴィジョンに関するアイデアを中世・ルネサンスのカトリックにおける霊的ヴィジョンと「霊光《インナーライト》」の概念から得ていたという。彼のテーゼによれば、ヴィジョンの感覚についてのわれわれの科学的理解は霊的メタファーの上に築かれている。「僕はね、ルネサンスと近代の間にハッキリした断絶があるとは思わないんだ……近代の思考というのは、神学からパターンを借りている。聖書の概念こそが科学を進歩させたわけだよ」。

一九九六年から二〇〇〇年まで、アルモガトはサン＝ジェルマン＝デ＝プレの主任司祭だった。デカルトが最後に埋葬された場所だ。この時、デカルトの死から三百五十周年を迎えるに当って、彼は特別のミサを行なうことにした。なぜそんなことを思いついたのか？　そのイベントそれ自体についても知りたかったが、本当に興味があったのはもっと深い点だ。アルモガトは司祭であり、そしてデカルト科学に関する権威者でもある。もしも今の誰かが、近代における身体と魂の分断を橋渡しする洞察をするとしたら――もしも今の誰かが、最新科学と霊的問題の両方を見通し、近代が誕生する時点、いわゆる「近代性の父」その人にまで遡って考察することができるとしたら――それは彼以外にはないと思いついた。

彼は言う。「カトリックの伝統ではね、死者の魂に祈るだけではないんだよ。肉体の復活という信仰もある。カトリックにとってはね、遺体というものには意味があるの。教会墓地というのは、都会のゴミを溜めとくところではなくてね。眠って待つ場所なんだ。地中の種みたいに、春を待ってるの」。

聖遺物崇敬が最高潮に達した中世と同様、カトリック教会は今も遺骨に対して特別の価値を置いている。カトリック――あるいはその他全ての霊的伝統――が、心身二元論の問題に上手く決着をつけていたとしても何も不思議はない。たぶん信仰はどうにかしてこの二元論を解決し、身体と魂を結びつけているのだ。

だが。私は何も神学的な答えを聞きたいわけではないのだ。私は特に二元論の父としてのデカルトについて、そして近代の精神と身体の問題について質問を投げかけた。ストックホルムからデカルトの骨を持ち帰った一七世紀後期パリの第一世代のデカルト主義者のように、アルモガトは師を弁護した。何もデカルトが二元論を発明したわけではない。精神と身体が別の領域に属するという考えは古代ギリシアにまで遡る、というのだ。これは良いことを教わった。それだけではない。御大層に二元論などというから抽象的なパズルのようだが、それは日常に根差した考えである。われわれは誰もが哲学者なのだ。なぜならわれわれの現状が哲学を求めるから。われわれは常に、永遠に続くかのような思考と概念の宇宙にいる。だが同時に、常に動き回り朽ちていく身体の世界、およびその惨めな状況の中にいる。精神においては時間と空間を超越する神の如き能力を与えられているが、身体の死という束縛から逃れる術はない。だからこそわれわれは常に意味を求めないではいられないのだ。この点において、哲学の教授しか使わないような「精神=身体問題」という言葉がわれわれ全員にとって重要なものとなる。この点において、それは涙にも笑いにもなるのだ。

つまりある意味で二元論は普遍的であり、哲学者たちは延々とそれに悩んできた。ですが、デカルトによる二元論は西欧世界に歴史的な激変を引き起こしたのではありませんか、と私は訊ねた。彼の二元論は、われわれにまで受け継がれています。

それに答える代わりに、アルモガトは新しい方向を示した――たぶん、われわれ全員にとって、このパズルに対する最も意義深い「答え」だ。晩年、デカルトは精神と身体の分離の問題に取り組んだ。「最後の本でね、デカルトは言っているんだよ。実際には第三の実質があるはずだと。それは実際には第三の実質というより、精神と身体の混成のようなものだとね……これはコードだと思うんだなあ。というかコード化《エンコーディング》。それによって精神は身体に、身体は精神に反応することができるというね」。哲学者たちは永遠に近い時間を費やして、精神＝身体問題に取り組んできた。だが現実的な形でわれわれは誰もがそれを超越することができる。この「コード化《エンコーディング》」こそがわれわれの生における最も共通の部分であり、そして最も貴重な部分でもある。デカルトは人生の終りに、その重要性に思い至ったのだ。

長い間、学者たちは、私生児として生まれた娘フランシーヌが僅か五歳で世を去った後、デカルトは娘の母親であるヘレナ・ヤンスと別れたと考えてきた。ヘレナはわれわれの知る限り、デカルトが懇ろにしていた唯一の女性である。だが彼女との絆は娘が全てであり、その娘が死んだ後、彼は彼女を棄てたとされていたのだ。だが数年前、オランダの歴史家イェルン・ファン・デ・フェンは、ちょっとした思いつきで文書庫を漁ってみた。デカルトはオランダで少なくとも二十回も住居を変えた。フランシーヌの死後、彼は海辺に住居を移した。砂と風の地、エフモント＝ビンネン。ライデン市の公証役場記録の中に、ファン・デ・フェンは一つの婚姻契約書を発見した。日付はフランシーヌの死の四年後。女性の名はヘレナ・ヤンス。男性の名はエフモント出身のヤン・ヤンズ・ファン・ウェル。果たしてこれはあのヘレナなのか？　彼女は一種の持参金を求められている――千ギルダー、かなりの額だ――そして別の記録によれば、その金を用意したのはデカルトだった。明らかにデカルトと彼女は、娘の死後四年間は繋がりを保っていたのだ。デカルトが同棲を望んだとしても、彼の社会的地位はそれを赦さなかった。だが責任を感じた彼は、彼女のために将来を世話したのだ。

この時期、デカルトは彼の著作の意味するところに怒り狂ったオランダの神学者たちから総攻撃を食らっていた。そして遂には耐えきれなくなった。「以前はここに求めていた平穏については、今後は期待ほどには得られることはないでしょう……神学者たち、スコラ哲学の信奉者たちの軍団が、罵詈讒謗によって私を潰すという目的の下、同盟を結んだようです」。そして間もなく、彼は女王クリスティナの招きを受け容れ、スウェーデンへ向かう。残されたのは、彼の著作が引き起こした嵐と、あの娘の母親だ。

同じ頃、彼は最後の著作に着手した。それが「魂の情念」に関する論文だったのは偶然ではない。デカルトはかなり以前から、リアリティを精神と身体に分割することの困難さ――その二つの実体の相互作用の様式を解明することの困難さ――に気づいていた。そして遂にこの困難な課題に取り組んだのである。彼の結論は、この両者を繋ぐ組織があるというものだった。アルモガト言うところの「コード化」である。このコード化を示す一七世紀の用語は「情念《パシヨン》」だった。「心」と呼んでも良いだろう。これがデカルト最後の著作の主題となった。心こそが精神と身体のインターフェイスなのだ。愛、歓び、怒り、悔恨。われわれはこれを身体と精神の双方において感ずる。そしてこれらの情念こそ、何らかの形でこの二つの自己を繋いでいるのだ。これもまた、近代の新たな学問――心理学――の先駆けである。感情の状態は身体の健康に、そしてまた、「魂」に繋がっているのだ。

だがそれは純粋に哲学的な営為だった。娘は死んだ。懇ろだった女は他所へ嫁がせた。彼個人は「情熱《パシヨン》」に関しては諦めていたようだ。彼の前途にあったのは、ただ極寒と、氷と、そして死だけだった。

だが自分自身は死にに行くとしても、デカルトはヘレナ・ヤンスには未来を与えていた。エフモントの小さな村役場の記録は、その未来を記録している。ヘレナと夫のヤンは彼の家族が経営する宿屋に住んだ。時が経ち、ヤンが死ぬと、ヘレナが宿を受け継いだ。彼女は再婚し、新たな夫との間に三人の息子を設けた。役所の記録には、その年月に凝縮された生涯の全てを書き切る余地はない。だがその凝縮のどこか――宿屋の切り盛り、オランダビールのジョッキをぶつけ合う音、パイプの煙、色目と涙、歌と悲しみ――にこそ、デカルトの謎への答えがある。われわれの誰もがそれを解くことができるのだ。運が良ければ、だが。

原註

第1章

＊1　一方従者はこの診断法を嘲っているように読める。「はい旦那、小水自体は至って健康だそうですが、その主のほうは、想像以上に酷い病気だそうで」。

＊2　A・C・グレイリングによるデカルト伝（二〇〇五）によれば、デカルトはイエズス会のスパイだったという。それが事実なら、彼が多くの場所で軍事的・政治的に重要な地位に就いた理由になるだろう。だがグレイリングは、この説には証拠は何も無いと認めている。

＊3　〈コギト〉のもじりは時代を超えて繰り返されている。「我惟う、故にスパムす」（ブロガーのアミタイ・ギヴァーツ）。「我瞬く、故に我在り」（マサチューセッツ／アマースト大学におけるデカルト的反射研究プロジェクトの標語。反射的に瞬きをしてしまうのはなぜかという研究。デカルトは一六四九年にこの問題を論じている）。「コギト、エルゴ・カルテシウス・エスト」（ソール・スタインバーグ）。

「仔犬が私を知っているから、私はいる」（ガートルード・スタイン）。「コギト、エルゴ・クム」（詩人グスタボ・ペレス・フィルマト）。「我臭う、故に我在り」（良く使われる表現）。中でも私の好きなのは「我惟う、故に我在り。と思う」（ジョージ・カーリン）

第2章

＊1　『論理哲学論考』には以下のようにある。「死は生きている間には起らない。人は死を体験しない。永遠を時間的な永続としてではなく、無時間として解するならば、現在に生きる者は永遠に生きるのである。視野の内に視野の限界は現れないように、生もまた、終りを持たない」

＊2　ここに書いたのはあくまでも一般論であり、実際には知識や認識に関する基本的なスコラ哲学的テーマには多くのヴァリエーションがある。

＊3　例えばルター派は、かつても今も、ホスチアがキリストの身体を表すとか、ホスチアの実体がキリストの身体の実体に置換されるとは信じていない。むしろ、この聖別の儀式によって、二つの実体――パンと身体――が共存すると考える。

＊4　正確に言えば、化体の際に何が起るのかについては、カトリック教会にとっては厄介な問題であり続けた。これをはっきりさせようとする最近の試みの一つが、一九八一年に出された英国聖公会との和解に関する報告書である。曰く、「化体とは主としてローマ・カトリック教会で用いられる用語で、聖体拝領における神の御働きによって、物質の内的リアリティが変化することを指す。この語は、キリストの臨在、及び神秘的かつ根源的な変化が生ずるという事実を示すものと

受け取るべきである」。そしてこの文書は、一七世紀の教会――及びデカルト主義者――の頭を悩ませた問題を迂回し、「近年のローマ・カトリックの神学においては、「化体は」如何にしてその変化が生じるかを説明するものではないと理解されている」と言う。

＊5　デガベによれば、キリスト教の奇蹟に関するアリストテレス的説明は意味を成さないと言う。なぜなら、まず第一の実体すなわちパンが第二の実体すなわちキリストの身体に取って代わられるためには、その前に第一の実体が消滅しなければならないからである。デガベによれば、物質が消滅することはあり得ない。

第3章

＊1　〈理性崇拝〉の極端さに対する反動は、〈至高存在崇拝〉として現れ、次に理神論へと移行した。これは信仰ではなく理性によって理解しうる神的存在が、地上を、特にフランスを見守っているという信仰である。一方、司祭がミサや聖体拝領の執行を禁じられていた頃には、国中の村人が自ら秘蹟を行なっていた。ホスチアを聖別した者は死刑と定められており、また俗人がホスチアの化体を行なうことはカトリック当局にとっても頭の痛い問題だったが、人々は「白ミサ」と呼ばれる方法でこの両方を回避した。そこではミサを行なう俗人はパンとブドウ酒の聖別は行なわず、ただそれに象徴的な意味を与えた。おそらくこれら全ては、ラディカルな近代性の核であるフランス革命それ自体の中に、デカルトの時代以後何度も何度も現れることになる理性と信仰に対する三者三様の態度――無宗教過激派、その穏健派、そして決然たる宗教派――が現れていた

ことを示している。

＊2　人生のあらゆる側面を変革し近代化せんとする熱意の下、革命家たちは暦を変え、月名も変えた。一ヶ月は三十日で、一週間は十日。月名は季節の変化に基づいていた。牧月《プレリアル》――五月中旬から六月中旬まで――は「草原に花が咲く月《プレリ》」を意味する。無論、キリストの生誕を起点とするグレゴリオ暦は廃止された。新暦はかなり遅れて始まった。と言うのも、その初年はフランス共和国の正式な建国の年、一七九二年とされたからである。

第4章

＊1　一方クロスランドによれば、フランス革命は一時期、科学アカデミーの存在を無視していた。なぜならそれはかつて国王を後ろ盾としていたため、反動的組織と見なされたのだ。だが後にそれは国立研究所として復帰し、一八一六年には再び科学アカデミーとなった。

＊2　だが「論じ合った」と言っても非公式なものだったと思う。当時のアカデミーの公式記録の中にこの話に関する記述がないからである。一方、デカルトの遺骨に関しては、後に公式の報告書が出される。

＊3　ドランブルの時代には、頭蓋骨に書かれた文字のほとんどは判読可能であったが、現在ではかなり褪色している。詩はラテン語では以下の通り。

Parvula Cartesii fuit haec calvaria magni,
exuvias reliquas gallica busta tegunt;

sed laus ingenii toto diffunditur orbe,
mistaque coelicolis mens pia semper ovat.

＊4　ドランブルは実際、この頃にデカルトの骨と接触している。革命政府がデカルトの遺骨をパンテオンに移送する件を話し合っていた時、彼はパリで一番高い場所――パンテオンの頂塔で観測を行なっていたのだ。

第6章

＊1　正確には、最近、この遺骨の真贋を確定しようとする試みが為されたことが一度だけある。二〇〇五年、引退したフランス人医師で、フランス科学史の研究家でもあるベルナール・カルティエが、ポール・リシェに関する研究をしている時、リシェと同様のデカルト的懐疑に取り憑かれた。彼は最新の手法を用いてリシェの研究を追試しようと考えた。つまりサン＝ジェルマン＝デ＝プレの遺骨を掘り返し、人類博物館の頭蓋骨共々DNA鑑定に掛けようというのである。カルティエはフランス国立医学アカデミーの終身書記から、「博物館およびサン＝ジェルマン＝デ＝プレ教会のデカルトの遺骨の研究、及びその真贋を確認する研究の実現可能性」に関する公式の許可を得た。そして彼は然るべき筋に接触し、パリ市および警視庁から返答を得た。曰く、「遺骨が既に同教会に移送されている以上、私どもとしてはそれが本物であることを疑う余地はありませんし、さらにその墓は石とセメントで封印されておりますが、古い教会に削岩機を持ち込むのは如何なものかと思われます」。鄭重かつ断固たる拒絶であった。

翻訳者あとがき

本書はラッセル・ショート著『デカルトの骨――信仰と理性を巡る争いの歴史の骨子』Russell Shorto, *Descartes' Bones; A Skeletal History of the Conflict Between Faith and Reason* の全訳である。

著者ラッセル・ショートはアメリカはペンシルヴェイニア州ジョンズタウンに生まれた。現在はアムステルダム在住。〈ニューヨーク・タイムズ・マガジン〉を中心に活躍する気鋭のジャーナリストであり、著述家である。彼自身の自己分析によれば「物事を根っこまで遡って考えるタイプ」であり、ゆえに何を主題にしても「結局は歴史の話になってしまう」という。

そんな彼の名を一躍高らしめたのが、本書の前作に当たる『世界の中心の島』である。同書は、「ニュー・アムステルダム」と呼ばれたオランダ植民地時代のマンハッタン島の知られざる歴史を描いてベストセラーとなり、ドイツやブラジルなどでも刊行された。

その彼が次なるノンフィクションのテーマとして選んだのが、一七世紀フランスの哲学者、ルネ・デカルトである。

何ゆえに今、デカルトなのか？　そこには当然、「物事を根っこまで遡って考えるタイプ」という著者の性向が大きく関与している。著者は「近代」とは、その価値観とは、思想とは何かという問題を「根っこまで遡って」考え抜いた。その果てに行き着いたのが、「近代」の創始者、ルネ・デカルトだったのである。

デカルトと言えば「我惟う、故に我在り」という哲学的箴言で知られている。この言葉は、それまで二千年に亘って脈々と受け継がれてきた西欧の知の体系を根こそぎ破壊し、近代世界の到来を高らかに告げるものだった。言わばこの箴言こそは人類史を変えた試金石の一つであり、これに匹敵する言葉はイエス・キリストの「私は道であり、真実であり、生命である」及びアインシュタインの「$E=mc^2$」以外には無い、とまで著者は言う。何にせよ、われわれ現代人が「当たり前のもの」として受け容れている考え方の基盤――「客観的事実の尊重」「科学的観察に基づく仮説とその検証」「人権思想」「自由と平等」等の価値観――は、デカルトによって初めてこの世界に導入された。もしも一七世紀にデカルトが存在しなければ、現在のわれわれの価値観、そしてこの世界そのものは全く別のものになっていただろう。その意味でまさにデカルトこそ「近代」の祖なのである。

ルネ・デカルトは一五九六年三月三一日、フランスはトゥーレーヌ州のラ・エという温暖な地に生まれた。幼少期の病弱ゆえに医学を志した彼は、当時の学問全般がスコラ哲学という極めて脆弱な基盤の上に建てられていることを知り、懐疑に取り憑かれる。そして徹底的な思索の末、「理性」を基盤とする「驚くべき学問の基礎」を見出すのだ。

当然、この「新哲学」はキリスト教会や王権などの既成権力にとっては脅威であったため、それはさまざまな場所で弾圧や反論に遭う。デカルトは苦悩の果てに、一六五〇年二月一一日、五十四歳を迎える直前に極寒のスウェーデンで客死することになる。

だが本書はそのようなデカルトの単なる評伝ではないし、その思想の解説書でもない。むしろこれを単なる評伝や解説書とせず、第一級の歴史ノンフィクション、無類に面白い知的エンターテインメントに仕立て上げたところに、ジャーナリストとしてのラッセル・ショートの真骨頂があると言えよう。

本書の邦題には、副題として「死後の伝記」という言葉が挿入されている。原題にはないものだが、これは言うまでもなく「当人の死後に書かれた伝記」というありきたりな意味ではない。この副題は文字通り、本書の主人公であるデカルトの死後に、彼が、あるいはかつて彼であったものが辿った旅路を追う、まさに「死後のデカルト」の人生の遍歴を追う物語であることを意味しているのだ。

生前から漂泊の哲学者として、常に論争と孤独の中に生きたデカルト。だが、死後にすら彼に平安は訪れなかった。客死したスウェーデンでの密やかにして慌ただしい埋葬。それから十六年を経た一六六六年に、彼の墓は暴かれる。デカルトの思想を受け入れ、これを新たな世界の変革の基盤と信ずる人々が、その教義の布教の一助とするため、彼の遺骨を一種の「聖遺物」として祖国フランスに持ち帰ろうとしたのだ。

こうして帰国した遺骨は、パリの守護聖人を祀る教会に、まさにその守護聖人の隣に、賑々しく埋葬された。この盛大な二度目の埋葬は、デカルトの神格化とその思想の流布に大いに役立つこととなった。

その後、フランス革命の動乱を経て、デカルトの骨は百五十年の眠りから覚される。だがどうしたわけか、この時、彼の骨、就中その頭蓋骨は跡形もなく消失していたのだった。

果たしてデカルトの頭蓋骨に何が起こったのか。

その謎を解く鍵は意外な所にあった。何と彼の骨は、正確に言えば頭蓋骨は、そもそも初めからフランスに渡ることはなかったというのである。歴史のいずれかの時点でそれは胴体から切り離され、そのままスウェーデンの地に留まっていたのだ。

そのデカルトの頭蓋骨と称されるものがスウェーデンで発見されたのが一八二一年。早速パリに送られたその頭蓋骨の表面にはびっしりと署名や詩が書込まれ、いやが上にもその謎を深めていた。科学史上に名を残す錚々たる面々から成るフランス科学アカデミーは勇躍この頭蓋骨の謎の解明に取り組むのだが……

本書で語られるデカルトの骨を巡る物語は、デカルトの死の直後から始まり、フランス革命や産業革命を経て、二一世紀の今日に至るまで連綿と続いて行く。この「あとがき」を先に読まれる方のために、第七章では日本の読者にとってはちょっとしたサプライズが用意されている、とだけ申し述べておこう。そしてその三百五十年に及ぶ年月の間、デカルトの頭蓋骨は、「近代」そのもののメタファーとして、常に各時代の人々から崇拝され、研究され、利用され、解釈されて来た。デカルトの骨は、著者によれば、「〈近代〉それ自体の背骨を形作っている……デカルトの骨――というか、人々がそれに与えた意味――とはまさにわれわれとは何なのかを語るものなのだ」。

「意味は物語によって担われる」というのが、著者ショートの持論であるらしい。前作『世界の中心の島』においても、専ら主人公となる二人の人物の物語にスポットを当てることで、初期マンハッタン島の歴史が自ずから浮かび上がる、という構成が採られていた。そして本書『デカルトの骨』においても、叙述の中心となるのはデカルトの骨と関わった人々――それぞれに独自の思想と個性、生き方と信念、理性とその誤りを抱えた人々の物語である。年代も国籍も種々雑多な、百五十人を越える登場人物たちが交錯し、織りなして行く人間模様の連鎖の物語こそが、「人が生きるとはどういうことなのか」という問いを、その意味を担っていくのだ。

晩年、デカルトは「心身二元論」という問題に取り憑かれる。デカルトの機械論的な宇宙観、人間観は教会から攻撃を受けることとなったが、彼自身は敬虔なカトリック信徒だった。そこで彼が信仰を堅持し、同時にまた宗教による科学への干渉を回避するために考え出したのが、精神界と物質界を峻別する「心身二元論」である。だが、もしもその両界が峻別されるなら、両者は如何にして相互作用しているのか？

デカルト自身は、この両者を繋ぐ組織があると考え、これを「情念《パション》」と呼んだ。だが無論、それだけでこの厄介な問題が解決したわけではない。むしろ脳科学の発達によって、現代ではこの問題はますます厄介な課題を増やしている。本書もまた、その課題に確実な答えを提供するものではない。何しろ確実性を求めることは「近代」の病の最大のものであり、そしてこの世界に確実なものなど何一つ存在しないのだ。

ただ、デカルトの骨の旅程を丹念に辿り、そこに展開する人間たちの物語をつぶさに目撃した人には、あるいはその答えは自ずと浮かび上がってくるのかも知れない。

最後になったが、本書を今日、このように形あるものとして世に出すことができたのはひとえに青土社編集部の今岡雅依子氏の御盡力の賜である。この場をお借りし、御礼申し上げます。

翻訳者識

二〇一〇年一〇月

索引

（あ）

アクィナス、トマス Aquinas, Thomas, 44, 46, 49
アメリカ合衆国 United States, 70, 99, 136–138, 148, 190, 213, 224, 256–257, 271, 291, 298, 315, 317, 319–320, 329
アメリカ独立革命 25, 29, 136–137, 224
アリストテレス Aristotle, 30–32, 40, 42, 44–46, 51–52, 56, 99, 103, 114, 120, 176, 197–198, 219, 339n
アルモガト、ジャン＝ロベール Armogathe, Jean-Robert, 328–333, 335
アンヌ・ドートリッシュ Anne of Austria, 82–83, 88
イエス・キリスト Jesus Christ, 46–47, 87, 96–105, 108, 114, 338n, 339n, 340n
イスラム 18, 148, 316–318, 322, 324
「インテリジェント・デザイン」201–202, 323
ヴォエティウス・ギスベルト Voetius, Gysbert, 53, 86, 129
ヴォルテール Voltaire, 121–122, 124, 150–151, 177, 235, 317
エコール・デ・ボザール Ecole des Beaux-Arts, 180, 285, 288, 294

（か）

懐疑 19, 25, 48, 53–54, 57–58, 113, 228, 289–290, 294, 321, 341n
解析幾何学 15, 41–42, 87
蓋然性 probability, 94, 212, 228, 298
ガウス、カルル・フリードリヒ Gauss, Carl Friedrich, 258
科学的方法 16, 19, 34–35, 70, 119, 121, 185–186, 188–192, 235–236
化体 transubstantiation, 99, 101–104, 329, 338–339n
カトリック教会 59, 76, 101, 113, 133, 138, 178, 215, 318, 331, 338n
神 God, 15, 31, 33–34, 44, 47, 52, 56–58, 86, 100, 115–116, 120, 123, 129–134,

参考文献

Académie des Sciences. *Procés-verbaux des séances de l'Académie tenues depuis la fondation de l'Institut jusqu'au mois d'août 1835.* 10 vols. Hendaye: Imprimérie de l'Observatoire d'Abbadia, 1910–22.

——. *Comptes rendus hebdomadaires des séances de l'Académie des sciences.* Paris: Gauthier-Villars, 1912.

"Académie des sciences: Le crâne de Descartes est authentique." *Le Figaro*, January 21, 1913.

Ackerknecht, E. H. "Contributions of Gall and the Phrenologists to Knowledge of Brain Function." *The History and Philosophy of Knowledge of the Brain and Its Functions.* Amsterdam: Israel, 1957.

Adam, Charles, and Tannery, Paul, eds. *Œuvres de Descartes.* 12 vols. Paris: Librairie Philosophique J. Vrin, 1974.

Ahlström, Carl Gustaf, Per Ekström, and Ove Persson. "Cartesius' Kranium." *Sydsvenska medicinhistoriska sällskapets årsskrift 1983.*

Åkerman, Susanna. *Queen Christina of Sweden and Her Circle: The Transformation of a Seventeenth-Century Philosophical Libertine.* Leiden: Brill, 1991.

Alder, Ken. *The Measure of All Things: The Seven-Year Odyssey That Transformed the World.* London: Little Brown, 2002. ＝ケン・オールダー『万物の尺度を求めて――メートル法を定めた子午線大計測』吉田三知世訳，早川書房，2006年

Andersson, Ingvar. *A History of Sweden.* London: Weidenfeld and Nicolson, 1956. ＝I・アンデション，J・ヴェイブル『スウェーデンの歴史』潮見憲三郎訳，文真堂，1988年

Anglican-Roman Catholic International Commission. *The Final Report.* Oxford: Bocardo and Church Army Press, 1981.

Archives du Musée des monuments français. 3 vols. Paris: E. Plon, Nourrit et Cie, 1883–97.

Armogathe, Jean-Robert. *Theologia Cartesiana: L'explication physique de l'Eucharistie chez Descartes et dom Desgabets.* The Hague: Martinus Nijhoff, 1977.

——. "La sainteté janséniste." *Histoire des saints et de la sainteté chrétienne.* Eds. Francesco Chiovaro et al. vol. 9. Paris: Hachette, 1987.

——. "'Hoc Est Corpus Meum': Le débat autour de l'explication Cartésienne de la transubstantiation eucharistique." *Travaux du Laboratoire européen pour l'étude de la filiation.* Ed. Pierre Legendre. Brussels: Émile Van Balberghe Libraire et Yves Gevaert Éditeur, 1998.

——and Vincent Carraud. "La première condamnation des *Œuvres* de Descartes, d'après des documents inédits aux archives du Saint-Office." *Nouvelles de la République des Lettres* 2 (2001).

——. "L'ouverture des archives de la Congrégation pour la doctrine de la foi." *Communio* 30 (January-February 2005).

Aston, Nigel. *Religion and Revolution in France, 1780–1804*. London: Macmillan, 2000.

Baillet, Adrien. *La vie de Monsieur Des-Cartes.* 2 vols. Paris: Daniel Horthemels, 1691. ＝アドリアン・バイエ『デカルト伝』井沢義雄・井上庄七訳，講談社，1979年

Baker, Keith Michael. *Condorcet: From Natural Philosophy to Social Mathematics.* Chicago: University of Chicago Press, 1975.

Balz, Albert G. A. "Clerselier (1614–1684) and Rohault (1620–1675)." *The Philosophical Review* 39 (September 1930).

Beaglehole, J. C. *The Life of Captain James Cook.* Palo Alto: Stanford University Press, 1992.＝J・C・ビーグルホール『キャプテン　ジェイムス・クックの生涯』佐藤皓三訳，成山堂書店，1998年

Becker, Carl. *The Heavenly City of the Eighteenth-Century Philosophers.* New Haven: Yale University Press, 1932. ＝カール・ベッカー『一八世紀哲学者の楽園』小林章夫，SUPモダン・クラシックス叢書，2006年

Berman, David, ed. *Atheism in Britain.* Vol. 1: *An Answer to Mr. Clark's Third Defence of His Letter to Mr. Dodwell,* by Anthony Collins, and *A Discourse of Free-Thinking,* by Anthony Collins. Bristol: Thoemmes Press, 1996.

Bernard, Leon. *The Emerging City: Paris in the Age of Louis XIV.* Durham: Duke University Press, 1970.

Berzelius, Jac. *Berzelius brev. I, Brewäxling mellan Berzelius och C.L. Berthollet, 1810–1822.* Stockholm, 1912.

Blagdon, Francis William. *Paris as it was and as it is, or a Sketch of the French capital illustrative of the effects of the Revolution: with respect to sciences, literature, arts, religion, education, manners and amusements, comprising also a correct account of the most remarkable*

national establishments and public buildings, in a series of letters written by an English traveller during the years 1801–2 to a friend in London. London: C. A. Baldwin, 1803.

Boddington, A., A.. N. Garland, and R. C. Janaway. *Death, Decay and Reconstruction: Approaches to Archaeology and Forensic Science.* Manchester: Manchester University Press, 1987.

Boileau-Despréaux, Nicolas. "Arrêt burlesque." *Œuvres complètes de Boileau.* 4 vols. Paris: Garnier, 1873.

Bonnet, Jean-Claude. *Naissance du Panthéon: Essai sur le culte des Brands hommes.* Paris: Fayard, 1998.

Bos, Erik-Jan. *The Correspondence between Descartes and Henricus Regius.* Utrecht: Zeno, 2002.

——. "Descartes' *Lettre apologétique aux magistrats d'Utrecht*: New Facts and Materials." *Journal of the History of Philosophy* 37 (July 1999).

Buckley, Michael J. *Denying and Disclosing God: The Ambiguous Progress of Modern Atheism.* New Haven: Yale University Press, 2004.

Buckley, Veronica. *Christina, Queen of Sweden: The Restless Life of a European Eccentric.* London: Fourth Estate, 2004.

Cabanés, Dr. "Les tribulations posthumes de Descartes," *Gazette medicale de Paris,* November 6, 1912.

Carter, Jennifer. "Recreating the Poetic Imaginary: Alexandre Lenoir and the Musée des Monuments français." Doctoral dissertation, McGill University, 2007.

Cassirer, Ernst. *The Philosophy of the Enlightenment.* Princeton: Princeton University Press, 1951. ＝エルンスト・カッシーラー『啓蒙主義の哲学』上下，中野好之訳，ちくま学芸文庫，2003年

Chénier, Marie-Joseph de. *Rapport fait a la Convention nationale au nom du Comité d'instruction publique, par Marie-Joseph Chénier, suivi du décret rendu à la séance du 2 octobre 1793 (sur le transport au Panthéon du corps de Descartes).* Paris: Imprimerie Nationale, 1793.

——. *Rapport fait par Marie-Joseph Chénier sur la translation des cendres de René Descartes au Panthéon. Séance du 18 floréal l'an IV.* Paris: Imprimérie nationale, 1796.

"Chronique scientifique." *La Gazette de France,* September 23, 1912.

Clair, P., ed. *Jacques Rohault, 1618–1672: Bio-bibliographie, avec l'édition critique des entretiens sur la philosaphie.* Paris: CNRS, 1978.

Clark, Gregory. *A Farewell to Alms: A Brief Economic History of the World.* Princeton: Princeton University Press, 2007. ＝グレゴリー・クラーク『10万年の世界経済史』久保恵美子訳，日経BP社，2009年

Cogeval, Guy, and Gilles Genty. *La logique de l'inaltérable: Histoire du Musée des monuments français.* Paris: Imprimerie Nationale, 1993.

Colbert, Charles. *A Measure of Perfection: Phrenology and the Fine Arts in America.* Chapel Hill: University of North Carolina Press, 1997.

Coleman, William. *Georges Cuvier, Zoologist: A Study in the History of Evolution Theory.* Cambridge: Harvard University Press, 1964.

Collins, Anthony. *A Discourse of Free-Thinking.* London, 1713.

Comar, Philippe. *Mémoires de mon crâne—Réne Des-Cartes.* Paris: Gallimard, 1997.

Commager, Henry Steele. *The Empire of Reason.* New York Doubleday, 1977.

Condorcet, Marquis de (Jean-Antoin-Nicolas de Caritat). *Esquisse d'un tableau: Historique des progrès de l'esprit humain.* Paris: Agasse, 1798. ＝コンドルセ『人間精神進歩史』渡邊誠訳，岩波書店，1951年

Courajod, Louis. *Alexandre Lenoir, son journal et le Musée des monuments français.* 3 vols. Paris: H. Champion, 1878–87.

Cousin, Victor. *Madame de Sablé.* Paris: Didier, 1869.

"Le crâne de Descartes." *Le Soir,* January 21, 1913.

"Le crâne de Descartes." *Le Temps*, October 2, 1912.

Crosland, Maurice. *Science under Control: The French Academy of Sciences, 1795–1914.* Cambridge: Cambridge University Press, 1992.

Croy, duc de., journal inédit du duc de Croy, 1718–1784. Vol. 2. Paris: Flammarion, 1907.

Cuvier, Georges. *Leçons d'anatomie comparée.* Paris: Baudoin, 1805.

——. *Le règne animal distribué d'après son organisation, pour servir de base à l'histoire naturelle des animaux et d'introduction à l'anatomie comparée.* Brussels: Culture et civilisation, 1969.

Damasio, Antonio R. *Descartes' Error: Emotion, Reason, and the Human Brain.* New York: G. P. Putnam's Sons, 1994. ＝アントニオ・R・ダマシオ『デカルトの誤り——情動，理性，人間の脳』田中三彦訳，筑摩書房，2010年

Descartes, René. *Discours de la Methode pour bien conduire sa raison, & chercher la verité dans les sciences. Plus La Dioptrique. Les Meteores. Et La Geometrie. Qui sont des essais*

de cete Methode. Leyden: Ian Maire, 1637.

——. *Discourse on Method*. Trans. Laurence Lafleur. New York: Macmillan,1960. ＝ルネ・デカルト『方法序説』山田弘明訳，筑摩書房，2010年ほか

——. *The Philosophical Writings of Descartes*. 3 vols. Ed. J. Cottingham, R. Stoothoff, and D. Murdoch. Cambridge: Cambridge University Press, 1991.

Descartes et les Pays-Bas. Amsterdam: Maison Descartes, 1985.

"Documentation concernant le crâne de Descartes." Dossier compiled by Philippe Mennecier, Muséum national d'histoire naturelle, Musée de l'homme, Laboratoire d'anthropologie biologique, October 1996.

Donaldson, I. M. L. "Mesmer's 1780 Proposal for a Controlled Trial to Test His Method of Treatment Using 'Animal Magnetism.'" *Journal of the Royal Society of Medicine* 98 (2005).

Droge, Jan. *Kasteel Endegeest: Een geschiedenis van het huis, de tuin en de bewoners.* Leiden: Matrijs,1993.

Dulaure, J. A. *Nouvelle description des curiosités de Paris*. Paris: Lejay, 1785.

Etlin, Richard A. *The Architecture of Death: The Transformation of the Cemetery in Eighteenth-Century Paris*. Cambridge: MIT Press, 1984.

French, Roger, and Andrew Wear. *The Medical Revolution of the Seventeenth Century.* Cambridge: Cambridge University Press, 1989.

Gaukroger, Stephen. *Descartes: An Intellectual Biography.* Oxford: Clarendon, 1995.

——, John Schuster, and John Sutton, eds. *Descartes' Natural Philosophy.* London: Routledge, 2000.

Gaukroger, Stephen, ed. *The Soft Underbelly of Reason: The Passions in the Seventeenth Century.* London: Routledge, 1998.

Gordon, Daniel, ed. *Postmodernism and the Enlightenment: New Perspectives in Eighteenth-Century French Intellectual History*. New York: Routledge, 2001.

Gould, Stephen Jay. *The Panda's Thumb: More Reflections in Natural History*. New York: Norton, 1992. ＝スティーヴン・ジェイ・グールド『パンダの親指——進化論再考』櫻町翠軒訳，ハヤカワ文庫，1996年

Goupille, André. *Haya, La Haye en Touraine, La Haye Descartes, Descartes: Des origins à nos fours.* Tours: Chavanne, 1980.

Grayling, A. C. *Descartes: The Life of René Descartes and Its Place in His Times.* London: Free Press, 2005.

Greene, Christopher. “Alexandre Lenoir and the Musée des monuments français during the French Revolution.” *French Historical Studies* 12 (1981).

Grell, Ole Peter, and Andrew Cunningham, eds. *Religio Medici: Medicine and Religion in Seventeenth-Century England.* Aldershot: Scolar Press, 1996.

Hagner, Michael. “Skulls, Brains, and Memorial Culture: On Cerebral Biographies of Scientists in the Nineteenth Century.” *Science in Context* 16 (2003).

Harashima, Hiroshi. “The Concealing Face, the Nameless Face: Has the Media Really Been Evolving? A Perspective of Facial Studies.” *Natureinterface*, no. 4, http://wwwnatureinterface.com/e/ni04/P016–021/.

Higonnet, Patrice. *Paris: Capital of the World.* Cambridge: Harvard University Press, 2002.

Hillairet, Jacques. *Dictionnaire historique des rues de Paris.* 2 vols. Paris: Éditions de Minuit, 1964.

Hirsi Ali, Ayaan. *Infidel.* New York: Free Press, 2007. ＝アヤーン・ヒルシ・アリ『もう，服従しない――イスラムに背いて，私は人生を自分の手に取り戻した』矢羽野薫訳，エクスナレッジ，2008年

Hume, David. *A Treatise of Human Nature.* Oxford: Oxford University Press, 2000. ＝デイヴィッド・ヒューム『人間本性論』木曾好能訳，法政大学出版局，1995年

Israel, Jonathan I. *Radical Enlightenment: Philosophy and the Making of Modernity, 1650–1750.* Oxford: Oxford University Press, 2001.

Jacob, Margaret C. *The Radical Enlightenment: Pantheists, Freemasons, and Republicans.* London: George Allen and Unwin, 1981.

Jonas, Raymond. *France and the Cult of the Sacred Heart: An Epic Tale for Modern Times.* Berkeley: University of California Press, 2000.

Jorpes, J. Erik. *Jac. Berzelius: His Life and Work.* Berkeley. University of California Press, 1970.

Kant, Immanuel. *Religion within the Limits of Reason Alone.* Trans. Theodore M. Greene and Hoyt H. Hudson. Chicago: Open Court, 1934. ＝イマヌエル・カント『たんなる理性の限界内の宗教（カント全集10）』北岡武司訳，岩波書店，2000年

Kleinman, Ruth. *Anne of Austria, Queen of France.* Columbus: Ohio State University, 1985.

Lanteri-Laura, Georges. *Histoire de la phrénologie: L'homme et son cerveau selon F.J. Gall.*

Paris: Presses Universitaires de France, 1970.

"Large Skulls." *New York Times,* August 10, 1879.

Lemoine, Bertrand. *Les Halles de Paris.* Paris: L'Equerre,1980.

Lenoir, Albert. *Statistique monumentale de Paris.* 3 vols. Paris: Imprimérie Impériale, 1867.

Lenoir, Alexandre. *Notice historique des monumens des arts,. réunis au Dépôt national, rue des Petits-Agustins.* Paris: Cussac, 1796, 1797.

——. *Description historique et chronologique des monumens de sculpture réunis au Musée des monumens français.* Paris: Laurent Guyot, 1806.

Lindborg, Rolf. *Descartes i Uppsala.* Stockholm: Almqvist & Wiksell, 1965.

Lokhorst, Gert-Jan. "Descartes and the Pineal Gland." *The Stanford Encyclopedia of Philosophy.* Winter 2006. Ed. Edward N. Zalta. http://plato.stanford.edu/archives/win2006/entries/pineal=gland.

Maccioni Ruju, P. Alessandra, and Marco Mostert. *The Life and Times of Guglielmo Libri: Scientist, Patriot, Scholar, Journalist, and Thief.* Hilversum: Verloren, 1995.

Macdonald, Paul S. "Descartes: The Lost Episodes." *Journal of the History of Philosophy* 40, no. 4 (2002).

Masquelet, A. C. "Rembrandt's *Anatomy Lesson of Dr. Nicolaes Tulp* (1632)." *Maitrise Orthopédique,* www.maitrise-orthop.com.

Masson, Georgina. *Queen Christina.* London: Secker and Warburg, 1968.

McClaughlin, Trevor. "Censorship and Defenders of the Cartesian Faith in Mid-Seventeenth Century France," *Journal of the History of Ideas,* 40:563–81 (1979).

McGahagan, Thomas A. "Cartesianism in the Netherlands, 1639–1676: The New Science and the Calvinist Counter-Reformation." Ph.D. dissertation, University of Pennsylvania, 1976.

Meige, Henry. *Paul Richer et son œuvre.* Paris: Masson & Co., 1934.

Mercier, Louis-Sébastien. *Éloge de René Descartes.* Paris: Vve Pierres, 1765.

——. *Corps législatif. Conseil des Cinq-Cents. Discours de L.-S. Mercier, prononcé le 18 floréal, sur René Descartes.* Paris: Imprimérie Nationale, 1793.

——. *Le nouveau Paris.* 1799. Paris: Mercure de France, 1994.

Mouy, Paul. *La développement de la physique cartésienne, 1646–1712.* Paris: Librairie Philosophique J. Vrin, 1934.

Nadler, Steven. *Arnauld and the Cartesian Philosophy of Ideas.* Princeton: Princeton University Press, 1989.

Nagel, Thomas. *The View from Nowhere.* New York Oxford, 1986. ＝トマス・ネーゲル『どこでもないところからの眺め』中村昇ほか訳，春秋社，2009年

——. "Conceiving the Impossible and the Mind-Body Problem." *Philosophy* 73 (July 1998).

Nolan, Lawrence. "Malebranche's Theory of Ideas and Vision in God." *Stanford Encyclopedia of Philosophy*, Winter 2003.

Nordenfalk, Carl, ed. *Christina, Queen of Sweden: A Personality of European Civilisation.* Stockholm: National Museum, 1966.

Palmer, R. R. *The Age of the Democratic Revolution: A Political History of Europe and America, 1760–1800.* Princeton: Princeton University Press, 1959.

"Pantheon Awaits Descartes Ashes When Discovered." *New York Herald.* European ed. December 3,1927.

"Pantheon Seeks Descartes' Body." *New York Times*, January 29,1928.

Parker, M. "False Dichotomies: EBM, Clinical Freedom, and the Art of Medicine." *Medical Humanities* 31(2005):25–30.

Pearce, J. M. S. "Louis Pierre Gratiolet (1815–1865): The Cerebral Lobes and Fissures." *European Neurology* 56 (2006).

Pelenski, Jaroslaw, ed. *The American and European Revolutions, 1776–1848.* Iowa City: University of Iowa, 1980.

Perrier, Edmond. "Sur le crâne dit 'de Descartes', qui fait partie des collections du Muséum." *Compte-rendus hebdomadaires des séances de l'Académie des sciences*, September 30, 1912.

Porter, Roy, ed. *Patients and Practitioners: Lay Perceptions of Medicine in Pre-Industrial Society.* Cambridge: Cambridge University Press, 1985.

——, and Mikulas Teich, eds. *The Enlightenment in National Context.* Cambridge: Cambridge University Press, 1981.

"Procés-verbal de la remise à MM. les Commissaires de M. le Préfet de la Seine, des restes de Descartes, Mabillon et Montfaucon, qui étaient déposés dans le Jardin des Petits-Augustins à Paris." *Extrait du Moniteur.* Paris: Agasse, n.d.

"Un Project Vieux de 136 Ans." *La Presse*, November 29,1927.

Raymond, Jean-François de. *Descartes et Christine de Suède: La reine et le philosophe.* Paris: Bibliotheque Nordique,1993.

——. *Pierre Chanut, ami de Descartes: Un diplomate philosophe.* Paris: Beauchesne, 1999.

Rée, Jonathan. *Descartes.* London: Allen Lane, 1974.

Rhine, Stanley. *Bone Voyage: A Journey in Forensic Anthropology.* Albuquerque: University of New Mexico Press, 1998.

Richard, Camille. "Le comité de salut public et les fabrications de guerre sous la Terreur." Doctoral dissertation, University of Paris, 1921.

Richer, Paul. *Physiologie artistique de l'homme en mouvement.* Paris: Aulanier, 1896.

——. *L'artetla médecine.* Paris: Gaultier, 1902.

——. "Sur l'identification du crâne supposé de Descartes par sa comparaison avec les portraits du philosophe." *Comptes-rendus hebdomadaires des séances de l'Académie des sciences,* January 20, 1913.

Rodis-Lewis, Geneviève. *Descartes: His Life and Thought.* Ithaca: Cornell University Press, 1995. ＝ジュヌヴィエーヴ・ロディス＝レヴィス『デカルト伝』飯塚勝久訳，未來社，1998年

Rohault, Jacques. *Œuvres posthumes de M. Rohault.* The Hague: Henry van Bulderen, 1690.

Roth, Leon. *Descartes' Discourse on Method.* Oxford: Clarendon Press, 1937.

Ruestow, Edward G. *Physics at 17th- and 18th-Century Leiden.* The Hague: Martinus Nijhoff,1973.

Schiller, Francis. *Paul Broca: Founder of French Anthropology, Explorer of the Brain.* Berkeley: University of California Press, 1979.

Schlaffer, Heinz. "Holiday from the Enlightenment." www signandsight.com. February 27, 2006.

Schmaltz, Tad M. *Radical Cartesianism: The French Reception of Descartes.* Cambridge: Cambridge University Press, 2002.

Schouls, Peter. *Descartes and the Enlightenment.* Kingston: McGill-Queen's University Press, 1989.

——. *Descartes and the Possibility of Science.* Ithaca: Cornell University Press, 2000.

Scott, Franklin D. *Sweden: The Nation's History.* Minneapolis: University of Minnesota Press, 1977.

Sebba, Gregor. "Some Open Problems in Descartes Research." *Modern Language Notes* 75 (March 1960).

Shapin, Steven, "Descartes the Doctor: Rationalism and Its Therapies." *British Journal for the History of Science* 33 (2000).

Shaw, Matthew. "The Time of Place: Louis-Sébastien Mercier and the Hours of the Day." Paper presented at the Society for the Study of French History Annual Conference, Southampton, England, July 5, 2005.

"Sketch Identifies Skull of Descartes." *New York Times*, January 26, 1913.

Slive, Seymour. *Frans Hals*. 3 vols. Washington: National Gallery of Art, 1989.

Solies, Dirk. "How the Metaphysical Need Outlasted Reductionism: On a Methodological Controversy between Philosophy and the Life Sciences in 19th-Century Germany." Paper presented at the Metanexus Institute's *Continuity + Change: Perspectives on Science and Religion* conference, Philadelphia, June 3–7,2006.

Sommaire du plaidoyer pour l'abbé, prieur et chanoines reguliers et chapitre de Sainte Geneviève, défendeurs, contre messire Hardouin de Péréfixe, archevêque de Paris, demandeur. Paris, 1667.

Sparrman, Anders. *A Voyage to the Cape of Good Hope, towards the Antarctic Polar Circle, Round the World, and to the Country of the Hottentots and the Caffres from the Year 1772–1776.* Cape Town: Van Riebeeck Society, 1975.

Spinoza, Baruch. *The Chief Works of Benedict de Spinoza*. New York: Dover, 1955.

Stålmarck, Torkel. *Hedvig Charlotta Nordenflycht—Ett Porträtt*. Stockholm: Norstedts, 1997.

Staum, Martin S. *Labeling People. French Scholars on Society, Race, and Empire, 1815–1848.* Montreal: McGill-Queen's University Press, 2003.

Taylor, Quentin. "Descartes's Paradoxical Politics." *Humanitas* 14, no. 2 (2001).

Terlon, Hugue, Chevalier de. *Mémoires du Chevalier de Terlon. Pour rendre compte au Roy, de ses négotiations, depuis l'année 1656 jusqu'en 1661.* Paris: Louis Billaine, 1682.

Uglow, Jenny. *The Lunar Men: Five Friends Whose Curiosity Changed the World*. New York: Farrar, Straus and Giroux, 2003.

Van Bakel, Rogier. "The Trouble Is the West." *Reason,* November 2007.

Van Bunge, Wiep. *From Stevin to Spinoza: An Essay on Philosophy in the Seventeenth-Century Dutch Republic.* Leiden: Brill, 2001.

Van Damme, Stéphane. "Restaging Descartes: From the Philosophical Reception to the National Pantheon." http://dossiersgrihl.revues.org/document742.html.

Van de Ven, Jeroen. "Quelques données nouvelles sur Helena Jans." *Bulletin Cartésien* 32 (2001).

Vass, Arpad A. "Beyond the Grave—Understanding Human Decomposition."

Microbiology Today, November 2001.

Vauciennes, P. Linage de. *Mémoires de ce qui s'est passé en Suède, et aux provinces voisines, depuis l'année 1645 jusques en l'année 1655, tirés des dépêches de Monsieur Chanut par P. Linage de Vauciennes.* Cologne: Pierre du Marteau, 1677.

Venita, Jay. "Pierre Paul Broca." *Archives of Pathology and Laboratory Medicine* 126 (March 2002).

Verbeek, Theo. *Descartes and the Dutch: Early Reactions to Cartesian Philosophy, 1637–1650.* Carbondale: Southern Illinois University Press, 1992.

——. *Une Unversité pas encore corrompue...: Descartes et les premières années de l'Université d'Utrecht.* Utrecht: Utrecht University, 1993.

——, Jelle Kingma, and Philippe Noble. *Les néerlandais et Descartes.* Amsterdam: Maison Descartes, 1996.

Verbeek, Theo, Erik-Jan Bos, Jeroen Van de Ven, eds. *The Correspondence of René Descartes: 1643.* Utrecht: Zeno, 2003.

Verneau, R. "Le crâne de Descartes." *L'Anthropologie* 23 (1912): 640–42.

——."Les restes de Descartes." *Æsculape* 11 (1912): 241–46.

Voltaire. *Lettres philosophiques.* Vol. 2. Paris: Librairie Hachette, 1909.

Vovelle, Michel. *Piété baroque et déchristianisation en Provence au XVIIIe siècle.* Paris: Plon, 1974.

Waterworth, J., trans. *The Canons and Decrees of the Sacred and Œcumenical Council of Trent, Celebrated under the Sovereign Pantiffs Paul III, Julius III, and Pius IV.* London: C. Dolman, 1848.

Watson, Richard A. *The Breakdown of Cartesian Metaphysics.* Indianapolis: Hackett, 1987.

——. *Cogito, Ergo Sum: The Life of René Descartes.* Boston: David R. Godine, 2002.

Wessel, Leonard P. *G. E. Lessing's Theology, a Reinterpretation: A Study in the Problematic Nature of the Enlightenment.* The Hague: Mouton, 1977.

Wilkin, Rebecca M. "Figuring the Dead Descartes: Claude Clerselier's *Homme de René Descartes* (1664)." *Representations* 83 (2003).

Young, Robert M. *Mind, Brain, and Adaptation in the Nineteenth Century.* New York: Oxford University Press, 1990.

Zola-Morgan, Stuart. "Localization of Brain Function: The Legacy of Franz Joseph Gall (1758–1828)." *Annual Review of Neuroscience* 18, (1995): 359–83.

デカルトの骨
死後の伝記

2010年10月15日第1刷印刷
2010年10月29日第1刷発行

著者――――ラッセル・ショート
訳者――――松田和也
発行人―――清水一人
発行所―――青土社
東京都千代田区神田神保町1–29 市瀬ビル〒101–0051
電話 03–3291–9831（編集） 03–3294–7829（営業）
印刷所―――ディグ（本文・口絵）
方英社（カバー・表紙・扉）
製本所―――小泉製本

装幀――――戸田ツトム

Printed in Japan
ISBN 978–4–7917–6575–1